"十四五"职业教育国家规划教材

高职高专电子商务类专业教材——电子商务系列

电子商务物流管理

主　编　朱孟高

副主编　谭冬冬　王瑞军　陈明舟

电子工业出版社
Publishing House of Electronics Industry
北京·BEIJING

内 容 简 介

本书是一本非常实用的电子商务物流管理教材，内容涵盖电子商务物流管理的基本原理、相关知识点和运作方法，具体包括电子商务物流管理认知、电子商务采购管理、电子商务仓储管理与库存控制、电子商务配送中心管理与运营、电子商务物流信息管理、电子商务物流服务与成本管理、电子商务背景下的物流模式、电子商务背景下的供应链管理、电子商务背景下的国际物流。

本书强调概念的准确性和知识点的运用，遵循循序渐进的教学原则，按照项目化教学方法编排，注重能力培养。为便于读者学习和理解，每个项目都配有实例，力求通过实例让读者掌握电子商务物流管理的方法和技能。

本书适用于高职高专院校电子商务、物流管理及其他相关专业课程的教学，同时可作为电子商务企业、物流企业的管理人员和基层操作人员的培训教材及相关专业人员的参考用书。

未经许可，不得以任何方式复制或抄袭本书之部分或全部内容。
版权所有，侵权必究。

图书在版编目（CIP）数据

电子商务物流管理 / 朱孟高主编. —北京：电子工业出版社，2019.10（2025.8重印）
ISBN 978-7-121-37489-0

Ⅰ. ①电⋯ Ⅱ. ①朱⋯ Ⅲ. ①电子商务－物流管理－高等学校－教材 Ⅳ. ①F713.365.1

中国版本图书馆 CIP 数据核字（2019）第 212653 号

责任编辑：左　雅　　　　特约编辑：田学清
印　　刷：天津嘉恒印务有限公司
装　　订：天津嘉恒印务有限公司
出版发行：电子工业出版社
　　　　　北京市海淀区万寿路 173 信箱　　邮编：100036
开　　本：787×1092　1/16　　印张：13　　字数：332.8 千字
版　　次：2019 年 10 月第 1 版
印　　次：2025 年 8 月第 12 次印刷
定　　价：39.00 元

凡所购买电子工业出版社图书有缺损问题，请向购买书店调换。若书店售缺，请与本社发行部联系，联系及邮购电话：（010）88254888，88258888。
质量投诉请发邮件至 zlts@phei.com.cn，盗版侵权举报请发邮件至 dbqq@phei.com.cn。
本书咨询联系方式：（010）88254580，zuoya@phei.com。

前　言

电子商务物流是服务于电子商务的各类物流活动，是物流业在电子商务新时期演变成长的全新物流业态。近年来，伴随着电子商务的快速发展，我国电子商务物流行业不断壮大，企业不断发展，经营模式不断创新，服务能力不断提升。电子商务物流充分发挥供应链条长、突破时空限制、联系生产生活等优势，广泛且深入地渗透到生产、流通、消费等各个领域。作为现代物流业的重要组成部分，电子商务物流有力地支撑了民生发展和物流需求的增长，成为推动我国国民经济发展的新动力、新引擎。

伴随着电子商务的发展和日益成熟，物流已成为各个电子商务企业强有力的竞争筹码，物流的配送速度和服务质量也已成为衡量电子商务企业的重要指标。电子商务物流管理，是指在社会再生产过程中，根据物资实体流动的规律，应用管理的基本原理和科学方法，对电子商务物流活动进行计划、组织、指挥、协调、控制和决策，使各项物流活动实现最佳协调与配合，以降低物流成本，提高物流效率和经济效益。简而言之，电子商务物流管理就是研究并应用电子商务物流活动规律对物流全过程、各环节和各方面进行管理。

在"互联网+"的背景下，电子商务物流也衍生出了多种业态，新模式不断涌现。终端消费者对多元化服务的需求进一步细化，电子商务物流企业适时推出终端智能柜、物流保险、特殊物品物流、逆向物流等个性化服务。随着供给侧结构性改革的深入推进，电子商务、制造业、跨境贸易等产业不断升级，电子商务物流的上下游产业环境也随之优化和升级，这必将对电子商务物流的服务内容提出更高要求，仓配一体化、供应链管理等业务将快速发展，跨境贸易的发展也为电子商务物流企业注入新的发展活力，各电子商务企业对电子商务物流管理人才的需求不断加大。为此，在许多高校中，无论是电子商务专业，还是物流管理专业，都纷纷开设了"电子商务物流管理"课程。

本书适用于高职高专院校电子商务、物流管理及其他相关专业课程的教学，同时可作为电子商务企业、物流企业的管理人员和基层操作人员的培训教材及相关专业人员的参考用书。本书采用项目化教学形式编写，以简洁的语言、直观的图表形式对企业电子商务物流中的各个工作环节进行了系统的阐述，结合大量的案例分析和图片展示，使电子商务物流管理的相关知识通俗易懂。另外，本书对智慧物流技术在电子商务中的应用也做了介绍，以帮助读者了解无人机、大数据分析等现代物流发展的前沿技术。

全书共设置了九个项目,具体包括电子商务物流管理认知、电子商务采购管理、电子商务仓储管理与库存控制、电子商务配送中心管理与运营、电子商务物流信息管理、电子商务物流服务与成本管理、电子商务背景下的物流模式、电子商务背景下的供应链管理、电子商务背景下的国际物流。

本书由山东电子职业技术学院朱孟高担任主编,谭冬冬、王瑞军、陈明舟担任副主编,李敏、李宁馨、张燕、曹文杰、王莹等参与了本书的编写工作。全书由朱孟高统编、定稿。

在本书的编写过程中,编者参考、吸收了国内外众多学者的研究成果和一线工作者的实践经验,在此深表感谢。由于编者水平有限,书中难免有不妥之处,恳请广大读者批评指正。

编　者

目　录

项目一　电子商务物流管理认知 ………………… 1

 任务一　电子商务与现代物流认知 ………… 2
  一、电子商务认知 ………………………… 2
  二、现代物流认知 ………………………… 8
 任务二　电子商务与现代物流的关系 ……… 11
  一、电子商务对现代物流的影响 ………… 11
  二、现代物流对电子商务的影响 ………… 12
 任务三　电子商务物流管理的特点及
  内容 ……………………………………… 13
  一、电子商务物流管理的含义及
   特点 …………………………………… 14
  二、电子商务物流管理的内容 …………… 15
 任务四　电子商务背景下现代物流发
  展趋势 …………………………………… 16
  一、电子商务背景下现代物流发
   展面临的形势 ………………………… 17
  二、电子商务对现代物流的影响
   趋势 …………………………………… 17

项目二　电子商务采购管理 ……………………… 20

 任务一　采购管理认知 ……………………… 21
  一、采购的含义 …………………………… 21
  二、采购的形式 …………………………… 22
  三、采购管理 ……………………………… 24
  四、采购作业流程 ………………………… 24
 任务二　采购计划 …………………………… 26
  一、采购计划的含义 ……………………… 26
  二、采购计划的编制 ……………………… 27
  三、物料需求计划 ………………………… 29
 任务三　采购谈判与合同管理 ……………… 31
  一、采购谈判的含义 ……………………… 32
  二、采购谈判的步骤 ……………………… 32
  三、采购合同 ……………………………… 33
 任务四　供应商管理 ………………………… 37
  一、供应商的含义 ………………………… 37
  二、供应商的选择 ………………………… 38
  三、供应商的管理 ………………………… 41

项目三　电子商务仓储管理与库存控制 ………… 43

 任务一　仓储管理认知 ……………………… 44
  一、仓储概述 ……………………………… 44
  二、仓储管理概述 ………………………… 47
  三、仓储在物流中的地位和作用 ………… 48
 任务二　电子商务仓储管理作业 …………… 49
  一、入库验收作业 ………………………… 50
  二、交接和登记 …………………………… 52
  三、储存保管作业 ………………………… 53
  四、分拣出库作业 ………………………… 57
 任务三　电子商务库存控制与管理 ………… 61
  一、库存认知 ……………………………… 62
  二、库存管理认知 ………………………… 62
  三、库存管理方法 ………………………… 63

项目四　电子商务配送中心管理与运营 ………… 71

 任务一　配送及配送中心认知 ……………… 72
  一、配送认知 ……………………………… 73
  二、配送中心认知 ………………………… 76
 任务二　物流配送中心规划设计 …………… 80
  一、配送中心的设计原则与规模的
   确定 …………………………………… 81
  二、配送中心的规划程序 ………………… 83
  三、配送中心选址考虑的因素 …………… 84
  四、配送中心设施配置 …………………… 85
 任务三　配送中心的运营管理 ……………… 86
  一、配送计划的组织与实施 ……………… 86
  二、配送中心作业流程 …………………… 90
  三、配送中心岗位管理 …………………… 92
  四、配送中心线路优化 …………………… 93

项目五　电子商务物流信息管理 ………………… 97

 任务一　物流信息与物流信息技术 ………… 98

一、物流信息 …………………… 98
　　二、物流信息技术 ……………… 101
任务二　物流信息技术及应用 …… 102
　　一、条形码技术 ………………… 102
　　二、无线射频技术 ……………… 107
　　三、电子数据交换技术 ………… 110
　　四、GPS 技术 …………………… 113
　　五、GIS 技术 …………………… 116
任务三　智慧物流技术的发展及趋势 … 119
　　一、智慧物流的含义 …………… 119
　　二、智慧物流发展的驱动因素 … 120
　　三、智慧物流技术发展趋势及应
　　　　用实践 ……………………… 121

项目六　电子商务物流服务与成本管理 … 130
任务一　电子商务物流服务管理 … 131
　　一、电子商务物流服务概述 …… 131
　　二、电子商务物流服务管理的内容 … 132
　　三、发展电子商务物流服务的对策 … 133
任务二　电子商务物流成本管理 … 134
　　一、物流成本概述 ……………… 135
　　二、物流成本管理概述 ………… 136
　　三、电子商务物流成本控制途径 … 137

项目七　电子商务背景下的物流模式 … 140
任务一　电子商务背景下的自营物流 … 141
　　一、电子商务自营物流概述 …… 141
　　二、电子商务自营物流的优劣势 … 142
　　三、电子商务自营物流的建议 … 144
任务二　电子商务背景下的第三方物流 … 144
　　一、电子商务第三方物流概述 … 145
　　二、电子商务第三方物流的优劣势 … 147
　　三、电子商务背景下的第三方物流 … 147
任务三　电子商务背景下的第四方物流 … 149
　　一、电子商务第四方物流概述 … 150
　　二、电子商务第四方物流运作模式 … 151
　　三、电子商务第四方物流的发展 … 151
任务四　物流联盟 ………………… 152
　　一、物流联盟概述 ……………… 153

　　二、物流联盟产生的原因 ……… 153
　　三、物流联盟的优势 …………… 154
任务五　电子商务物流模式选择 … 154
　　一、影响企业物流模式的因素 … 155
　　二、企业物流模式选择方法 …… 155
　　三、我国不同电子商务主体物流
　　　　模式的选择 ………………… 156

项目八　电子商务背景下的供应链管理 … 159
任务一　供应链与供应链管理认知 … 160
　　一、供应链概述 ………………… 160
　　二、供应链管理概述 …………… 162
　　三、电子商务对供应链管理的影响
　　　　与优化 ……………………… 164
任务二　供应链管理方法及应用 … 166
　　一、快速反应（QR） …………… 167
　　二、有效客户反应（ECR） …… 168
　　三、供应商管理库存（VMI） … 170
　　四、联合管理库存（JMI） …… 171
　　五、协同规划、预测与补货
　　　　（CPFR） …………………… 173
任务三　电子商务中的供应链管理实施 … 176
　　一、电子商务背景下供应链管理
　　　　的目标及原则 ……………… 176
　　二、电子商务背景下的供应链管
　　　　理模式 ……………………… 178
　　三、电子商务背景下的客户和供
　　　　应关系管理 ………………… 179

项目九　电子商务背景下的国际物流 … 186
任务一　国际物流与跨境电子商务认知 … 187
　　一、国际物流认知 ……………… 188
　　二、跨境电子商务认知 ………… 189
　　三、跨境电子商务与国际物流的
　　　　关系 ………………………… 193
任务二　跨境电子商务物流 ……… 194
　　一、跨境电子商务物流概述 …… 195
　　二、跨境电子商务物流的方式 … 198

参考文献 …………………………… 201

项目一 电子商务物流管理认知

【项目描述】

近年来,随着电子商务的快速发展,我国电子商务物流行业不断壮大,经营模式不断创新,已成为现代物流业的重要组成部分和推动国民经济发展的新动力。电子商务与物流活动相辅相成,可以说,没有物流就没有电子商务,电子商务的飞速发展也促使物流行业朝着高效率、低成本方向发展。总之,电子商务与物流之间存在相互促进,相互制约的关系,同时二者相辅相成,在发展过程中缺一不可。

本项目共设置了四个学习任务:电子商务与现代物流认知、电子商务与现代物流的关系、电子商务物流管理的特点及内容、电子商务背景下现代物流发展趋势。通过掌握电子商务与现代物流的基本含义,以及电子商务与现代物流的关系,帮助学生准确理解电子商务物流管理的内容,了解电子商务背景下现代物流的发展趋势。

任务一 电子商务与现代物流认知

任务导入

经过二十多年的快速发展，电子商务行业走过了从电子商务技术、电子商务服务到电子商务经济的发展道路，经历了从具体的技术应用到相关产业的形成，并融入国民经济的各个组成部分的发展历程。电子商务在培育新业态、创造新需求、拓展新市场、促进传统产业转型升级等方面的作用日渐凸显，成为国民经济和社会发展新动力，是推动"互联网+"发展的重要力量。一个完整的商务活动，必然要涉及信息流、商流、资金流和物流。从一定意义上来看，物流是电子商务发展的重要组成部分，是信息流和资金流的基础和载体。

任务分析

在电子商务背景下，商品生产和交换的全过程都需要物流活动的支持。没有现代化的物流运作模式的支持，没有高效的、合理的、畅通的物流系统，电子商务所具有的优势就难以发挥，电子商务产业也难以快速发展。

一、电子商务认知

（一）电子商务的含义

1. 电子商务的概念

电子商务是利用计算机技术、网络技术和远程通信技术，实现整个商务（买卖）过程的电子化、数字化和网络化。人们不再是面对面的、看着实实在在的货物、靠纸质单据（包括现金）进行交易。而是通过网上琳琅满目的商品信息、完善的物流配送系统和方便安全的资金结算系统实现交易。

2. 电子商务的内涵

（1）广义的电子商务

从广义上来讲，电子商务是指交易双方利用计算机技术和网络技术等现代信息技术所进行的各类商务活动，包括货物贸易、服务贸易和知识产权贸易（主要是 B2B 和 B2C）。

对上述广义电子商务的定义，可以从以下几个方面来分析和理解。

首先，电子商务是利用现代信息技术和计算机网络按照一定标准所进行的商务活动。交易双方将自己的各类供求意愿输入电子商务网络，电子商务网络便会根据用户的需求寻找相关的信息，并提供给用户多种交易选择。一旦用户确定了交易对象，电子商务网络就会协助用户完成合同的签订、分类、传递和款项收付结转等全套业务，实现交易双方的"双赢"。

其次，电子商务的本质是商务。电子商务的目标是通过互联网这一先进的平台来进行商务活动，所以互联网要服务于商务，满足商务活动的要求，商务活动是电子商务永恒的主题。从另一个角度来看，商务也是不断发展的，电子商务的快速发展将给商务活动带来巨大的影响，从根本上改变人类社会原有的商务方式，给商务活动注入全新的活力。

最后，对电子商务的全面理解应从"现代信息技术"和"商务"两个方面来进行。一方面，电子商务所包含的"现代信息技术"应涵盖各种以电子技术为基础的现代通信方式；另一方面，对"商务"一词应作广义的理解，商务是指契约性和非契约性的一切商务性质的关系所引发的种种事项。用集合论的观点来分析，电子商务是现代信息技术与商务两个集合的交集。

（2）狭义的电子商务

狭义的电子商务是仅仅将通过互联网进行的商务活动称为电子商务。从发展的角度来思考问题，在考虑电子商务的概念时，仅仅局限于利用互联网进行的商务活动是远远不够的。将利用各类电子工具进行的广告、设计、开发、推销、采购、结算等全部贸易活动都纳入电子商务的范畴比较符合发展实际。正如美国学者瑞维·卡拉塔和安德鲁·B·惠斯顿所指出的：电子商务是一种现代商业方式，这种方式以满足企业、商人和消费者的需要为目的，通过增加服务传递速度、改善服务质量，降低交易成本来达到上述目的。

（二）电子商务的功能

（1）广告宣传

电子商务企业可在互联网上发布各类商业信息。消费者可借助网上的检索工具迅速地找到所需商品的信息，而商家可利用网络主页和电子邮件在全球范围内进行广告宣传。与以往的各类广告相比，网络广告成本最为低廉，给客户呈现的信息却最为丰富。

（2）咨询洽谈

电子商务可借助非实时的电子邮件、新闻和实时的讨论组来了解市场和商品信息、洽谈交易事务，如有进一步的需求，还可用网上的白板会议来交流即时的图形信息。网上的咨询和洽谈能超越人们面对面洽谈的限制，为人们提供多种方便异地交谈的方式。

（3）网上订购

电子商务可借助 Web 中的邮件交互传送实现网上的订购。通常在产品介绍的页面上会显示订购提示信息和订购交互格式框，当消费者填写订购单后，通常系统会回复订单确认信息来保证订购信息的收悉。订购信息也可采用加密的方式确保消费者和商家的商业信息不会泄露。

（4）网上支付

网上支付是电子商务中的重要环节之一。消费者和商家可通过电子支付平台进行支付。在网上直接采用电子支付手段进行交易，可降低交易过程中的成本。网上支付需要更为可靠的信息传输安全性保障以对抗欺骗、窃听、冒用等非法行为。

（5）电子账户

网上支付还需要电子金融的支持，即银行或信用卡公司及保险公司等为资金融通提供的网上操作服务，而电子账户管理是其基本的组成部分。信用卡号或银行账号都是电子账户的一种标志，其可靠性需配以必要的技术措施来保证。数字证书、数字签名、加密等手段的应用保障了电子账户操作的安全。

（6）服务传递

对于已支付款项的消费者，商家应将其订购的货物尽快送到他们的手中。有些货物是同城的，有些货物是异地的，物流管理系统能在网络中进行物流资源的调配。而最适合在网上直接传递的货物是信息产品，如软件、电子读物、信息服务等。它们能直接被发送到用户端。

（7）意见征询

电子商务能十分方便地采用网上问卷的方式来收集消费者对销售服务的反馈意见，这样使企业的市场运营形成一个封闭的回路。客户的反馈意见不仅能提高售后服务的水平，更方便企业进行产品的迭代升级，有利于企业把握市场商机。

（8）交易管理

整个交易的管理将涉及企业和企业、企业和消费者及企业内部等各方面的协调和管理。因此，交易管理是涉及商务活动全过程的管理。良好的交易管理的网络环境及多种多样的应用服务系统为电子商务的发展提供了坚实的基础。

（三）电子商务的类型

1. 企业与消费者之间的电子商务（B2C）

B2C 是企业直接面向消费者销售产品和服务的零售商业模式。随着互联网的出现，线上销售迅速地发展起来。B2C 是电子商务模式按交易对象分类中的一种，即表示商业机构对消费者的电子商务。这种模式的电子商务一般以网络零售业为主，主要借助互联网开展在线销售活动。

2. 企业与企业之间的电子商务（B2B）

B2B 是指企业与企业之间通过专用网络或互联网进行数据信息的交换、传递，开展交易活动的商业模式。它将企业内部网络、企业的产品及服务，通过 B2B 网站或移动客户端与客户紧密联系起来，通过网络的快速反应，为客户提供更好的服务，从而促进企业的业务发展。

3. 消费者与消费者之间的电子商务（C2C）

C2C 商务平台就是通过为买卖双方提供一个在线交易平台，使卖方将商品在网上进行拍卖，而买方可以自行选择商品并进行竞价。C2C 的意思就是消费者与消费者之间的电子商务。例如，一个消费者有一台旧电脑，通过网上拍卖，把它卖给另外一个消费者，这种交易类型就叫作 C2C 电子商务。

4. 消费者与企业之间的电子商务（C2B）

最先由美国流行起来的消费者对企业（C2B）模式也许是一个值得关注的电子商务模式。C2B 模式的核心是通过聚合数量庞大的用户形成一个强大的采购集团，以此来改变 B2C 模式中消费者一对一出价的弱势地位，使之享受到以大批发商的价格购买单件商品的优惠。目前国内很少有厂家完全采用这种模式进行销售。

（四）电子商务发展历程

在电子商务的发展过程中，电子商务企业在电子商务交易环节中为客户提供 IT 服务、金融支付、物流仓储、供应链管理、整合营销、品牌运营等服务，在提高电子商务行业交易效率的同时，也使电子商务企业得到持续的发展，成为日趋完善的电子商务商业生态系统中不可或缺的组成部分。随着电子商务的蓬勃发展，电子商务市场规模亦不断扩大，并经历了起步期、高速发展期、持续发展期等三大阶段。

1. 起步期（2009 年之前）

随着以"8848"、易趣网、淘宝网为代表的第一批电子商务平台的兴起，大量消费行为从线下转移到线上。在该阶段，为满足电子商务交易过程中各环节的业务需求，IT 服务、金融支付、物流仓储等领域内的企业亦纷纷涉足电子商务领域，逐步促进了电子商务行业的发展。在电子商务发展初期，由于传统品牌商在电子商务方面存在人才短缺和经验缺失等劣势，为降低自主开展电商业务的风险和成本，传统品牌商通常会选择 IT 企业协助其拓展电商业务。在此背景下，部分 IT 企业凭借自身的技术优势，在电子商务发展初期得到快速发展。然而，由于电子商务行业处于初步发展阶段，加之互联网泡沫等因素，许多消费者对电子商务平台存在偏见，致使电子商务行业发展较为缓慢。为营造良好的电子商务交易环境，提高电子商务平台交易的成功率，阿里巴巴与多家银行合作并于 2004 年 12 月 8 日正式推出支付宝业务，成功解决了消费者在网购过程中的信任问题，使得消费者在互联网普及率不断上升的过程中逐步养成了网络购物的消费习惯，为电子商务产业的发展奠定了扎实的基础。

2. 高速发展期（2009—2014年）

得益于庞大的人口红利，我国电子商务在互联网普及率不断上升的背景下快速发展，网络购物交易规模迅速扩大。2009年11月11日，阿里巴巴于淘宝网和天猫商城举办"双11"活动，虽然参与活动的商家数量及促销力度有限，但当天销售额却大大超出预期，达到0.5亿元。在销售额急剧增长的同时，物流仓储行业的业务效率无法满足物流需求的问题逐渐浮出水面。在首个"双11"期间，仓库爆仓、物流缓慢等问题在多家物流仓储企业中频繁出现，严重影响电子商务平台的交易效率及消费者的购物体验。在该阶段内，为解决上述问题，顺丰、申通、中通、圆通、百世汇通、韵达等物流仓储企业逐步加强物流仓储基础设施的建设。直至2015年，申通打响物流仓储企业上市的第一枪，标志着物流仓储行业进入成熟的发展阶段。同时，在消费者对产品种类的需求日趋多元及产品质量要求愈加严苛的趋势下，优质供应链服务企业亦得到了一定的发展。另外，"双11""618"等电子商务平台促销活动亦让部分电商服务企业逐步意识到了整合营销、品牌运营对电商销售额增长的积极作用。

3. 持续发展期（2014年至今）

在金融支付手段不断完善、物流仓储效率持续提升、IT基础服务愈加智能的背景下，网络交易的商品数量不断增长。商品品类亦随之不断增加。然而，在该阶段内电商市场也日益显现出流量红利逐渐消退、消费人群层级区别日趋明显、网络交易品类日趋同质化、平台交易规则日趋复杂化、平台流量入口日趋多元化等特征，众多仍采用传统电商运营手段的品牌商的线上经营效益达不到预期，使品牌商意识到电商经营的门槛正在不断提高。在这种情况下，专业从事整合营销、品牌运营等电商服务的企业凭借精细化的运营、高效的客户引流、多元的渠道管理、精准的品牌定位有效提升品牌商的线上经营效益。在店铺月平均成交额方面，由天猫服务商运营的店铺的月平均成交额在全行业及多个品类范围内均是天猫普通商家月平均成交额的两倍及以上。因此，从事整合营销、品牌运营等电商服务的企业逐渐获得品牌商的认可与青睐。

（五）我国电子商务发展现状

1. 互联网和移动互联网的普及，为电商快速发展奠定良好的基础

近年来，在国家相关政策的有利推动下，《互联网行业"十二五"发展规划》《电子商务"十三五"发展规划》相继发布，"宽带中国"战略快速落实，"互联网+"行动积极推进。随着法律制度体系的日益健全、行业利好政策的颁布实施和网络通信设施的不断完善，我国电子商务领域迎来了快速发展的最佳时机。截至2017年6月，中国网民数量达到7.51亿，占全球网民总数的五分之一；我国互联网普及率为54.3%，超过全球平均水平4.6个百分点。在网络环境不断改善的基础上,我国网民数量不断增长,人均互联网消费能力逐步提升,为电子商务的发展奠定了良好的基础。

同时,移动网络技术的发展和智能手机的普及也使手机网民的数量不断上升。截至2017年6月,我国手机网民数量达7.24亿,较2016年年底增加了2830万人;网民使用手机上网的比例由2016年年底的95.1%提升至96.3%。移动互联网塑造了全新的社会生活方式,慢慢地改变着移动网民的日常生活,为电子商务的进一步渗透和普及打下了坚实基础。

2. 线上销售企业比例不断攀升,数字消费用户规模持续扩大

2016年作为"十三五"的开局之年,电子商务市场依然保持稳健发展,企业的参与率不断提高。截至2016年12月,全国开展线上销售的企业占企业总量的45.3%,较上一年度大幅提升12.7个百分点。

近年来,天猫、京东、苏宁易购等各大第三方电商平台通过给予用户价格补贴、在城乡地区开设服务站下沉销售渠道、提升物流配送效率、拓展销售品类等方式,吸引越来越多的消费者进行网络购物。目前,网络购物已逐渐深入我国居民的生活,成为重要的消费方式。截至2017年6月,我国网络购物用户数量达到5.14亿,占网民总量的68.5%,较2016年年底增长10.2%。同时,移动应用的不断丰富和移动支付手段的逐步完善,让消费者摆脱了线下消费模式的束缚,移动网络购物成为众多网民的选择。截至2017年6月,移动网络购物用户达4.8亿人,占手机网民总量的66.4%,较2016年年底增长3%。

3. B2C电子商务交易数量超越C2C电子商务交易数量并大幅增长,占据网络购物市场主导地位

从中国网络购物市场的发展历程来看,以淘宝网为代表的C2C交易平台的出现和成长对于早期用户网上购物习惯的培养起到了至关重要的作用。网络购物发展早期,由于市场的信任机制和管理机制尚不完善,线下实体厂商开辟线上销售渠道的动力不强,网络购物的销售方主要以小型代理商或者个人店铺为主。随着网络购物市场的日益成熟,产品品质和服务水平逐渐成为影响用户消费决策的重要因素。2008年,阿里巴巴集团推出淘宝商城,为品牌方入驻建立了一套规则和体系,为品牌方触网提供了一个系统的、完善的电商平台,并于2012年将淘宝商城正式更名为天猫,定位为为品牌商、生产商和消费者提供一站式解决方案的B2C电商平台。

近年来,随着人们线上消费习惯的逐渐养成,数字消费大军的队伍日益壮大,越来越多的商家和品牌商意识到了发展线上业务的重要意义,纷纷在电商领域中加大投入,将线上官方旗舰店作为提升产品销量、增加品牌曝光率、宣传品牌文化的前沿阵地,从而带动了整个B2C电子商务行业的快速发展。

二、现代物流认知

（一）现代物流的含义

物流最早出现于美国，起源于20世纪30年代，原意为"实物分配"或"货物配送"。1963年被引入日本，日文的意思是"物的流通"。20世纪70年代后，日本的"物流"一词逐渐取代了"物的流通"。中国的"物流"一词是从日文资料中引进的，源于日文资料中对"Logistics"一词的翻译。

《中华人民共和国国家标准物流术语》（GB/T 22126—2008）对物流的定义：物流是物品从供应地向接收地的实体流动过程中，根据实际需要，将运输、储存、装卸搬运、包装、流通加工、配送、信息处理等功能有机结合起来实现用户要求的过程。

物流管理是指在社会生产过程中，根据物质资料实体流动的规律，应用管理的基本原理和科学方法，对物流活动进行计划、组织、指挥、协调、控制和监督，使各项物流活动实现最佳的协调与配合，以降低物流成本，提高物流效率和经济效益。

（二）现代物流的功能

1. 运输功能

运输是物流的核心业务之一，也是物流系统的一个重要功能。选择何种运输方式直接决定物流效率的高低，在选择运输方式时，必须权衡运输系统要求的运输服务和运输成本，可以以运输机具的服务特性作为判断的标准：运费，运输时间，频度，运输能力，货物的安全性，时间的准确性，适用性，伸缩性，网络性和信息等。

2. 仓储功能

在物流系统中，仓储和运输是同样重要的构成因素。仓储功能包括了对进入物流系统的货物进行堆存、管理、保管、保养、维护等一系列活动。仓储的作用主要表现在两个方面：一是完好地保证货物的使用价值和价值；二是为将货物配送给用户，在物流中心进行必要的加工活动而进行的保存。随着经济的发展，物流从少品种、大批量物流时代进入多品种、小批量或多批次、小批次物流时代，仓储功能的重点从重视保管效率逐渐变为重视如何才能顺利地进行发货和配送作业。流通仓库作为物流仓储功能的实现基础，在流通作业中发挥着重要的作用，它将不再以储存保管为主要目的。在流通仓库中可以进行拣选，配货，检验，分类等作业，流通仓库还具有多品种、小批量，多批次、小批量等收货配送功能以及附加标签，重新包装等流通加工功能。

3. 包装功能

为使物流过程中的货物完好无损地送到用户手中，并满足用户和服务对象的要求，需要对大多数商品进行不同方式、不同程度的包装。包装分工业包装和商品包装两种。工业包装的作用是按单位将产品分开，便于运输，并保护在途货物。商品包装的目的是便于最后的销售。因此，包装的功能体现在保护商品、单位化、便利化和商品广告等几个方面。前三项属于物流功能，最后一项属于营销功能。

4. 装卸搬运功能

装卸搬运活动是随运输和保管而产生的必要的物流活动。装卸搬运是对运输、保管、包装、流通加工等物流活动进行衔接的中间环节，包括在保管等活动中为进行货物的检验、维护、保养所进行的装卸活动，如货物的装上卸下、移送、拣选、分类等。装卸作业的代表形式是集装箱化和托盘化，使用的装卸机械设备有吊车、叉车、传送带和各种台车等。在物流活动的全过程中，装卸搬运活动是频繁发生的，也是产品损坏的重要因素之一。对装卸搬运的管理，主要包括装卸搬运方式、装卸搬运机械设备的选择和装卸搬运机械设备合理配置与使用以及装卸搬运合理化。尽可能地减少货物装卸、搬运的次数，以节约物流费用，获得较好的经济效益。

5. 流通加工功能

流通加工功能是在产品从生产领域向消费领域流动的过程中，为了促进产品销售、保证产品质量和提高物流效率，对产品进行加工处理，使产品发生物理或化学性变化的功能。在流通过程中对产品进行的辅助性加工，可以弥补企业、物资部门、商业部门生产过程中产品加工的不足，使产品更有效地满足用户的需求，使物流更好地衔接生产和用户需求，使流通过程更加合理化。流通加工功能是物流活动中的一项重要增值服务。

6. 配送功能

配送功能的设置，可采取物流中心集中库存、共同配货的形式，使客户或服务对象实现零库存。用户或服务对象依靠物流中心的准时配送，而无须保持自己的库存或只需保持少量的保险储备，减少物流成本的投入。配送是现代物流的一个重要特征。

7. 信息服务功能

现代物流需要依靠信息技术来保证物流体系的正常运作。物流系统的信息服务功能，包括进行与上述各项功能有关的计划、预测、动态（运量、收、发、存数）的情报及相关的费用情报、生产情报、市场情报活动。物流情报活动的管理要求企业建立情报系统和情报渠道，确定情报科目和情报的收集、汇总、统计、使用方式，以保证情报的可靠性和及时性。

（三）现代物流的发展趋势

进入新世纪后，全球经济一体化进程加快，企业面临着更为激烈的竞争，资源在全球范围内的流动和配置大大加强，世界各国更加重视物流发展对本国经济发展、民生改善和军事实力增强的影响,更加重视物流的现代化,从而使现代物流呈现出一系列新的发展趋势。

（1）信息化

现代社会已经步入了信息时代,物流信息化是社会信息化的重要组成部分。物流信息化表现在：物流信息的商品化,物流信息收集的智能化,物流信息处理的电子化和计算机化,物流信息传递的标准化和实时化,物流信息贮存的数字化等。

（2）网络化

网络化是指物流系统的组织网络和信息网络体系。从组织上来讲,它是供应链成员间的物理联系和业务体系,国际电信联盟将射频识别技术（RFID）、传感器技术、纳米技术、智能嵌入技术等列为物联网的关键技术,现代物流需要高效的物流网络的支持。

（3）自动化

物流自动化的基础是信息化,核心是机电一体化。它可以提升物流作业能力、提高劳动生产率、减少物流作业的差错等。物流自动化应用包括射频自动识别、自动化立体仓库、自动存取、自动分拣、自动导向和自动定位、货物自动跟踪等。

（4）共享化

供应链管理强调各成员间的协作和社会整体资源的高效利用,以期最大程度地满足整体市场的需求。企业只有在建立共赢伙伴关系的基础上,才能实现在业务过程中高度协作和资源的高效利用,通过资源、信息、技术、知识、业务流程等的共享,才能实现物流业务的优势互补。

（5）协同化

市场需求的瞬息万变、竞争环境的日益激烈都要求企业具有与其上下游企业进行实时业务沟通的能力。企业不仅要及时掌握客户的需求,更快地响应、跟踪和满足客户需求,还要使供应商对自己的需求具有可预见能力,并落实供应商的供应能力,确保货源充足。

（6）智能化

智能化是自动化、信息化的一种高层次应用。物流涉及大量的运筹和决策,近年来,专家系统、人工智能、仿真学、运筹学、商务智能、数据挖掘和机器人等相关技术已经有比较成熟的研究成果,并在实际物流业中得到了较好的应用,使智能化已经成为物流发展的一个新趋势,智能化还是实现物联网优化运作的一个不可缺少的前提条件。

（7）标准化

标准化是现代物流技术的一个显著特征和发展趋势,也是实现现代物流的根本保证。货物的运输配送、存储保管、装卸搬运、分类包装、流通加工等作业与信息技术的应用,都要求有科学的标准。只有实现了物流系统各个环节的标准化,才能真正实现物流技术的信息化、自动化、网络化、智能化等。

（8）全球化

为了实现资源和商品在国际间的高效流动与交换，促进区域经济的发展和全球资源优化配置，物流运作必须向全球化的方向发展。在经济全球化的背景下，物流的目标是为国际贸易和跨国经营提供服务，选择最佳的方式与路径，以最低的成本和最小的风险完成国际物流运作。

任务小结

通过对电子商务与物流的认知，掌握电子商务与物流的含义、功能及分类，了解我国电子商务的发展现状及现代物流的发展趋势。

任务二 电子商务与现代物流的关系

**任务导入**

"电商的难点是物流，物流是电商的核心竞争力，是决定电商生死存亡的关键"，这句话似乎已经成为当今电商业界的广泛共识，电商的物流之争是继电商价格大战之后的又一个主战场。亚马逊在全球范围内建立物流中心，要让商品存储地离消费者更近；京东自营物流，将触角延伸至三、四线城市；马云宣布建设菜鸟网络，投资高达千亿元。电商巨头的这些举动都表明，物流已经逐步成为电子商务企业的核心竞争力，成为决定企业发展速度及质量的重要因素。同时，电子商务的快速发展，也为现代物流提供了发展动力，不断推动物流向高层次、智慧化的方向发展。

任务分析

电子商务与现代物流是相互促进、相互制约的关系。关系处理得当，采取的措施得力，二者可以相互促进，共同发展；反之也可能互相制约。

一、电子商务对现代物流的影响

电子商务促进现代物流的发展，促使物流体系进一步完善。电子商务活动对现代物流的影响主要表现在以下几个方面。

（一）电子商务要求物流实现信息化、自动化和智能化

电子商务的发展要求物流实现信息化，因为电子商务的一个优点是能够保证企业与各级客户间的即时互动，企业能够与客户一起就产品的设计、质量、包装、交付条件、售后服务等进行交流。这就要求物流系统中的每个环节都能提供即时的信息支持，有了信息技术的支持，物流效率才能提高。电子商务要求物流实现智能化，以提高物流的现代化水平，物流的智能化已成为电子商务背景下物流发展的一个新趋势。

（二）电子商务提高物流的运作效率

电子商务使企业可寻求物流的合理化，使实体商品在实际的流动过程中达到效率最高、费用最省、距离最短、时间最少。电子商务对物流的最大影响就是，提高运输速度以缩短客户在网络中产生的产品虚拟可得性与产品实际可得性之间的差距。

（三）电子商务改变物流企业的竞争状态

在传统经济活动中，物流企业之间的竞争往往是在提供优质服务、降低物流费用等方面进行的。在电子商务时代，这些竞争虽然依然存在，但有效性却大大降低了，原因在于电子商务需要一个全球性的物流系统来保证实体商品的合理流动，而单个企业难以达到这一要求，这就要求物流企业在竞争中形成一种协同竞争的状态，在实现物流高效化、合理化、系统化的前提下相互竞争。

（四）电子商务将促进物流基础设施的改善及物流管理水平的提高

电子商务高效率和全球性的特点要求物流的基础设施不断改善，同时也要求物流技术水平不断提高，以提高物流的效率。此外，物流管理水平的高低直接决定和影响着物流效率的高低，也影响着电子商务高效率优势的实现。只有提高物流的管理水平，建立科学合理的管理制度，将科学的管理手段和方法应用于物流管理，才能实现物流的合理化和高效化，促进电子商务物流的发展。

（五）电子商务对物流人才提出了更高的要求

电子商务要求物流管理人员不仅要具有较高的物流管理水平，而且要具备丰富的电子商务知识，并且在实际的运作过程中，将二者进行有机结合。

二、现代物流对电子商务的影响

现代物流作为电子商务的重要组成部分，是实现电子商务的重要保证。离开了现代物流，电子商务的快捷优势将不复存在。

（一）物流是电子商务过程的重要支撑

电子商务由电子商务实体、电子市场、交易事务和信息流、商流、资金流、物流等基本要素构成，物流是指实体商品的流动过程，包括运输、储存、配送、装卸、保管和物流信息管理等各种活动。物流虽然只是电子商务若干环节中的一个环节，但往往是电子商务服务价值的重要体现。在电子商务时代，只有诸如电子出版物、信息咨询等少数商品和服务可以直接通过网络传输，多数商品和服务仍需经由物流配送。

（二）物流能够扩大电子商务的市场范围

物流能够扩大电子商务的市场范围。随着电子商务的快速发展，电子商务与现代物流的关系也显得尤为重要。只有建立完善的物流体系，才能妥善解决电子商务中跨国物流、跨区物流可能出现的问题，从而扩大电子商务的市场范围。

（三）物流能够提高电子商务的效率和效益

物流能够提高电子商务的效率和效益，从而促进电子商务快速发展。通过快捷、高效的信息处理手段，电子商务能较容易地解决信息流、商流和资金流的问题。但只有将商品及时送到消费者手中，即完成商品交换，才标志着电子商务过程的结束。因此，物流系统效率的高低是电子商务成功与否的关键，只有高效率的物流系统，才能促进电子商务的快速发展。

任务小结

通过对电子商务与物流相互影响的认知，明确电子商务与物流的关系，掌握物流对电子商务的支撑作用，以及电子商务对现代物流发展的促进作用。

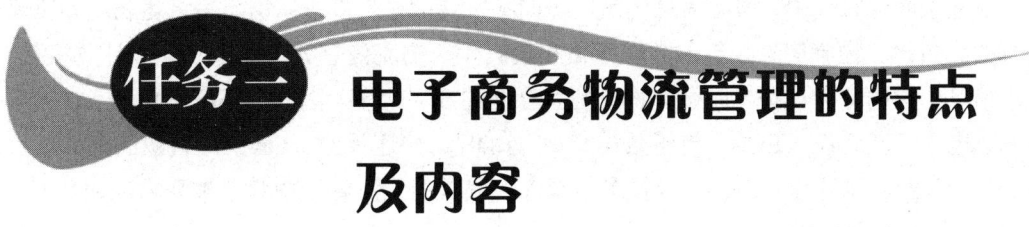

任务三　电子商务物流管理的特点及内容

任务导入

放眼当前国内的电子商务企业，似乎不管做什么品类起家的电商都奔着大百货的方向而去。做家电起家的京东、苏宁、易迅如此，做图书起家的当当网、卓越亚马逊也是如此。

出身各异的"专业选手"都变成了同质化杂家。同样的商品如何才能吸引消费者？价格成了首先被考虑的因素。国内电子商务企业成立之初，都是专注于自己的专业领域，卖书的卖书，卖家电的卖家电。但是，当电商纷纷都向着全产业大百货方向发展后，在经营领域中难免有交集，也就有了竞争和摩擦，因此才有了"双11"和"618"这样大规模的全行业价格战。不过，虽然都是全品类电商，但是各家还是有自己的核心竞争力，物流将是下一个比拼核心。

 任务分析

物流能力的滞后对电子商务发展的制约越来越明显。物流对电子商务活动的影响被越来越多的人所关注。电子商务物流管理是为了以合适的物流成本达到电子商务用户满意的服务水平，并对电子商务物流过程及相关信息进行管控。

一、电子商务物流管理的含义及特点

（一）电子商务物流管理的含义

电子商务物流管理，简单地说就是对电子商务物流活动进行计划、组织、指挥、协调、控制和决策等。电子商务物流管理的目的就是使各项物流活动实现最佳的协调与配合，以降低物流成本，提高物流效率和经济效益。也就是说，电子商务物流管理就是研究并应用电子商务物流活动规律对物流全过程进行管理。

（二）电子商务物流管理的特点

1. 物流管理信息化

在电子商务时代中，物流信息化是电子商务发展的必然要求。物流信息化表现为物流信息的商品化、物流信息收集的数据库化和代码化、物流信息处理的电子化和计算机化、物流信息传递的标准化和实时化、物流信息存储的数字化等。因此，条形码技术、数据库技术、电子订货系统（EO）、电子数据交换（EDI）、快速反应（QR）及有效的客户反应（ECR）、企业资源计划（ERP）等技术与观念在我国的物流管理中将会被普遍应用。

2. 物流管理网络化

物流管理网络化的基础是信息化，这里的网络化有两层含义：一是物流配送系统的网络化，包括物流配送中心与供应商或制造商的联系要通过互联网进行，另外物流企业人员与客户之间的联系也要通过互联网进行；二是组织的网络化，即企业内部网，主要用于企业内部各部门之间的信息传输。

3. 物流管理自动化

物流管理自动化主要是指物流运输、仓储、装卸、搬运、分拣、包装、识别等作业过程中的自动化技术和自动化设备，如条形码、语音、射频自动识别系统、自动检测系统、自动分拣系统、自动存取系统、自动导向车及货物自动跟踪系统等。

4. 物流管理智能化

在电子商务物流管理中，相关人员将更多地采用先进的科学技术与管理方法，实现对物流的智能决策、控制与协调等。如库存水平的确定、运输（搬运）路径的选择、物流配送中心经营管理的决策支持等问题都需要借助先进的科学技术与管理方法。

5. 物流管理柔性化

物流管理柔性化是企业物流系统在为企业生产经营活动服务、为物流客户服务的过程中，本着"以需求为导向，以客户为中心"的经营理念而提出的。物流管理柔性化就是根据企业物流需求的变化来重组物流资源，科学设计物流系统，灵活安排物流作业。物流管理柔性化必须适应现代化生产的弹性制造系统、计算机集成制造系统、制造资源系统、企业资源计划及供应链管理的概念和技术，不断创新和发展物流服务体系。

二、电子商务物流管理的内容

（一）电子商务物流服务管理

电子商务物流服务管理主要包括物流的网络服务管理、实体服务管理及增值服务管理。网络服务管理主要包括基于网络物流服务的各种管理，如信息管理等；实体服务管理主要包括对运输、仓储保管、装卸搬运、包装、协同配送、流通加工等的管理；增值服务管理主要包括对组织服务的管理，如物流中的金融服务管理、咨询策划服务管理等。

（二）电子商务物流市场的运行与管理

电子商务物流市场的运行与管理主要包括电子商务物流市场的构成、运行特点、运行质量、运行模式、物流渠道等内容。

（三）电子商务物流技术与设备管理

电子商务物流技术与设备管理主要包括对电子商务技术、物流技术及电子商务物流不同环节中的技术的管理。

（四）电子商务物流成本管理

电子商务物流成本管理主要涉及物流成本费用管理、物流投资融资管理、物流财务分析、物流经济活动分析。

（五）电子商务物流客户服务

电子商务物流的客户服务就是"以客户为中心"设计和管理电子商务物流的流程、组织和技术系统，并对其进行计划、控制、指挥和协调。进行电子商务物流客户关系管理的目的是提高服务质量、增强客户的忠诚度，进而实现企业收入的增加。

任务小结

通过对电子商务物流管理的认知，了解电子商务物流管理的含义及特点，掌握电子商务物流管理的内容。

任务四　电子商务背景下现代物流发展趋势

任务导入

我国目前电商争夺战的特点：一是"价格战"稍歇，"物流战"升温；二是从专注大中城市，转向将触角延伸至广袤的农村，农村电子商务物流热兴起。各类大牌电子商务企业接连推出新举措，全面提升用户体验。京东商城宣称联合万家便利店实现"最快15分钟送达"的物流服务；国美在线推出了"一日三达，晚就赔"服务；苏宁从每天两送变成一日三送，当当网进行物流大幅提速，70%以上的订单实现当日达或次日达。电商大咖或自营物流，将"物流牌"掌握在自己手中；或将物流服务外包，有钱大家赚，推行合作共赢战略。无论何种模式，各大电商都将物流服务能力作为自己的核心竞争力。

任务分析

随着电子商务的进一步推广与应用，我国电子商务物流行业保持较快发展的势头，企业主体多元化发展，经营模式不断创新，服务能力显著提升。电子商务物流的发展趋势代表了未来物流的发展趋势，了解这些趋势，有助于我们今后的实践。

一、电子商务背景下现代物流发展面临的形势

随着国民经济全面转型升级和互联网、物联网的发展,以及基础设施的进一步完善,电子商务物流需求将保持快速增长,电子商务物流的服务质量和创新能力有望进一步提升,渠道下沉和"走出去"趋势凸显,将进入全面服务社会生产和人民生活的新阶段。

(一)电子商务物流需求保持快速增长

随着我国新型工业化、信息化、城镇化、农业现代化的快速发展和居民消费水平的提升,电子商务在经济、社会和人民生活各领域的渗透率不断提高,与之对应的是电子商务物流需求保持快速增长。同时,电子商务交易的主体和产品类别愈加丰富,移动购物、社交网络等将成为新的经济增长点。

(二)电子商务物流服务质量和创新能力将显著提升

产业结构和消费结构升级将推动电子商务物流进一步提高服务质量。随着网络购物和移动电商的普及,电子商务物流必须加快服务创新,增强灵活性、时效性、规范性,提高供应链资源整合能力,满足不断细分的市场需求

(三)电子商务物流"向西向下"成为新热点

随着互联网和电子商务的普及,网络零售市场渠道将进一步下沉,呈现出向内陆地区、中小城市及县域加快渗透的趋势。这些地区的电子商务物流需求更加迫切,有较大的业务量增长空间。电子商务物流对促进区域间商品流通,推动区域市场形成统一大市场的作用日益突出。

(四)跨境电子商务物流将快速发展

新一轮对外开放政策和"一带一路"倡议的提出,为跨境电子商务的发展提供了重大历史机遇,这必然要求电子商务物流跨区域、跨经济体延伸,企业要提高整合境内外资源和市场的能力。

二、电子商务对现代物流的影响趋势

(一)物流标准化

在快速消费品、农副产品、药品流通等领域,企业应重点围绕托盘、商品包装和服务及交易流程,做好相关标准的制定和应用推广工作。形成以托盘标准为核心,与货架、周转箱、托盘笼、自提货柜等仓储配送设施,以及公路、铁路、航空等交通运输载具的标准相互衔接贯通的电子商务物流标准体系。

（二）物流信息化

推动大数据分析、云计算、物联网、移动互联、二维码、射频识别、智能分拣系统、物流优化和导航集成系统等新兴信息技术和装备在电子商务物流领域的应用。重点提升物流设施设备智能化水平，物流作业单元化水平，物流流程标准化水平，物流交易服务数据化水平，物流过程可视化水平。

（三）物流国际化

电子商务的产生和发展，尤其是跨境电子商务的快速发展，对物流国际化提出了新的要求，进一步加快了物流国际化的进程。国际化的电子商务自然需要有国际化的物流来支撑，而且物流国际化对物流服务的时效性、准确性都提出了更高的要求，物流国际化在全球经济活动中将占据重要的地位。

（四）物流绿色化

鼓励传统物流企业充分利用既有物流设施，通过升级改造，增强服务能力，加快向第三方电子商务物流企业转型；鼓励电子商务企业和生产企业将自营物流对外开放，充分整合社会资源，发展社会化第三方物流服务；支持电子商务物流企业使用新能源技术，减少资源消耗，利用配送渠道回收包装物。

任务小结

通过对电子商务背景下现代物流的认知，了解电子商务背景下现代物流发展面临的形势，掌握电子商务背景下现代物流的发展趋势。

案例分析

农村电子商务物流发展趋势

2015年的中央一号文件提出了"农产品走进电商时代"的要求。2015年两会期间，政府工作报告中第一次提出了"互联网+"的概念。两会刚过，商务部新闻发言人表示，2015年商务部将启动一个新的电子商务专项行动计划，主要内容是推动农村和农产品的电子商务发展。商务部会同相关部门研究制定了《关于促进农村电子商务加快发展的指导意见》，重点将集中在农村传统流通网络信息化改造、建设农业生产资料电子商务平台等方面。许多电子商务企业都把农产品比作电子商务的新蓝海。传统的农业生产及农产品流通正日益受到互联网的影响，近几年来，国内多家知名IT企业加快布局农业电商，也从侧面显示出传统农业正在加快融入"互联网+"的大家庭。

联想控股宣布战略投资云农场。联想控股高级副总裁陈绍鹏表示，这是打造全新农业产业生态圈的重要布局。据悉，云农场是国内最大的网上农资商城，注册用户数量超过百万，已形成集农村电商、农村物流、农技服务、农村金融于一体的农业互联网和云服务综合性平台。

京东集团也在发展农业互联网市场。顺丰优选入驻京东，京东与天天果园合作，天天果园负责产地精选、分拣及预冷包装，京东则在销售与冷链配送方面给予有力支持，实现了源头监控、专业分拣、冷链运输、快速送达全流程的标准化操作。此外，阿里巴巴、1号店、亚马逊、腾讯近几年都在加快农业互联网的布局。目前全国涉农的网站已经超过3000个，有24个省市、31个县在阿里巴巴平台上设立了"特设馆"。在淘宝网正常经营的注册地为乡镇和行政村的网店已经达到163万家，经营农产品的网店已经接近40万个，农产品线上零售额达到1000多亿元。这些数字的背后，不仅标志着农业电子商务已经开始成熟，农村市场价值日益凸显，还标志着新型农业人才已形成规模。

发展农村电子商务物流，不仅关系到农业的生产资料供给和农民购物需求的满足，更关系到农产品的对外流通和农民收入的增长。发展农村电子商务物流、加快农产品流通、打通农产品流通的最后一公里，对促进农村现代化发展具有重大的现实意义。此外，发展农村电子商务物流对促进农产品升值、增加农民收入起到至关重要的作用。

案例思考

1. 农村电子商务有何特点？
2. 结合实际，谈谈如何发展农村电子商务物流？

项目二 电子商务采购管理

【项目描述】

电子商务企业通过互联网进行商品流通活动,采购是电子商务企业进行商务活动的起点。采购是电子商务企业的成本中心,同时也是电子商务企业的利润中心之一,企业通过科学的采购管理,可以保证产品与服务的质量,减少企业的成本、增加企业的利润,保证交货的及时性。

本项目共设置了四个学习任务:采购管理认知、采购计划、采购谈判与合同管理、供应商管理。通过掌握采购管理的基本概念、采购计划的制订、如何进行采购谈判、签订采购合同、选择与管理供应商,学习掌握采购的整个作业过程。

项目二 电子商务采购管理

2018年8月8日，祥龙大酒店正式对外营业了。祥龙大酒店是一家涉外星级酒店，装潢豪华。开业当天，众多社会名流、新闻媒体到场。祥龙大酒店大堂里的一盏水晶灯让大家赞不绝口。这盏价值120万元美元的水晶灯是由王副总经理亲自采购的。绚丽夺目的水晶灯引得新闻媒体争相报道，酒店一举成名，王副经理受到领导的表扬，感到非常高兴。然而，两个月后，水晶灯却不再像新安装时那样亮晶晶的，而是变得灰蒙蒙的，有些金属灯杆也长了锈斑，一些灯珠脱落甚至破裂。一百多万美元的水晶灯不到两个月变成了这样，人们议论纷纷，也引起了公司高层的注意，责令相关部门进行调查。原因很快被查出，这盏水晶灯竟然是假货，相关人员受到法律的制裁。但是祥龙大酒店不但遭受了资金上的损失，名誉也受到严重的影响，成了行业笑柄。

祥龙大酒店为什么会遇到这样的问题，采购是如何影响企业的生产经营的，要解决这些问题，我们首先应该了解采购，包括采购的定义、采购的形式、采购的作业流程，掌握采购管理的目标。

一、采购的含义

（一）采购的概念

采购的概念有狭义与广义之分，狭义的采购就是买东西，就是通常所说的一手交钱，一手交货。对于企业来说，狭义的采购就是企业的采购人员根据企业的采购计划，到资源市场去选择供应商，经过谈判，签订合同，最后收货付款的全过程。广义的采购是指企业获取资源的全部方式，包括购买、租赁、交换、征收、自制、外包、移转、赠予，如表2-1所示。也有一些企业把采购定义为企业从外部寻找资源的过程，那么自制、移转就不属于采购范畴了。

表 2-1 广义采购的常见形式

形　　式	含　　义
购买	由买方支付对等的货币，向卖方换取物品的行为过程，即"银货两讫"或"一手交钱，一手交货"的方式
租赁	一方以支付租金的方式，取得他人物品的使用权
交换	采用以物易物的方式，取得物品的所有权
征收	政府以有偿或无偿方式，取得物品的使用权或所有权
自制	企业运用自己的技术与设备，制造自己所需的物料或零件，提供加工生产成品
外包	根据买方的图纸或说明书，将所需物品或劳务委托其他的企业承包，必要时买方需为承包商提供原材料
移转	企业或政府机关，在内部各部门间调拨物品，来满足需求
赠予	政府机关或企业以无偿的方式将物品所有权交给他人

（二）采购与个人购买的区别

个人购买也是选择性购买，但个人购买与采购相比是不同的，对于个人购买来说，市场是零售型的，市场上有很多的供应商，每个顾客是最终的消费者。消费者基于其当前的需求购买商品或服务，零售商的产品价格会随零售商的营销策略的变化而变化，消费者可以根据产品的不同而选择不同的零售商。一般情况下，消费者无法影响产品的价格，也无法决定零售商的销售方式，更无法改变或决定产品由哪个企业生产，单个人的购买量在整个零售商的销售总量上所占的比例很小。

采购则不同，采购的规模较大。很多情况下，企业可选的货源有限，甚至只有一个供应商。如手机生产厂商可选择的芯片，中国的小米、中兴基本上只能选择美国的高通，虽然每年高通都要按每个手机的销售价格收取一定比例的专利费，但大多数手机厂商都是敢怒不敢言的，人们把这种专利费称为"高通税"。但有时，很多企业采购的规模又比单个供应商的供应数量大得多，因此在现实中，企业与供应商的关系要复杂得多。能不能成为一个大企业的供应商，体现了供应商的实力。供应商为了得到订单及保持与企业长期的合作关系，需要有专门的技术、合适的体系和充足的货源。

二、采购的形式

（一）集中采购

1. 集中采购的含义

集中采购是相对于分散采购而言的，它是指企业中的采购部门，统一负责企业的全部采购业务，分布在国内、国外的分支机构均没有采购权。集中采购通过减少采购渠道，进行批量采购来获得价格优惠。

随着电子商务、连锁经营、特许经营和外包制造模式的增加,集中采购体现了经营主体的权力、利益、意志,是经营主体赢得市场,保护产权、技术和商业秘密,提高效率,取得最大利益的战略和制度安排。因此,集中采购将成为未来企业采购的主要方式。

2. 集中采购的适用条件

(1)较高的企业管理水平

企业管理水平较高,协调能力强,可设置一个采购部门,以满足相关部门对物品的需求。一般而言,大型企业集团、连锁经营企业及特许经营企业比较适合集中采购,尤其是连锁经营企业,集中统一的商品采购是其实现规模化经营的前提和关键。

(2)适当的空间距离

企业各部门及分厂相对集中,采购工作没有因地制宜的必要。或采购部门与需求部门虽非同处一地,但因距离亦非遥远,通信相当便捷,集中采购不会影响需求时效。

(3)适当的采购对象

如果是大宗或大批量的物品、关键零部件、需要定期采购的物品、价值较高的设备等,可以考虑集中采购,以便获得良好的售后服务。

(二)分散采购

1. 分散采购的含义

与集中采购相对应,分散采购是由企业下属的各单位(如子公司、分厂、车间或分店)实施的满足自身生产经营需要的采购。

企业下属单位的生产研发人员根据生产、科研、维护、办公的需要,填写采购单,由基层主管审核、签字,到指定财务部门领取支票、汇票或现金,然后到市场或厂家进行采购。

分散采购是集中采购的完善和补充,有利于采购环节与存货、供料等环节的协调配合,有利于增强基层工作人员责任心,使基层工作富有弹性和成效。

2. 分散采购的适用条件

(1)适用于分散的采购主体

分散采购通常适用于规模较大、工厂分散于较广区域内的企业。此类企业如果采用集中采购,容易产生采购上的延迟,且不易应付紧急需要。由于采购部门与需求部门的联系存在一定难度,采购作业与采购流程漫长复杂。

(2)适用于零散低值的采购客体

分散采购所适用的采购客体主要是小批量、价值低、总支出较少的物品,如各下属机构产品开发研制、试验所需的物品。

(三)混合采购

混合采购指部分采购由采购部门集中统一进行,部分采购由需求单位自己进行。简而

言之，混合采购并不是一种独立的采购模式，它同时具备集中采购和分散采购的特点。

混合采购的基本原理就是根据规模经济效应决定需要集中采购和分散采购的产品。一般情况下，大型公司的主体商品倾向于采用集中采购方式，如食品生产商采购可可、白糖，汽车制造商采购钢铁等原材料。对于分公司间有差异的、金额较小的、临时性采购的物料则由各分公司自行采购。

三、采购管理

采购管理是指为保障企业的物资供应而对企业采购进行管理的活动，主要包括对企业采购活动的计划、组织、指挥、协调和控制。采购是产生成本最多的环节。美国本田汽车的前任副总裁戴夫·尼尔森说本田一辆汽车的成本的80%都是采购成本，于是怎样采购就是怎样经营本田。软饮料生产商购买甜味剂等辅料的费用会占到销售额的65%。不同行业的采购成本占总成本的比例会有所不同，但不管什么行业，采购成本占总成本的比例都不低，都应引起管理层的重视。原料的质量也会影响制成品的质量，所以企业理应加强对采购的管理。

一般来说，企业采购管理目标主要包括这样几项内容：保证供应、减少库存成本、管理好供应商。

（1）保证供应

不管是生产企业还是流通企业，缺货都会导致严重的问题，使企业的生产经营中断，以及因无法按时交货，失去顾客的信任，而这个损失，很多时候是无法弥补的。

（2）减少库存成本

为了保证生产或流通环节的畅通，通常需要进行大量采购，而大量采购导致的存货，产生了大量的库存成本，一般企业的库存成本会占到库存产品价格的20%～50%，前几年，我国空调企业往往是今年卖去年甚至前年的库存，而新产品生产出来后，又会产生新的库存。巨大的库存压力，严重影响了企业的发展。

（3）管理好的供应商

采购部门必须有能力开发新的供应商，选择合适的供应商，替换掉不能跟上企业发展步伐的旧的供应商，才能使企业持续发展。如果原有供应商因为各种原因停止该生产线的生产，而企业又没有合适的供应商去承接相应原料的供应，企业就会产生高昂的生命周期成本。

四、采购作业流程

（1）确认需求

即在采购之前，应先确定买哪些物料，买多少，何时买，由谁决定等。

（2）需求说明

确认需求后，要将产品的品质、包装、售后服务、运输及检验方式等细节问题，加以明确说明，以便买到符合预期的产品。

（3）选择可能的供应来源

通过公告的形式，征寻符合要求的供应商，或者从已有的供应商中，选择过去表现好并符合现在要求的供应商。

（4）确定合适的价格

选定意向供应商后，企业派采购代表与其进行谈判，确定采购产品的价格及其他细节，如运输、付款方式等。

（5）安排订单

细节谈妥后，应安排签订合同或制订订单。合同与订单都是具有法律效力的文件，须包含完备的有关双方权利和义务的描述，避免后续过程中的纠纷。

（6）追踪与稽核订单

签约订货之后，供应商就应该按期、按质、按量地交货，企业应依据合约规定将产品验收入库。

（7）发票核对

厂商交货验收合格后，随即开具发票，要求付清货款。相关部门应先经采购部门核对发票内容是否正确，财务部门才能办理付款。

（8）验收不合格与退货处理

验收时如果发现收到的货物与合同规定不符，验收即为不合格。验收不合格应依照合同规定进行处理，进行赔偿或退货。发生退货后应立即重启采购程序，并对发生退货的业务进行结案。

（9）结案

不管是验收合格付款，还是验收不合格退货，均应办理结案手续，检查各项书面资料是否缺失，并进行绩效评估，报高层管理或权责部门核阅批示。

（10）纪录与档案维护

凡经结案批示后的采购案，应进行档案登记，编号分类，派专人保管，以备将来参阅或事后发生问题的查阅。

任务小结

通过对采购的含义、形式，以及采购管理的目标和采购作业流程的了解，掌握采购管理的目标及采购的作业流程，能够对整个采购活动有清晰的认识。

任务二 采购计划

 **任务导入**

某超市新上市的某品牌洗发用品经过前期的宣传,一经上架就发生了断货,顾客只能购买其他品牌的产品作为替代品。该品牌洗发用品的采购计划为每周5000箱,但第一周的预计销量超过40000箱,超市严重缺货。于是,采购部把第二周的采购量由5000箱提高到50000箱。工厂收到通知后,发现原材料只能完成15%的订单,而且由于原材料大部分是进口的,运到国内需要2个月的时间,为了迅速完成订单,工厂调整了原有的生产计划,国外进口的原材料也全部空运。三周以后,超市采购的该品牌洗发用品全部摆到了货架上,当工厂及超市都在热切的等待着产品热销的好消息,产品却无人问津了,销售机会转瞬即逝,工厂和超市均面临着巨大的损失。

 **任务分析**

采购计划是采购作业中的重要一环,采购计划会影响后续工作的开展,采购计划做得不准确,容易造成生产中断,销售缺货,由此带来的损失是不可估量的。

一、采购计划的含义

采购计划是根据市场需求、企业的生产能力和库存容量等确定采购的时间、采购的数量及如何采购的计划。制订采购计划主要是为了指导采购部门的实际工作,保证产销活动的正常进行。在采购环节中,合理、完善的采购计划是采购活动顺利进行的保证。

广义的采购计划是指为保证供应各项生产经营活动中所需的物料而编制的各种采购计划的总称。狭义的采购计划是指年度采购计划,即对企业计划年度内生产经营活动所需采购的各种物料的数量和时间等所做的安排和部署。其中,何时、何处取得合适数量的原材料是采购计划的重点所在。采购计划就是购入原材料的预见性的安排和部署,因此采购计划对于整个采购活动的成败有着非常重要的影响。

二、采购计划的编制

（一）编制采购计划的目的

"好的开始是成功的一半"，采购计划作为采购活动的第一步，是启动整个采购活动的开关，采购计划制订得是否合理、完善，直接关系到整个采购活动的成败。

采购计划是根据市场需求、企业的生产能力和库存容量等确定采购的时间、采购的数量及如何采购的计划。制订采购计划主要是为了指导采购部门的实际工作，保证产销活动的正常进行。因此，合理的采购计划应达到以下目的。

（1）正确估计商品的上市时间和数量，保证商品的连续供应

在企业的销售活动中，销售所需的商品必须能够及时获得，而且能够满足市场需要，否则就会因商品断供或供应不足，导致销售中断。因此，采购计划必须根据企业的销售计划、库存容量和供应商的供应能力等估算商品上市的时间和数量，在恰当的时候进行采购，保证销售的连续进行。

（2）配合企业销售计划与资金调度

一般情况下企业的采购活动与销售活动是紧密相连的，是直接服务于销售活动的。为此，采购计划一般要依据销售计划来制订，确保采购的物料能够满足生产的需要。

（3）避免商品积压，资金无法回笼

在实际的经营过程中，库存是不可避免的，有时还是十分必要的。库存实质上是一种闲置资源，不仅不会在经营中创造价值，反而还会占用资金，从而增加企业成本。正因为如此，准时生产和零库存管理成为一种先进的生产运作和管理模式。在企业的总资产中，库存资产一般要占到 20%～40%。商品储存过多会造成大量资金被占用，影响资金的正常周转，削弱企业的抗风险能力，给企业经营带来负面影响。

（4）方便采购部门事先准备，选择有利时机购入所需物料

在瞬息万变的市场上，要抓住有利的采购时机并不容易。只有事先制订完善、可行的采购计划，采购人员才能做好充分的采购准备，在适当的时候购入所需物料，降低采购成本。

采购计划作为采购活动的第一步，起到指导采购部门的实际工作、保证产销活动的正常进行和提高企业经济效益的作用。

（二）编制采购计划的基础资料

由于影响采购计划的因素有很多，所以采购部门在拟定好采购计划以后，还必须与生产部门保持联系，并根据实际情况对计划做出必要的调整，以保证企业产销活动的正常进行；协助财务部门妥善规划资金收支。通常在编制采购计划之前应掌握企业的年度销售计划、年度生产计划、物料清单、库存记录卡、物料标准成本的设定及生产效率等。

1. 销售计划

销售计划是各项计划的基础，年度销售计划是企业在参考前一年的销售业绩和竞争对手的销售业绩的基础上，列出的销售量及平均单价的计划，即表明各种产品在不同时间段的销售数量预期和单价。销售计划的拟订受到外部不可控因素和内部可控因素的影响。具体而言，外部不可控因素包括国内外的政治、经济、文化及社会环境、人口增长、科技发展等；内部不可控因素包括企业的技术水平、厂房设备、原材料供应情况、人力资源和财务状况等。一个好的销售计划一定是符合组织自身的特点、适用于本组织发展现状的计划。要想制订一个好的采购计划，必须依赖于销售计划。

2. 主生产计划

主生产计划（Master Production Schedule，MPS）是确定每个最终产品在某一具体时间段内生产数量的计划。这里的最终产品是指对于企业来说最终完成、要出厂的成品，它要具体到产品的品种、型号。这里的具体时间段，通常是以周为单位，在有些情况下，也可以以日、月、旬为单位。

3. 物料清单

以数据格式来描述产品结构的文件称为物料清单（Bill Of Material，BOM）。物料清单是定义产品结构的技术文件，表明了产品、部件、组件、原材料之间的结构关系，以及每个组件所包含的下属部件的数量和提前期。生产计划只列出成品数量，而无法显示某一产品所用的物料数量，因此采购数量的确定还要借助于物料清单。物料清单是由产品设计部门或研发部门制定的，根据物料清单可以精确计算出每种产品的物料需求数量。但在实际生产过程中，产品的规格、型号等变更非常频繁，物料清单很难随之及时调整，使得以此计算出来的所需物料与实际使用的物料在数量或规格方面不符，造成采购数量过剩或不足，物料规格无法及时获得，因此，要想制定准确的采购计划，必须依赖最新的物料清单。

如图 2-1 所示，在物料清单示例中成品 A 是由两个原料 B 及一个半成品 C 组成，而半成品 C 则是由两个原料 D 及一个原料 E 所组成。依其组成关系，A 为 B、C 的母件，B、C 为 A 的子件；C 为 D、E 的母件，D、E 为 C 的子件。如果 A 之上再无母件，A 可称为成品，C 为自制或委托外包的半成品，B、D、E 则为采购件，采购件不可能是母件。A 对 B、C，或者 C 对 D、E 的上下关系，称为单阶。如果就整个结构而言，上中下各阶，称为多阶或全阶。

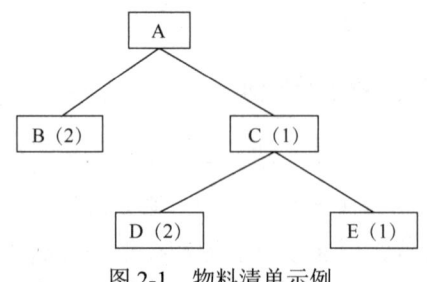

图 2-1　物料清单示例

4. 库存记录卡

如果产品有存货,则生产数量不一定要等于销售数量。同理,有物料必然有库存数量。所以物料采购数量也不一定要等于根据物料清单所计算出的物料需求量。采购员应依据物料需求数量,并考虑购料的作业时间和安全存量水准,算出正确的采购数量,然后开具采购单,进行采购活动。

三、物料需求计划

(一)物料需求计划原理

物料需求计划(MRP),是生产企业最常用的需求分析方法。它的基本原理就是根据企业的主产品生产计划、主产品的结构文件和库存文件,得出主产品的所有零部件的需求时间和需求数量,也就是得出物料需求计划。

1. 确定主产品生产计划

主产品是指企业提供给社会的主要产品,可以理解为最终出厂的产品。例如,汽车制造厂的主产品就是汽车,电视生产厂的主产品就是电视,主产品的生产计划,是企业接受社会订货,或者计划提供给社会的主产品的数量和进度计划。包括数量和时间两个维度,即生产多少和什么时候生产。

但是,企业生产和采购还有另外一个次要依据,就是社会维修企业对社会上处于使用状态的主产品进行维修保养所需要的零部件的需求计划。这些零部件的生产或采购也需要企业承担。例如,电视生产厂商不仅要生产整台电视,还要生产维修电视所需的常用维修零件。

2. 确定主产品的结构文件

主产品的结构文件包括装配主产品需要哪些零件、部件、原材料,各需要多少,哪些要自制,哪些要外购,自制或外购需要多长时间,即生产提前期或采购提前期。这样逐层分解,直到最低的原材料层次。

3. 确定库存文件

所谓库存文件,就是主产品及主产品包含的所有零部件、原材料的现有库存量的清单文件,即主产品零部件库存一览表。

4. 求出物料需求计划

设 P_i 是第 i 个零部件下月需求量,P 是主产品下月的计划出产量,n_i 是一个主产品中包含第 i 个零部件的个数。P_{0i} 是第 i 个零部件下月的外订货数量(即社会维修订货数量)。则第 i 个零件下月需求量可以用下式确定:

$$P_i = P \times n_i + P_{0i}$$

（二）物料需求计划案例

主产品结构图，如图2-2所示。

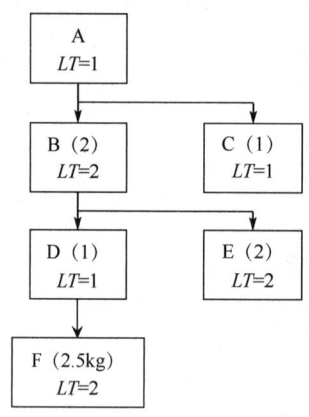

图2-2 主产品结构图

在图2-2中，A、B、C、D、E、F为产品名，括号内的数字表示一个上级产品中所包含的本产品的数量，LT表示提前期，单位为天。

根据主产品结构图，可以得到主产品A零部件一览表，如表2-2所示。

表2-2 主产品A零部件一览表

零 部 件 名	数 量	自 制	外 购	提前期（天）
B	=2A	+		2
C	=1A		+	1
D	=B=2A	+		1
E	=2B=4A		+	2
F	=2.5D=5A(kg)		+	2

主产品出产计划和零部件外订计划一览表，如表2-3所示。

表2-3 主产品出产计划和零部件外订计划一览表

时期（周）	第1周	第2周	第3周	第4周	月合计
A出产（件/周）	25	15	20	15	75
C外订（件/周）	15		15		30
E外订（件/周）		20		20	40

零部件采购数量一览表，如表2-4所示。

表2-4 零部件采购数量一览表

零 部 件 名	下月需要数量
C	75×1+30＝105
E	75×4+40＝340
F	5kg×75＝375kg

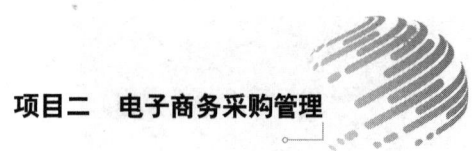

项目二　电子商务采购管理

 任务小结

通过掌握采购计划的概念、目的及作用,以及编制采购所需的资料,了解物料需求计划的编制原理,明确编制采购计划的基础资料,学会基于给定的基础资料编制采购计划。

任务三　采购谈判与合同管理

 任务导入

清晨上班后,李杰接到一个电话,电话的另一头是国内一知名企业的老总,老总说知道李杰最近申请了一项专利,而该企业希望购买该项专利的所有权,李杰接到这个电话感到很意外,他没想到一个身价过亿的企业老总会亲自给他打电话,激动之余,他想到最近自己是申请了这项专利,这个专利是自己利用业余时间研发出来的,因为没有花自己太多时间,李杰想如果能卖一万元就可以了,但李杰想到自己对这个专利的经济效益并不是太了解,如果要价太高,也许就把对方吓跑了,所以他还是比较谨慎地问了一句,"您打算出多少钱?"老总说"五十万怎么样?"五十万?李杰被这个数字惊呆了,他特别想马上把这件事定下来,五十万一到手,也许会解决生活中的很多问题。但最终理智战胜了狂喜,李杰压抑着内心的激动,用尽量平稳的语气对电话的另一头说:"您让我考虑一下,明天我会答复您。"电话挂断后,李杰马上委托其他人去了解自己专利的市场价值。经调研李杰发现市场上这项专利的最高价格是二百万元。李杰在电话中的正确反应,让自己获得了更大的利益。李杰后来想,也许在自己接起电话的一瞬间,就已经开始了一场谈判,自己只是误打误撞,做出了正确的选择。

 任务分析

采购谈判是采购作业中的一个重要环节,当双方有了合作的意向,为了确认合作的细节或是有些内容不能达成一致时,便会进行谈判。当双方进行谈判时,双方的一致性一般会大于双方的分歧,谈判是为了彼此的利益,而不是针锋相对,采购谈判不像政治谈判,不需要唇枪舌剑,谈判的目的是为了合作,营造良好的谈判氛围,是谈判的前提。

31

一、采购谈判的含义

谈判是双方或者各方为了各自的利益,希望通过协商,协调彼此关系,最后达成一致的过程。采购谈判是指企业为采购商品,与卖方厂商对购销业务有关事项,如商品的品种、规格、技术标准、质量保证、订购数量、包装要求、售后服务、价格、交货日期与地点、运输方式、付款条件等进行反复磋商,最后达成协议,建立双方都满意的购销关系。采购谈判的程序可分为计划和准备阶段、正式洽谈阶段和达成协议阶段。经过沟通,了解谈判双方的需求和产生分歧原因,寻找解决矛盾的途径,最终实现双赢。采购谈判的目的是为了获得经济利益,与其他谈判相比,采购谈判的最终目标就是经济利益。采购谈判如果没有获取相应的经济利益,就失去了谈判的价值与意义。

关于谈判的理解要注意以下几点:谈判是双方不断调整各自需要而相互接近最终形成一致意见的过程;谈判不是"合作与冲突"的选择而是矛盾的统一;谈判双方要关注彼此的利益界限而非一方的利益;谈判的成功不是以一方的预定目标为唯一标准而是有一系列综合价值评判标准;谈判时应注意科学性与艺术性的结合。

谈判的原则主要有以下几个。

(1) 合作原则

谈判的目的是为了达成协议,而不是针锋相对,一个成功的谈判,其结果是双赢的。

(2) 互惠原则

积极寻找双方的利益共同点,在不损害自身利益的前提下,要替对方着想,给对方留有一定的利润空间。或者双方共同把蛋糕做大,然后再谈利益分配的问题。只有这样合作才能长久。

(3) 对事不对人

谈判谈的是事,在谈判中不要进行人身攻击。在谈判中各自有各自的立场和观点,各自有各自的价值观,不能根据个人好恶来给别人贴标签。

(4) 遵守法律

谈判不应绕过法律。双方达成的协议,不能违背法律的规定,否则即使达成了协议,也不会受到法律的保护,还可能受到法律的制裁。

二、采购谈判的步骤

一般来说,大部分的谈判可以分为以下几个步骤。

1. 准备工作

在谈判之前,双方对很多细节都很模糊,因此有必要在一开始就把容易引起误会的内容澄清。例如,应该让客户清楚地了解产品的质量、包装、目标顾客群和竞争对手的区别,目前市场销售业绩等。

2. 前期谈判,了解客户的需求

在前期谈判中,要充分了解客户的需求,对方讲的每一个要点都要记录在册。留心观察对方是否有决策权,在谈判之初就要找准对象,进行实质性的沟通。

3. 正式谈判并达成协议

进入合同实质性谈判的阶段后,双方开始就协议的实质性内容进行磋商,到了谈判的关键时刻,采购方可能会突然提出很多苛刻要求,采购方想以此来拿到更多的优惠条件,供应商应谨慎对待,最好能用 A 条件来换取 B 条件,或提出两个条件供对方选择;总之,供应商在合同谈判的过程中要做到寸土必争,不被对方的气势所吓倒,在做出让步的同时,也要为自己争取利益。

4. 回顾与总结

最后是回顾与总结。双方对谈判结果的看法或许存在理解上的差异,都认为自己对协议的理解是双方认可的。这个时候双方就有必要对谈判过程进行回顾与总结,对模棱两可的地方进行再次确认。

三、采购合同

(一)采购合同的含义

指当事人或当事双方之间设立、变更、终止民事关系的协议。合同具有以下特征:合同是平等的民事主体之间的协议;合同是一种民事法律行为;合同是以设立、变更、终止民事关系为目的。依法订立的合同受法律保护。采购合同是经济合同的一种,是供需双方为执行供销任务,明确双方权利和义务,而签订的具有法律效力的书面协议。

采购合同的特征有以下几点:采购合同是转移标的物所有权或经营权的合同;采购合同的主体比较广泛;采购合同与流通过程紧密相连。

(二)采购合同的格式与条款

1. 采购合同的格式

单纯从合同全文的组成部分上看,合同分为首部、正文、尾部、附件四个部分。由于对合同的形态没有强制性的统一规定,因此各部分所包括的内容也不尽相同,甚至有些合同根本没有附件、只有三个组成部分。

(1)合同首部

合同首部是正式条款前的内容。它主要由合同名称、当事人身份栏、合同描述三个部

分组成。一些合同会有合同编号,也有一些合同在合同名称的右下方打上合同签订日期。一般在身份栏中只列举合同当事人及其在合同中的身份地位,如"甲方:北京××××通信有限公司""出卖人:北京××××房地产开发有限公司(甲方)"等,对于当事人地址、联系方法等大多放在尾部的地址栏中。

一些合同在正文前会列举一些"鉴于……"。这些条款如果并不构成签订合同的前提条件,其实并没有太多的实际意义,但仍旧可以将其认为是首部的一部分。

(2)合同正文

合同正文包括从第一项合同条款到最后一项合同条款的所有内容,一般以有规律的序号加以编排、连接。合同正文的条款,是前面所述的合同三大基本功能的具体体现,只不过各个功能的条款有时交织在一起。

同时,从另一个角度看,合同正文也包括了合同法中所列举的合同应当具备的八个基本条款,具体有:当事人的名称或者姓名和住所;标的;数量;质量;价款或者报酬;履行期限、地点和方式;违约责任;解决争议的方法等。各项基本条款在具体的合同中都会不同程度地被细化,以增加合同双方权利和义务的明确性。

即使是合同一式几份、如何生效、管辖等条款,只要是列入合同正文的编排序号之中,就是合同正文而不是合同的尾部。

(3)尾部

合同尾部主要是合同的签署栏,根据不同的需要及习惯,签署栏的内容有多有少。某些合同的尾部还有审批、公证、鉴证等第三方意见栏,但此类情况比较少见。简单的签署栏只有当事人的姓名及签署时间,复杂的签署栏则有当事人姓名及地址、开户银行及账号、签署地点、签署时间、授权代表、电话号码、电报挂号、电子信箱等。如有附件,则还包括附件的名称及份数等。

许多人往往忽略签署栏的作用,认为其只不过是可有可无的,这种观点是非常错误的。签署栏中的内容包括了经过双方当事人确认的通信地址、付款账号等信息,而一旦在合同履行中发生非正常状况,其通信地址是履行通知或告知义务的官方途径,其账号是履行付款义务的官方途径,负有通知或付款义务的当事人只要按签署栏的地址或账号履行义务,即使对方没有收到,其责任也在接收方。在签署栏中签字的代表就是所在方的代理人,这在合同事务中也有着非同寻常的意义。

在某些特殊的情况下,在签署栏盖章的单位与首部身份栏所列举的单位可能并不一致,在这种情况下一般以盖章的单位为合同主体。

(4)合同附件

合同附件主要是用于说明当事人主体资格或标的物的细节等问题,这类问题从性质上与合同条款不属于同一层面,但往往又是合同条款所必不可少的前提条件或具体标准,因此只能以附件的形式而不是以合同条款的形式出现。但并非所有合同均有附件。

只要是与合同主体的明确性或权利义务的明确性有关的内容，无论是当事人资质、身份方面的证明，还是产品或服务的质量标准，以及合同中所提到的与合同的签订及履行有重大关系的文件，均可以成为合同的附件，以增强合同的明确性。合同附件是合同的一部分，同样具有法律效力。

2. 采购合同的主要条款

（1）货物名称

（2）数量

数量是以数字和计量单位来衡量采购货物的尺度。它是采购合同的必备条款。对于数量的计算应该先选择双方共同接受的计量单位，并使用法定的计量单位。

（3）质量

质量是指采购的货物所具有的内在素质与外观形态的结合，包括品种、规格、型号、等级、标准、技术要求等。填写采购合同的质量条款时有关所采购货物的上述内容要写具体，这是区分同一类采购货物的标准。对采购货物的质量标准和技术要求有法定标准或行业标准的要按照国家标准或行业标准执行。对采购合同中质量条款的控制方法有两种：一是使用实物或样品；二是使用设计图纸或说明书。

（4）价款

价款是取得标的物的乙方向甲方以货币形式支付的代价。在采购合同中价款是指购销双方交易货物每一计量单位的货币数值。价格除国家规定必须执行政府定价或政府指导价的产品外，其余由当事人协商议定。

（5）履行期限、地点和方式

履行期限是采购合同中规定的购销双方享受合同规定的权利和履行义务的时间。履行期限不仅直接关系到采购合同义务完成的时间，也是确定违约与否的依据之一。履行地点是购销双方依照合同规定完成自己义务所处的场所。履行方式是指购销双方履行合同义务的方法。

（6）包装

包装是为了有效地维护货物在运输存放过程中的质量，它有利于分拣和环保。在采购合同中该条款的主要内容有：包装标识、包装方法、包装材料要求、包装质量、包装要求、环保要求、规格、成本等。

（7）装运

装运是把货物装上运载工具并运送到交货地点。在采购合同中该条款的主要内容有：运输方式、装运时间、装运地与目的地、装运方式（分批、转运）和装运通知等。

（8）检验

采购方对购入的货物进行检验，要根据货物的生产类型、产品性能、技术条件的不同，采取感官检验、理化检验、破坏性检验等方法，购销双方应在合同中约定检验的标准、方法、期限及索赔的条件。

(9) 价款支付

包括付款方式、付款时间等。

(10) 违约责任

违约责任是指采购合同的当事人由于自己的过错，没有履行或没有全部履行应承担的义务，按照法律规定和合同约定应承担的法律责任。当然，在合同中没有约定违约责任，并不意味着违约方就不承担违约责任。只要违约方没有依法被免除违约责任，违约方就应对其违约行为负责。

(11) 保险

在采购合同中该条款的主要内容包括：确定保险类别及保险金额，指明投保人并支付保险费。根据国际惯例，凡是按 CIF 和 CIP 标准成交的出口货物，一般由供应商投保，凡是按 FOB、CFR、CPT 标准成交的出口货物由采购方投保。

(12) 解决争议的方法

解决争议的方法是指采购合同当事人解决合同纠纷的手段、途径。如协商、仲裁及诉讼等。在履行采购合同的过程中发生纠纷时当事人可以通过协商或调解解决合同争议。当事人不愿协商、调解或协商、调解不成的可以根据仲裁协议向仲裁机构申请仲裁。在采购合同中确立解决争议的方法这一条款中实际上最关键的是当事人是否选择用仲裁的方法解决纠纷以及选择哪一个仲裁机构。如果当事人无法通过仲裁解决争议，则应通过诉讼解决合同纠纷。

(13) 免责条款

免责条款是指采购合同当事人以协议排除或限制其未来责任的合同条款。它与不可抗力具有相同功效但规定的主体不同。不可抗力是由各国法律所规定认可的、是违约责任方法定免责事由。

（三）采购合同的履行

采购合同的履行应遵循以下原则。

- 质量要求不明确的，按照国家标准、行业标准履行；没有国家标准、行业标准的，按照约定标准或者符合合同目的的特定标准履行。
- 价款或者报酬不明确的，按照订立合同时的市场价格履行；依法应当执行政府定价或者政府指导价的，按规定履行。
- 履行地点不明确的，在履行义务一方所在地履行。
- 履行期限不明确的，供货方可以随时履行，采购方也可以随时要求供货方履行，但应当给对方必要的准备时间。
- 履行方式不明确的，按照有利于实现合同目的的方式履行。
- 履行费用的摊派不明确的，由履行义务一方负担。

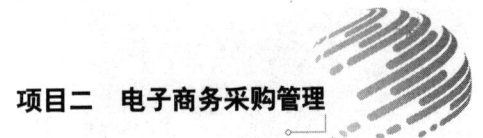

项目二 电子商务采购管理

任务小结

通过掌握采购谈判的含义及步骤,以及采购合同的含义及内容、履行合同的注意事项,能够设计谈判的预案及制订一个完整的合同。

任务四 供应商管理

任务导入

立洁公司是做清洁用品的,2月中旬工厂需要10公斤网格布,因量太少,担心供应商不愿意做,与老板商量后,定为购买70公斤网格布,价值大约两千块钱。联系供应商后,因70公斤网格布数量太少无法生产,后改为90公斤网格布,5天后交货,也就是25号到货。结果27号还没到货,后通过客服联系到负责这批货的经理,调查后发现货错发给其他客户了,而且货物已被使用,只能重做。供应商重新确认了地址,结果又发错了地址。后又与快递联系,重新将货物转运到工厂。工厂打开后发现规格不对,无法使用。后又联系供应商,供应商确认是做错了,答应重新发货。后来,工厂每次打电话催货,供应商每次都找各种理由推脱,半个月过去了,货仍然没发到工厂。

回顾整个过程,都是采购方在催供应商,而供应商一拖再拖,迟迟没有发货,采购方焦头烂额,而供应商却一点也不在乎。遇到这样的供应商应该怎么办?

任务分析

供应商在企业的生产运营中扮演着重要的角色,不管对于生产企业还是电子商务企业而言,都应加强对供应商的管理,让供应商能为我所用。对供应商而言,积极配合采购方的工作,企业才能在激烈的市场竞争中立于不败之地。

一、供应商的含义

供应商是指向企业提供产品或服务并收取相应报酬的实体。供应商向企业提供原材料、零配件、MRO及相应的服务或只是单纯提供服务。

二十一世纪以来，企业之间的竞争逐渐转化为企业供应链之间的竞争。而供应商是整个供应链的"狮头"，供应商在交货、产品质量、提前期、库存水平、产品设计等方面都影响着下游制造商。供应商所供产品的质量和价格决定了最终消费品的质量和价格，影响着最终产品的市场竞争力、市场占有量和市场生存力，以及供应链各组成部分的核心竞争力。如何选择供应商也成了企业经营过程中的一个重要课题。

二、供应商的选择

（一）供应商选择的影响因素

供应商隶属于供应链这一开放的系统，因而供应商的选择也会受到各种经济、政治和其他因素的影响。

1. 质量因素

质量是供应链的生存之本，产品的使用价值是以产品质量为基础的，它决定了最终消费品的质量，影响着产品的市场竞争力和占有率。因此，质量是选择供应商的一个重要因素。

2. 价格因素

价格低，意味着企业可以降低其生产经营的成本，对企业提高竞争力和增加利润，有着明显的作用。价格是企业在选择供应商时的重要考量因素。但是价格最低的供应商不一定就是最合适的，还需要考虑产品质量、交货时间及运输费用等诸多因素。

3. 交货准时性因素

能否按约定的时间和地点准时交付产品直接影响企业生产和供应活动的连续性。交货准时性因素也会影响各级供应链的库存水平，继而影响企业对市场的反应速度，影响生产商的生产计划和销售商的销售计划等。

4. 柔性因素

要想在激烈的竞争中生存和发展，企业生产的产品必须多样化，以适应消费者的需求，达到提高市场占有率和获取利润的目的。而产品的多样化是以供应商的品种柔性为基础的，它决定了消费品的种类。

5. 其他影响因素

其他影响因素包括设计能力、特殊工艺能力、整体服务水平、项目管理能力等。

（二）供应商选择的步骤

供应商是供应链中的重要角色，供应商的选择机制是多元化的。因此，企业的决策者在选择供应商时要因地制宜，对企业所处的内外环境进行详细分析，根据企业的长期发展战略和核心竞争力，选择适合本企业或本行业的理论和方法，制定相应的实施步骤和实施规则。不同的企业在选择供应商时，所采用的步骤会有所不同，但都包含以下几个步骤。

1. 成立供应商评选小组

企业需成立一个专门的小组来控制和实施供应商评选，这个小组的组员以来自采购、质量、生产、工程等与供应链合作关系密切的部门为主。小组组员必须具有团队合作精神，还应具备一定的专业技能。评选小组必须同时得到采购企业和供应商企业最高领导层的支持。

2. 分析市场竞争环境

企业必须知道现阶段的产品需求是什么、产品的类型和特征是什么，以此来确认客户的需求，确认是否有与供应商建立供应关系的必要。如果已经建立供应关系，需要根据需求的变化确认供应合作关系变化的必要性，分析现有供应商的现状，总结企业存在的问题。

3. 确立供应商选择的目标

企业必须明确供应商的评选目标。企业对供应商评价和选择的过程，也是企业自身业务流程的重构过程。如果实施得好，就可以带来一系列的利益。

4. 建立供应商评价标准

供应商评价指标体系是企业对供应商进行综合评价的依据和标准，是反映企业自身和环境所构成的复杂系统的不同属性的指标，是按隶属关系、层次结构有序组成的集合。不同的行业、企业，不同产品需求和环境下的供应商的评价应该是一样的，但供应商的评价标准应涉及以下几个方面：供应商业绩、设备管理、人力资源开发、质量控制、成本控制、技术开发、客户满意度、交货协议等。根据企业实际情况和供应商选择的时间跨度，对供应商的要求也有所不同，按时间的长短划分，分别有短期标准和长期标准。

5. 供应商参与

一旦企业决定实施供应商评选，评选小组需尽可能地让供应商参与到评选的设计过程中，确认他们是否有获得更高业绩水平的愿望。

6. 评选供应商

主要是调查、收集有关供应商生产运作等全方位的信息。在收集供应商信息的基础上，可以利用一定的工具和技术方法对供应商进行评选。

7. 建立供应合作关系

在建立供应合作关系的过程中,市场需求也是不断变化的。企业可以根据实际情况及时修改供应商评选标准,或重新开始供应商的评选工作。在重新选择供应商的时候,应给予新旧供应商以足够的时间来适应变化。

(三)供应商的选择方法

1. 直观判断法

直观判断法是指通过调查、征询意见、综合分析和判断来选择供应商的一种方法,是一种主观性较强的判断方法,主要是倾听和采纳有经验的采购人员的意见,或者直接由采购人员凭经验做出判断。这种方法的质量取决于企业对供应商资料掌握得是否正确、齐全和决策者的分析判断能力与经验。这种方法运作简单、快速,但是缺乏科学性,受掌握信息的详尽程度的限制,常用于选择企业非主要原材料的供应商。

2. 考核选择法

考核选择法指在对供应商进行充分调查了解的基础上,对其加以认真考核、分析比较,从而选出供应商的方法。供应商的调查可以分为初步调查和深入调查。每个阶段的调查对象都有一个供应商选择的问题,而且选择的目的和依据是不同的。

初步调查对象的选择非常简单,基本依据就是其产品的品种规格、质量价格水平、生产能力、运输条件等。初步调查适用于普通产品和一般原料供应商。

深入调查适用于影响企业的关键产品、重要原料的供应商。企业要对对这些供应商进行深入的研究考核,选择标准主要是企业的实力、产品的生产能力、技术水平、质量保障体系和管理水平等。

企业在依据各个评价指标对供应商进行考核评估之后,还要对其进行综合评估。综合评估就是把以上各个指标进行加权平均计算得到的一个综合成绩,可以采用下列公式进行计算:

$$S = \frac{\sum W_i P}{\sum W_i} \times 100\%$$

其中,S 是综合指标;P_i 是第 i 个指标;W_i 是第 i 个指标的权数,根据各个指标的相对重要性进行主观设定。S 作为供应商表现的综合描述,值越高的供应商表现越好。在试运行阶段,得出各个供应商的综合成绩后,基本上就可以确定最终的供应商了。

3. 招标选择法

当采购物资数量大、供应市场竞争激烈时,企业可以采用招标法来选择供应商。采购方作为招标方,事先提出投标的条件和要求,邀请众多供应商企业参加招标会,然后由采购方按照规定的程序和标准一次性从中择优选择交易对象,并与中标的供应商企业签订协议等过程。注意整个过程的公开、公正。

4. 协商选择法

在可选择的供应商较多、采购单位难以抉择时,也可以采用协商选择的方法,即由采购方选出供应条件较好的几个供应商,同他们分别进行协商,再确定合适的供应商。和招标选择法相比,双方能进行充分协商,因而在商品质量、交货日期和售后服务等方面较有保证,但由于选择范围有限,不一定能找到价格最低、供应条件最好的供应商。当采购时间较为紧迫,投标单位较少,供应商竞争不激烈,订购物资规格和技术条件比较复杂时,协商选择法比招标选择法更为合适。

三、供应商的管理

1. 供应商管理的含义

供应商管理就是对供应商的了解、选择、开发、使用和控制等综合性管理工作的总称。供应商管理的目的就是让供应商为我所用,能够配合采购方的生产和销售活动,提供符合采购方需要的产品或服务。华为拥有 1300 多家供应商,每年半导体的采购额达到 1300 多亿,而美国的波音公司曾经生产的型号为 777 的飞机中有 13.25 万个零部件是由全球 545 个供应商提供的,企业的竞争已经演变成企业的供应链的竞争,只有加强供应商管理企业才能在激烈的竞争中立于不败之地。

2. 供应商关系管理

供应商关系管理(SRM),是企业与供应商建立和维持长久、紧密伙伴关系的管理模式和软件技术的解决方案,它旨在建立企业与供应商关系的新型管理机制,目标是企业通过与供应商建立长期、紧密的业务关系,整合双方的资源和竞争优势进一步开拓市场,扩大市场份额,降低产品前期的成本,实现双赢的企业管理模式。同时供应商关系管理又是以多种信息技术作支撑的一套先进的管理软件和技术,它将先进的电子商务、数据挖掘、协同技术等信息技术紧密结合在一起,为企业产品的策略性设计、资源的策略性获取、合同的有效洽谈、产品内容的统一管理等过程提供了一个优化的解决方案。实际上,供应商关系管理是一种以"扩展协作互助的伙伴关系、共同开拓和扩大市场份额、实现双赢"为导向的企业资源管理的系统工程。

企业业务对外的两个最重要的出口就是广义的"买"和"卖"。在"卖"的方面,企业为了使自己的产品和服务赢得市场、赢得客户,更加重视这方面的管理和在市场上的投入力度。随着这种趋势的发展,从 20 世纪末 90 年代中期开始,管理软件供应商纷纷推出了 CRM(客户关系管理)软件,企业也开始利用这种管理思想和工具来更好地开拓市场、提高客户的忠诚度,争取新客户、维护老客户。

然而,在"买"的方面,供应商关系管理却一直未能引起企业的重视,也许是买方市场的原因,买家认为只要我有购买需求,就会有卖家找上门来,就会有人为我提供服务,企业无须下太多的功夫去经营与供应商之间的关系。然而,在21世纪,随着资源在全球范围内调配,企业间业务联盟的进一步发展,供应链紧密相连的趋势越来越明显等,企业与供应商之间的关系变得越来越重要。

任务小结

通过学习供应商与供应商管理的概念、供应商选择的方法、供应商选择的影响因素、供应商关系管理等知识,掌握供应商及供应商管理的含义,学会使用不同方法确定合适的供应商,并对其进行有效管理。

案例分析

海尔采购案例

海尔集团对其全部资源进行了合理配置和重组,将过去分散在产品事业部的采购业务合并,实行统一采购,以达到或接近全集团的JIT采购,不但节约了采购成本,更有效地减少了库存。海尔产品所需的材料有1.5万个品种,这些原材料基本上都要进行统一采购,而且是全球范围内的采购,所以它的JIT采购是全球范围内以最低价格进行的统一采购,对物流成本的降低有非常直接的影响。海尔每年的采购金额差不多有100多亿人民币。海尔通过竞标、竞价,将采购价格降低了5%。这样就直接降低了成本,使其产品价格在市场上更有竞争力。

传统的采购是为了进行资源储备而采购,造成的结果是:高库存、高资金占用,用户想要的产品没有,而陈旧物资积压严重。在海尔,仓库不再用于储备物资而是用于储存按单采购来的生产必需的物资,也就是按订单来进行采购、制造等活动。这样,从根本上消灭了陈旧物资、消灭了库存。海尔集团每个月平均接到6000多个销售订单,这些订单的产品品种达7000多个,需要采购的物料品种达15万余种。新的采购体系将陈旧物资率降低了73.8%,仓库面积减少了50%,库存资金占用减少了67%。

1. 海尔的采购活动是怎样的,为什么要加大采购的力度?
2. 采购活动对海尔的整体运营有什么影响?

项目三 电子商务仓储管理与库存控制

【项目描述】

在电子商务物流活动中,仓储与配送是最主要的活动。一般而言,物流总成本中除运输及配送成本外,仓储成本是最大的支出项目。仓储解决了商品生产和消费在时间上的矛盾,提高了电子商务物流的效率。对电子商务而言,线上零售商品从下单到消费者签收,大部分活动都是在仓库内完成的,其出入库效率直接决定了电子商务的物流效率。仓储作业一般包括入库、在库、出库三个阶段,对于电子商务物流作业及管理人员而言,如何充分利用现有的设备及软件系统进行仓储管理,并将库存成本控制在合理范围之内,是其必须具备的基本素质。

本项目共设置了三个学习任务:仓储管理认知、电子商务仓储管理作业、电子商务库存控制与管理。通过利用条形码、叉车、手持终端、货架等物流设备和工具完成仓库的入库验收、储存保管、分拣出库等工作,使学生掌握电子商务仓储的基本操作技能。同时,使学生学会利用仓库 ABC 分类法、定量订货法、定期订货法、零库存管理等基本方法进行库存控制与管理,实现库存合理化。

任务一 仓储管理认知

 任务导入

作为阿里巴巴集团旗下天猫商超核心仓储管理服务提供商，心怡科技股份有限公司致力于构建一站式供应链生态系统，是一家第三方电子商务物流供应链综合服务商。心怡股份在国内共设有88个RDC（区域分拨）中心，仓储配送网络覆盖全国超过350个城市，拥有超过200万平方米的仓储面积，订单处理日峰值达4000万件，已成为大数据时代下智能仓储配送领域中的行业翘楚。心怡科技依托大数据能力和自动化系统，其国内自动化仓储面积已达30万平方米，仅需在拣选、条形码复核、分拣机监护等环节中安排员工跟进，其余物流环节都可实现一体化集成，未来也将向无人仓方向发展。

 任务分析

对电子商务来说，商品怎样以最快的速度完成订单的接收及处理，实现快速出库，直接影响消费者的购物体验，也是电子商务物流效率的重要衡量标准。因此，电子商务仓储管理在电商运营中具有非常重要的地位和作用。

一、仓储概述

（一）仓储的概念及性质

1. 仓储的概念

仓储是指通过仓库对暂时不用的物资进行储存和保管。一般来说，它指的是从接收储存物资开始，经过储存保管作业，直至把物品完好地发放出去的全部活动过程，其中包括存货管理和各项作业活动。"仓"即仓库，为存放物资的建筑物和场地，可以是房屋建筑、洞穴、大型容器或特定的场地等，具有存放和保护物资的功能。"储"即储存、储备，表示收存以备使用，具有收存、保管、交付使用的意思。

2. 仓储的性质

仓储是物质产品的生产持续过程，仓储也创造着产品的价值；仓储既有静态的物资储

存，也包含动态的物资存取、保管、控制的过程；仓储活动发生在仓库等特定的场所，仓储的对象既可以是生产资料，也可以是生活资料，但必须是实物。由此可见，从事物资的仓储活动与从事物资的生产活动虽然在内容和形式上不同，但它们都具有生产性质，无论是处在生产领域的企业仓库，还是处在流通领域的储运仓库（如电子商务仓库），其生产性质是一样的。

（二）仓储的功能及分类

1. 仓储的功能

（1）储存功能

现代社会生产的一个重要特征就是专业化和规模化生产，劳动生产率极高，产量巨大，绝大多数产品都不能被及时消费，需要利用仓储手段进行储存，这样才能避免生产过程堵塞，保证生产过程的顺利进行。

（2）保管功能

生产出的产品在消费之前必须保持其使用价值，否则将会被废弃。这项任务就需要由仓储来承担，在仓储过程中对产品和物资进行保护、管理。

（3）加工功能

仓储物在被保管期间，保管人根据存货人或客户的要求对仓储物的外观、形状、成分构成、尺度等进行加工，使仓储物达到存货人或客户的要求。加工主要包括：为保护仓储物而进行的加工；为适应存货人或客户的多样化需求而进行的加工；为方便消费者而进行的加工；为提高产品利用率而进行的加工；为便于衔接不同的运输方式，使运输更加便捷而进行的加工。

（4）整合功能

整合是仓储活动中的一个经济功能。通过这种安排，仓库可以将来自多个制造企业的产品或原材料整合成一个单元，进行一票装运。其好处是降低运输成本，也可以减少由多个供应商向同一客户进行供货带来的拥挤和不便。

（5）分类和转运功能

分类就是将来自制造商的组合订货分类或分割成个别订货，然后安排合适的运输方式将货物运送到制造商指定的客户手中。仓库从多个制造商处运来整车的货物，在收到货物后，如果货物有标签，就按客户要求将货物进行分类；如果没有标签，就将货物按地点进行分类，货物不在仓库停留直接装到运输车辆上，然后运往指定的零售店。

（6）市场信息的传感器

任何产品的生产都必须满足社会的需要，生产者需要把握市场需求的动向。社会仓储产品的变化是了解市场需求极为重要的途径。仓储量减少，周转量加大，表明社会需求旺盛；反之则为需求不足。仓储环节所获得的市场信息虽然比销售信息滞后，但更为准确和集中，且信息成本较低。

（7）提供信用的保证

在大批量货物的实物交易中，购买方必须检验货物、确定货物的存在和货物的品质，方可成交。购买方可以到仓库中查验货物。由仓库保管员出具的货物仓单是实物交易的凭证，可以作为为购买方提供的信用保证。货物仓储单本身就可以作为融资工具，可以直接使用货物仓储单进行质押。

（9）现货交易的场所

存货人要转让已在仓库存放的货物时，购买方可以到仓库查验货物，双方可以在仓库中进行转让交割。在国内众多的批发交易市场里，仓库既是有货物存储功能的交易场所，又是有货物交易功能的仓储场所。

2. 仓储的分类

（1）按仓储经营主体分类

- 自营仓储。自营仓储主要包括生产企业仓储和流通企业仓储。生产企业为保障原材料供应、半成品及成品的保管而进行仓储，其储存的对象较为单一，以满足生产需要为原则。流通企业自营仓储则为流通企业经营的产品提供仓储，其目的是支持销售。
- 营业仓储。仓储经营者以其拥有的仓储设施，向社会提供仓储服务。仓储经营者与存货人通过订立仓储合同的方式建立仓储关系，并且根据合同约定提供仓储服务并收取仓储费。
- 公共仓储。公共仓储是公用事业的配套服务设施，为车站、码头等提供仓储配套服务，其运作的主要目的是为了保障车站、码头等的货物作业和运输，具有内部服务的性质，处于从属地位。
- 战略储备仓储。战略储备仓储是国家根据国防安全、社会稳定的需要，对战略物资进行储备。在战略物资仓储中储备物资的安全性特别重要，且储备时间较长。储备的物资主要有粮食、油料、有色金属等。

（2）按照仓储功能分类

- 生产仓储。生产仓储为生产领域服务，主要是用来保管生产企业生产加工的原材料、燃料、在制品和待销售的产品。
- 流通仓储。流通仓储为流通领域服务，专门储存和保管流通企业待销售的产品，包括批发仓库、零售仓库。
- 中转仓储。中转仓储是衔接不同运输方式的仓储，主要设置在生产地和消费地之间的交通枢纽，如港口、车站等。
- 保税仓储。保税仓储是指使用海关核准的保税仓库存放保税货物的仓储行为。保税仓储储存的对象是暂时进境并且还需要复运出境的货物，或者是海关批准暂缓纳税的进口货物。

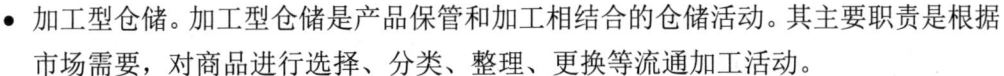

- 加工型仓储。加工型仓储是产品保管和加工相结合的仓储活动。其主要职责是根据市场需要，对商品进行选择、分类、整理、更换等流通加工活动。

(3) 按照仓储的保管条件分类

- 普通物品仓储。普通物品仓储是指没有特殊条件的物品仓储。其设备和库房建造都比较简单，使用范围较广。这类仓储有一般性的保管场所和设施，常温保管，自然通风，无特殊功能。
- 专用仓储。专用仓储是专门用来储存某一类（种）物品的仓储。一般由于物品本身的特殊性质，如对温度、湿度的特殊要求或易于对与之共同储存的物品产生不良影响，因此要专库储存。如机电产品、食糖、烟草仓库等。
- 特殊物品仓储。特殊物品仓储是在保管中有特殊要求和需要满足特殊条件的物品仓储。如危险品、石油、冷藏物品等。这类仓储必须配备防火、防爆、防虫等专门设备，其建筑构造、安全设施都与一般仓库不同。

二、仓储管理概述

（一）仓储管理的含义

仓储管理就是对仓库及仓库内的物品所进行的管理，是仓储机构为了充分利用其所具有的仓储资源为存货人或客户提供高效的仓储服务而对仓储资源进行的计划、组织、控制和协调。

从广义上看，仓储管理是对物流过程中物品的储存及由此带来的物品的包装、分拣、整理等活动进行的管理。仓储管理从单纯的对物品存储进行的管理，发展成为物流过程中的中心环节，它的功能已不是单纯的货物存储，而是兼有包装、分拣、整理、简单装配等多种辅助性功能。

（二）仓储管理的基本原则

保证质量、注重效率、确保安全、讲求经济是仓储管理的基本原则。

1. **保证质量**

仓储管理中的一切活动，都必须以保证在库物品的质量为中心。没有质量的数量是无效的，甚至是有害的，因为这些物品依然占用资金、产生管理费用、占用仓库空间。因此，为了完成仓储管理的任务，仓储活动中的各项作业必须有质量标准，并严格按标准进行作业。

2. **注重效率**

仓储成本是物流成本的重要组成部分，因而仓储效率关系到整个物流系统的效率和成本。在仓储管理过程中要充分发挥仓储设施和设备的作用，提高仓储设施和设备的利用率；

要充分调动仓库生产人员的积极性,提高劳动生产率;要加速在库物品的周转,缩短物品在库时间,提高库存周转率。

3. 确保安全

仓储活动中的不安全因素有很多。有的来自库存物,如有些物品有毒、有腐蚀性、有辐射性、易燃易爆等;有的来自装卸搬运作业过程;还有的来自人为破坏。因此要特别加强仓储作业及管理人员的安全教育、提高认识,制定安全制度、贯彻执行"安全第一,预防为主"的安全管理方针。

4. 讲求经济

为实现一定的经济效益目标,必须力争以最少的人力和物资消耗,提高仓储服务质量,及时准确地完成更多的仓储任务。

三、仓储在物流中的地位和作用

(一)仓储的积极作用

(1)仓储是物流的主要功能之一

在物流体系中,运输和仓储被称为两大支柱。运输承担着改变物资空间状态的重任;仓储则承担着改变物资时间状态的重任。

(2)仓储是整个物流业务活动的必要环节之一

仓储作为物资在生产过程中各间隔时间内的物流停滞,是保证生产正常进行的必要环节,它使上一步生产活动顺利衔接下一步生产活动。

(3)仓储是保持物资原有使用价值和物资使用合理化的重要手段

生产和消费在时间上的不均衡、不同步造成物资使用不及时,仓储解决了物资生产和消费在时间上的矛盾充分发挥物资的潜力,提高物资利用率。

(4)仓储是加快资金周转,节约流通费用,降低物流成本,提高经济效益的有效途径

通过仓储的合理化,就可以加速物资的流通和资金的周转,从而节省费用,降低物流成本,开拓"第三利润源泉"。

(二)仓储的消极作用

仓储是物流系统中的必要环节,但也经常存在冲减物流系统效益,恶化物流系统运行的现象,使企业付出巨大代价。

（1）固定费用和可变费用支出

仓储要求企业在仓库建设、仓库管理、仓库工作人员工资、福利等方面支出大量的费用。

（2）收益损失

储存物资会占用资金，如果将这些资金用于另外的项目可能会有更高的收益。

（3）亏损

随着储存时间的增加，在库货物时刻都在发生陈旧变质，严重的会完全丧失价值及使用价值。同时，一旦错过有利的销售期，又会因为必须低价贱卖产品，不可避免地出现亏损。

（4）保险费支出

为了分担风险，很多企业都为储存物资投保，支出大笔保险费。保险费支出在仓储物资总值中占了相当大的比例。

 任务小结

通过对仓储及仓储管理的分析，明确了仓储的含义、性质、功能及分类，学生应掌握仓储管理的含义及基本原则，同时掌握仓储在物流中的地位和作用。

任务二　电子商务仓储管理作业

 **任务导入**

电商仓储因为其行业所具备的一些特点，需要仓库能够非常精准地按照客户订单对商品进行分拣和包装。在传统行业中，仓储物流的服务对象主要是门店，相比之下，在拣货准确性方面没有电商行业那么苛刻。同时，对各门店的配送频率、配送时间，甚至退货时间等，基本都是事先计划好的，各门店在订购商品的品种及数量方面，也与电商客户有很大的差别。这些差异，对电商仓储的运营及管理产生了很大的影响。

 **任务分析**

现代电商仓储中心的功能重在"通过"而非"储存"，理论上说，货物的周转率越高越好，入库量应与出库量基本持平，实现货物的快进快出。如何在仓储操作上以较低的成本实现货物的快进快出，需要利用现代化的设备和工具完成货物的出入库及盘点等工作。

一、入库验收作业

（一）入库准备

（1）熟悉入库货物

仓库管理人员应认真查阅入库货物资料，掌握入库货物的品种、规格、数量、包装状态、单件体积、到库确切时间、货物存期、货物的理化特性等。

（2）掌握仓库情况

了解在货物入库期间、保管期间仓库的库容、设备、人员的变动情况，以便安排仓储活动。必要时应对仓库进行清查、清理、归位，以便扩大仓库容量。

（3）制订仓储计划

仓库相关部门根据货物、仓库容量、设备等制订仓储计划，并将任务下达到相应的作业单位和管理部门。

（4）妥善安排货位

仓库相关部门根据入库货物的性能、数量、类别，结合仓库分区分类保管的要求，核算货位大小。根据货位使用原则，妥善安排货位、验收场地。

（5）做好货位准备

仓库管理员要及时进行货位准备，彻底清洁货位，清除残留物，清理排水管道，必要时应安排消毒除虫、铺地等。

（6）准备苫垫材料、作业用具

在货物入库前，相关人员应根据所确定的苫垫方案，准备相应的材料，并组织苫垫铺设作业。对作业所需的用具要准备妥当，以便能随时使用。

（7）验收准备

在接到到货通知后，相关人员应根据货物的性质和仓库管理制度，提前做好验收前的准备工作，确定验收方案，做好人员、资料、器具、货位、设备的准备工作。

（8）装卸搬运方案设定

根据货物、货位、设备条件和人员情况，科学合理地制定卸车搬运方案，保证作业效率。大批量货物的入库，必须要有装卸搬运机械的配合。

（9）文件单证准备

仓库管理员应准备货物入库所需的各种报表、单证、记录簿等，以备使用。

（二）货物接运

货物采用铁路、公路、水运、空运等运输方式运至仓库。接运是入库业务流程的第一个作业环节，其主要任务是及时准确地从交通运输部门提取物品，在接运由承运人转运的货物时，必须认真检查，分清责任，避免将一些在运输过程中或运输前就已经损坏的货物运进仓库，造成验收困难或损失。在电商仓储环节中，由于电子商务运输目前仍以公路运输为主，大多为供应商或生产企业送货，因此，货物接运主要为电商仓库管理方或服务方从承运方处办理接运。

（三）储位确定

仓库货位是仓库内具体存放货物的位置。仓库内除了通道、机动作业场地，还有存货的货位。为了使仓库管理有序、操作规范，存货位置能准确表示，须按照最近、最快、最廉、最适的"四最"原则，结合货物的性质和存储现场的布局进行货位的确定。

（四）货物验收

进入仓库的货物必须经过检验，只有检验合格的货物，才能入库。

1. 验收的作用和意义

所有到库货物，必须在入库前进行检验，只有检验合格的货物才能正式入库。这种必要性体现在两方面：一方面，各种到库货物来源复杂，经过一系列储运操作，受到储运质量和其他各种外界因素的影响，货物的质量和数量都可能发生某种程度的变化；另一方面，各类货物尽管在出厂前进行了检验，但有时也会出现错检或漏检的情况，使一些不合格货物混在了合格货物中。因此，货物入库前的验收具有重要意义。

2. 货物验收作业流程

货物验收包括验收准备、核对凭证和检验实物三个作业环节。

（1）验收准备

仓库接到到货通知后，应根据货物的特性做好验收前的准备工作，验收准备是做好整个验收工作的前提，包括人员准备、文件准备、器具准备等。

（2）核对凭证

核对凭证就是将入库通知单、订货合同与供货单位提供的所有凭证进行逐一核对，相符后，才可以进行实物检验。

（3）实物检验

实物检验就是根据入库单等相关凭证对货物进行数量和质量检验。数量检验是保证入库货物数量准确的重要步骤，依据入库单等相关凭证，按商品的品名、规格、等级、产地等进行核对，以确保入库货物数量的准确无误。质量检验包括外观检验、尺寸检验、理化检验。

3. 货物验收中问题的处理

（1）质量检验问题的处理

在验收过程中，凡发现质量不符合验收规定的情况，应及时与供货单位进行退货、换货交涉，或征得供货单位同意代为修理，或在不影响使用的前提下减价处理。发现货物规格不符或错发时，应先将规格无误的货物入库，为规格有误的货物做好验收记录并交给相应部门办理换货。

（2）数量检验问题的处理

数量短缺或溢余在规定范围内的，可按原数入账。凡超过规定范围的，应查对核实，填写验收记录和磅码单交主管部门，由主管部门向供货单位提出交涉，对于数量溢余较大的情况，可采取货物退回或补发货款的方式解决；对于数量短缺较大的情况，可采取按实数签收并及时通知供货单位的方式解决。

（3）验收凭证问题的处理

验收凭证问题主要是指验收需要的证件未到或证件不齐全。在验收过程中遇此类问题时，要及时与供应商进行交涉，可以采取拒绝收货、改单签收或退单、退货的方式解决。

二、交接和登记

对于验收合格的货物，应及时办理入库手续，完成货物交接和登记。

1. 办理交接手续

交接手续是指仓库对收到的货物与送货人进行的确认，表示仓库已接收货物。办理完交接手续，意味着划清了责任。完整的交接手续包括：接收货物、接收文件、签署单证。

（1）接收货物

仓库以送货单为依据，通过理货、查验货物，将不良的货物剔出、退回，并编制残损单明确责任，确定收到货物的确切数量、货物表面状态等。

（2）接收文件

接收送货人递交的货物资料、运输的货运记录、普通记录等，以及随货的相关文件，如图纸、准运证等。

（3）签署单证

仓库与送货人或承运人共同在送货人交来的送货单、交接清单上签字和批注，并留存相关凭证。仓库相关人员负责提供相应的入库单、查验单、理货单、残损清单、事故报告等文件。

2. 登账

货物入库后，仓库应建立"实物保管明细单"，登记货物进库、出库、结存的详细情况。在货物查验中，仓库根据查验情况制作入库单，如表 3-1 所示。详细记录入库货物的实际情况，对货物短少、破损等情况应在备注栏中进行备注。

表 3-1 入库单

No._____

送货单位： 入库日期： 年 月 日 入货仓库：

物资编号	品名	规格	单位	数量	检验	实收数量	备注

会计： 仓库收货人： 制单：

3. 立卡

货物入库或上架后,将货物名称、规格、数量或出入状态等内容填在货卡上,称为立卡。货卡又称为料卡、货牌,插放在货物下方的货架支架上或摆放在货垛正面的明显位置,如表 3-2 所示。

表 3-2 货卡

物资名称： 规格： 单价： 编号：

年		摘要	收入数量	发出数量	结存数量
月	日				

经手人：

4. 建档

建档是将货物入库作业全过程的有关资料证件进行整理、核对,建立资料档案,以便货物管理员和保持客户联系。

三、储存保管作业

(一)货物堆码

1. 堆码的概念

堆码是根据货物的包装形状、重量、数量和性能特点,结合地面负荷、储存时间、季节气候等因素,将货物按一定规律堆码成各种垛形的工作。货物堆码是库存货物摆放的一种方法。它对维护商品质量,充分利用库房容量和提高装卸作业效率,以及对采用机械作业和保证货物安全等具有重大影响。

2. 堆码的基本原则

(1) 分类存放

分类存放是仓库储存的基本要求,是保证货物质量的重要手段,因此也是堆码需要遵循的基本原则。具体要求如下:不同类别的货物需要分类存放,甚至需要分区、分库存放;不同规格、不同批次的货物也要分位、分堆存放;残损货物要与原货分开;对于需要分拣的货物,在分拣之后,应分位存放,以免混乱。

(2) 选择适当的搬运活性

为了减少作业时间和作业次数,提高仓储作业的速度,应该根据相关作业的要求,合理确定货物的搬运活性。对搬运活性高的货物,也应注意摆放整齐,以免堵塞通道,浪费仓库容量。

(3) 面向通道,不围不堵

货垛及存放物品的正面,应尽可能地面向通道,以便查看;另外,所有货位都应有一面与通道相连,以便对货物进行直接作业。只有在所有的货位都与通道相连时,才能保证仓库不围不堵。

(4) 使货垛稳固,尽可能地码高货物

为了充分利用仓库容量,存放的货物要尽可能地码高,使货物尽可能少地占用地面面积。货物堆垛必须稳固,避免倒垛、散垛,要求叠垛整齐、放位准确,必要时采用稳固措施,如垛边、垛头采用纵横交叉叠垛,使用固定物料加固等。只有在货垛稳固的情况下才能码高货物。

3. 堆码的"五距"

货物堆码要做到货堆之间,货堆与墙、柱之间保持一定距离,留有适宜的通道,以便货物的搬运、检查和养护。要把货物保管好,"五距"很重要。五距是指墙距、垛距、柱距、灯距和顶距,如图3-1所示。

墙距是指货垛与墙的距离,内墙距不得小于0.3m,外墙距不得小于0.5m。

柱距是指货垛与屋柱之间的距离,柱距不得小于0.3m。

顶距是指货垛的顶部与仓库屋顶平面之间的距离,平房仓库 0.2m~0.5m,多层楼房仓库不小于0.5m。

灯距是指仓库里的照明灯与货垛之间的距离,不得小于0.5m。

垛距是指货垛与货垛之间的距离。垛距一般为1m左右。

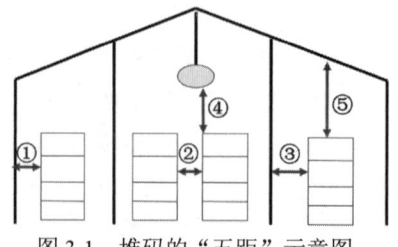

图3-1 堆码的"五距"示意图

（二）货物盘点

1. 盘点的概念

在仓储作业过程中，货物不断地进库和出库，在作业过程中产生的误差经过一段时间的积累会使库存资料反映的数据与货物实际数量不相符。有些商品因长期存放，品质下降，不能满足用户需要。为了对库存货物的数量进行有效控制，并了解货物在库房中的质量状况，必须定期对各储存场所进行清点作业，这一过程我们称为盘点作业。

2. 盘点的目的

（1）确定现存量

盘点可以确定现有库存货物实际库存数量，并通过盈亏调整使库存账面数量与实际库存数量一致。

（2）确认企业资产的损益

库存货物总金额直接反映企业流动资产的使用情况，库存量过高，流动资金的正常运转将受到威胁，因此为了能准确地计算出企业实际损益，必须进行盘点。

（3）检验货物管理成效

通过盘点可以发现仓储作业与管理中存在的问题，并通过解决问题来改进作业流程和作业方式，提高人员素质和企业的管理水平

3. 盘点的内容

（1）查数量

通过点数计算查明货物在库的实际数量，核对库存账面数量与实际库存数量是否一致。

（2）查质量

检查在库货物质量有无变化，有无超过有效期和保质期，有无长期积压等现象，必要时还必须对货物进行技术检查。

（3）查保管条件

检查保管条件是否与各种货物的保管要求相符合。如堆码是否合理稳固，库内温度、湿度是否符合要求，各类计量器具是否完好等。

（4）查安全

检查各种安全措施和消防设备、器材是否符合安全要求，建筑物和设备是否处于安全状态。

4. 盘点的程序

（1）盘点前的准备

盘点前应做的准备工作包括确定盘点的具体方法和作业程序；配合财务会计做好准备；设计印制盘存单，如表3-3所示；准备盘点的用具。

表 3-3 盘存单

No._____

经管部门：　　　　　　　　　　　　　　　　　　　　　　　日期：　　年　　月　　日

商品编号	商品名称	存放位置	盘点数量	复查数量	盘点人	复查人

（2）确定盘点时间

为了保证账物相符，盘点次数越多越好，但盘点需要投入的人力、物力、财力都很大，有时大型全面盘点还可能引起生产经营的暂时停顿。为此，合理的确定盘点盘的时间非常重要。在确定盘点时间时，要根据仓库周转的速度来确定。对于货物流动速度不快的仓库，可半年至一年进行一次盘点。对于货物流动速度较快的仓库，既要防止长期不盘点造成重大经济损失，又要防止盘点频繁造成经济损失。

（3）确定盘点方法

盘点分为账面盘点及现货盘点两种。账面盘点又称为永续盘点，就是把每天出入库货物的数量及单价记录在电脑或账簿的存货账卡上，并连续地计算汇总出账面上的库存结余数量及库存金额；现货盘点又称为实地盘点或实盘，也就是实际清查在库货物的数量，再依货物单价计算出实际库存金额的方法。

（4）盘点人员的培训

大规模的全面盘点必须增派人员协助进行，这些人员通常来自管理部门，主要对盘点过程进行监督，并复核盘点结果，因此必须对他们进行熟悉盘点现场及盘点货物的训练。

（5）清理储存场地

盘点现场即储位管理涵盖的区域。盘点作业开始之前必须对盘点现场进行整理，以提高盘点作业的效率和盘点结果的准确性。盘点前应对已验收入库的货物进行整理并将其归入储位，与未验收入库属于供应商的货物区分清楚，避免混淆。

（6）盘点作业

盘点时可以采用人工抄录计数，也可以用电子盘点计数器计数。盘点工作不仅工作量大，而且非常烦琐，人员易疲劳。因此，为保证盘点正确性，除了加强盘点前的培训，盘点作业时的指导与监督也非常重要。

（7）查清盘点差异的原因

盘点会将一段时间以来积累的作业误差，及其他原因引起的账物不符暴露出来，发现账物不符，而且差异超过容许误差范围时，应立即追查产生差异的原因，如仓库管理员素质不高，登录数据时发生错登、漏登，账物处理系统管理制度和流程不完善，导致数据出错等情况。

（8）盘点的盈亏处理

查明原因后，为了通过盘点使账面数据与实物数量保持一致，需要对盘点盈亏和报废品一并进行调整。对通过盘点发现的问题的处理，通常有下几种情况。

- 规定标准内的盈亏。又称合理盈亏，是指盈亏数量不超过规定标准的，处理办法是经部门主管领导批准后核销。
- 超过标准的盈亏。应查明原因、进行分析、写出报告，按审批程序报上级备案后，按仓储合同中有关规定处理。
- 此多彼少、总数相符。属于同一品种，不同规格的可经货主同意后进行规格间的数量调整；不是同类物资的，按超标准盈亏处理。
- 质量变化。要查明原因，做好记录，在采取挽救措施的同时，通知货主尽快调拨货物。对完全变质、失效的货物除按有关规定提出报废外，还应查明变质原因，以便分清责任、总结经验。
- 积压物资。在盘点中如发现长期无动态的积压物资或超过保管期限的物资，应立即向货主发出通知、催促其尽快进行处理。

盘点盈亏报告表，如表3-4所示。

表3-4　盘点盈亏报告表

No._____

经管部门：　　　　　　　　　　　　　　　　　　　　　　　日期：　　年　　月　　日

商品编号	商品名称	单位	单价	账面数量	盘点数量	盘盈		盘亏		差异原因	对策建议
						数量	金额	数量	金额		
财务总监		经理		主管	制表	经管部门			经管人		

四、分拣出库作业

（一）订单处理

1. 订单处理概述

订单处理作业是实现企业服务目标最重要的环节之一，是配送服务质量的根本保证。优化订单处理流程，缩短订单处理周期，提高订单处理的效率和供货的准确率，为客户提供订单处理全程信息跟踪服务，可大大提高企业服务水平与客户满意度，同时降低库存水平和配送总成本，使配送中心获得竞争优势。

配送中心与其他经济实体一样，具有明确的经营目标和服务对象。电子商务配送中心的服务对象就是广大的线上消费群体。在配送中心规划建设与开展配送活动之前，必须根据订单信息，对客户分布，商品的特性、品种和数量，送货频率等进行分析，以确定所要配送货物的种类、规格、数量和配送时间等。因此，订单是配送中心开展配送业务的依据，订单处理则是配送中心组织和调度的前提，是其他各项作业的基础。

《中华人民共和国国家标准物流术语》（GB/T 22126—2008）把订单处理定义为有关客户和订单的资料确认、存货查询和单证处理等活动。订单处理是指从接到客户订货信息开始到准备着手拣货为止的作业阶段，对客户订单进行品种数量、交货日期、客户信用度、订单金额、加工包装、订单号码、客户档案、配送方法和订单资料输出等一系列的技术工作。

2. 订单处理流程

（1）接受客户订单

接受客户订单为订单处理作业的第一个步骤，配送中心接受客户订货的方式主要有传统订货方式和电子订货方式两大类。电子商务配送中心接受客户订单的方式是客户线上下单。

（2）客户订单确认

客户订单确认主要是订单资料的基本检查，包括商品名称、数量及订单日期，客户有无特殊需求等。尤其当要求送货时间有问题或出货已延迟时，企业需要再与客户确认一下订单内容。

（3）建立客户档案

将客户信息详细记录，不但能让此次交易更顺利地进行，且有利于以后再次合作。客户档案应包含订单处理需要用到的相关资料及与物流作业相关的资料，包括客户姓名、客户配送区域、客户收货地址、客户要求的配送时间等。

（4）存货查询与分配

确认库存是否能够满足客户需求，又称"事先拣货"。查询存货档案资料，了解此商品是否缺货。将订单资料输入系统，确认无误后，将订单资料汇总分类、调拨库存，以便后续的物流作业顺利进行。电商仓库因订单数量多、客户类型等级多，存货分配方式主要是批次分配，即在汇总数笔已输入的订单资料后，统一分配库存。

（5）确定拣货顺序与拣货时间

拣货顺序直接影响拣货效率，它决定了拣货人员行走距离的长短，即拣货时间长短。拣货顺序可依据仓储货位的状况及货物存放的位置来确定。由于要有计划地安排出货，因而对每一张订单或每批订单可能花费的拣取时间要事先掌握。拣货时间与拣货人员行走时间、作业熟练程度有关。在保证拣货准确性的前提下，拣货人员应尽可能缩短行走的时间、寻找货物的时间、拣取货物的时间，从而提高拣货效率。

（6）单据处理输出

订单资料经由上述的处理后，即可开始打印拣货单，如表3-5所示，以开始后续的物流作业。拣货单可提供商品出库指示资料，并作为拣货的依据。拣货单需配合配送中心的拣货策略及拣货作业方式来加以设计，以提供详细的拣货信息，便于拣货的进行。

表3-5 拣货单

拣货单号		包装单位			储位号码	
商品名称		托盘	箱	单件		
规格型号	数量					
商品编码						
拣货时间	年 月 日 时 分至 时 分				拣货人	
核查时间	年 月 日 时 分至 时 分				核查人	
序号	订单编号	客户名称	单位	数量	出货货位	备注
1						
2						
3						
4						
5						

（二）拣货作业

1. 拣货作业概述

拣货作业是仓储工作人员依据客户的订货要求或配送中心的送货计划，尽可能迅速、准确地将货物从其储位或其他区域拣取出来，并按一定的方式进行分类、集中、等待配装送货。在电子商务配送中心搬运成本中，拣货作业的搬运成本约占90%。因此，在配送作业的各环节中，拣货作业是整个配送中心作业系统的核心。合理规划与管理拣货作业，对配送中心作业效率的提高具有决定性的影响。

2. 拣货方式

配送中心常用的拣货方式主要有三种，单一拣取、批量拣取及复合分拣。

（1）单一拣取

一般来讲，单一拣取准确度较高，很少发生错误，且机动灵活。这种方法可以根据客户要求调整拣货的先后次序；对机械化、自动化没有严格要求；一张货单拣取完毕后，货物便配置齐备，配货作业与拣货作业同时完成，简化了作业程序，有利于提高作业效率。

（2）批量拣取

批量拣取是将数张订单汇总成一批，再将各订单相同的货物订购数量加起来，一起拣取。与单一拣取相比，批量拣取由于将多个用户的需求集中起来，所以有利于进行拣取路线规划，减少不必要的重复行走。但其计划性较强，规划难度较大，容易发生错误。

(3) 复合分拣

复合分拣指配送中心为克服单一拣取和批量拣取的缺点,将单一拣取和批量拣取组合起来的一种拣取方式。即根据订单中货物的品种、数量及出库频率,确定哪些订单适用于单一拣取,哪些订单适用于批量拣取,分别采取不同的拣货方式。

3. 拣货策略

拣货策略主要包括分区策略、订单分割策略、订单分批策略、分类策略四种。

(1) 分区策略

分区策略就是将拣货作业场地按区域划分,在相同的分拣方式下,将分拣作业场地细分成不同的区域,由一个或一组固定的分拣人员负责拣取该区域内的货物。这一策略的优点在于能减少分拣人员所需记忆的存货位置及移动距离,缩短分拣时间。

(2) 订单分割策略

当某一订单所订购商品种类较多时,可以利用订单分割策略将订单切分成若干个子订单,交由不同的分拣人员同时进行分拣作业以缩短分拣时间。

(3) 订单分批策略

订单分批是为了提高分拣作业效率而把多张订单集合成一批,进行批量拣取作业。

(4) 分类策略

如果采用订单分批策略,随后必须有与之配合的分类策略。分类策略通常分为分拣时分类和拣取后集中分类两种类型。

以上四大类拣货策略可单独运用或联合运用,也可以不采用任何拣货策略,直接按订单拣取。

4. 补货方式

补货作业与拣货作业息息相关。补货作业的策划必须满足两个前提,即"确保流动式货架上有货可拣"和"将待配送货物放置在存取都方便的位置"。

在电子商务配送中心中通常有以下几种补货方式。

(1) 整箱补货

适用此补货方式的货物的保管区为货架保管区,拣货区为两面开放式的流动棚。拣货时作业员从拣取区拣取货物放入物流箱中,然后将物流箱运至出货区。当作业员拣取货物后发觉动管区的存货已低于规定的水平,就要进行补货作业。补货方式为作业员至货架保管区取货箱,用手推车载箱至拣货区,在流动棚架的后方(非拣取面)补货。这种补货方式较适合体积小且少量多样出货(整箱货)的货物。

(2) 托盘补货

由地板堆叠保管区补货至地板堆叠动管区。保管区为以托盘为单位将货物平置于地板上堆叠储放,动管区也是以托盘为单位将货物平置于地板上堆叠储放,不同之处在于保管区的面积较大,储放货物较多,而动管区的面积较小,储放货物较少。拣取时作业员在拣取区拣取箍盘上的货箱,放至中央输送机出货;或者使用堆高机将托盘整个送至出货区(当拣取大量货物时)。而当作业员拣取货物后发觉动管区的存货已低于规定水平则要进行补货作业,补货方式为作业员用堆高机将货物由保管区搬运至动管区。这种补货方式较适合体积大或出货量多的货物。

(3) 由货架上层保管区补货至货架下层的动管区

保管区与动管区同属一个货架。货架上层为保管区,货架下层为动管区。当动管区的存货水平低于规定水平,则可利用堆高机将保管区的货物搬至动管区进行补货。这种补货方式较适合体积不大,货物每个品种存货量不高,且出货多属中小量(以箱为单位)的货物。

任务小结

通过利用条形码、手持终端、叉车、货架等物流设备和工具,完成仓库内货物的入库验收、储存保管和分拣出库,使学生熟悉仓库的出入库流程,掌握仓储出入库基本技能,能够与他人合作完成货物的入库、保管和出库工作。

任务三 电子商务库存控制与管理

**任务导入**

海尔集团于2000年3月10日投资成立海尔电子商务有限公司,在家电行业中率先建立了企业电子商务网站,全面开展面对供应商的B2B业务和针对消费者个性化需求的B2C业务。通过电子商务采购平台和定制平台与供应商和销售终端建立紧密的互联网关系,建立动态的企业联盟,达到双赢的目标。海尔通过三个JIT最终消灭了库存。JIT采购就是按照订单进行的的采购,需要多少,采购多少。JIT送料指各种零部件暂时存放在海尔立体库中,然后由计算机进行配套,将配置好的零部件直接送到生产线上。海尔在全国建有物流中心系统,无论在全国什么地方,海尔都可以快速送货,实现JIT配送。

**任务分析**

海尔通过建设行业信息网络平台,实现了电子商务背景下的"零库存"管理。除了"零库存",还有仓库ABC分类、定量订货、定期订货等多种库存管理方式,合理运用这些库存管理方式,电子商务企业最终可以实现电商库存合理化。

一、库存认知

（一）库存的含义

库存是指在物流配送的各个环节中堆积的物资总和。对于生产企业而言，为了保证生产活动的顺利进行，必须在各个生产阶段之间储备一定量的原材料、燃料、备件、工具、在制品、半成品等。销售商、物流公司等流通企业为了能及时满足客户的订货需求，就必须经常保持一定数量的商品库存。如果企业的存货不足，会造成供货不及时，供应链断裂、丧失交易机会或市场占有率。然而，商品库存的维持需要一定的费用，同时会存在由于商品积压和损坏而产生的库存风险。因此，在库存管理中既要保持合理的库存数量，防止缺货；又要避免库存过量，产生不必要的库存费用。

（二）库存的作用及意义

1. 有利于实施科学管理，防止货物短缺

库存的重要目标之一就是在企业需要时，将必需的物资按需供应。如果企业生产急需的物资不能及时供应，管理就会发生混乱；医院没有一定数量的备用床位，病人就无法及时住院治疗；银行没有现金储备，客户就可能取不到钱。

2. 有利于提高资金的利用率，缩短订货提前期

当企业商维持一定量的商品库存时，客户就可以很容易地采购到他们所需的商品，由此缩短了客户的订货提前期，使得企业的经营活动更为灵活。

库存尽管有如此重要的作用，但也有其不利的一面：库存占用了企业大量的资金，同时库存还易掩盖管理中存在的一些问题。因此，库存管理的目标是在保证一定服务水平的前提下不断降低库存。

二、库存管理认知

（一）库存管理的含义

库存管理又称存货管理或在库管理，是指在经济合理或某些特定的前提下，如不允许缺货与降低服务水平等，确定库存数量界限，即库存量（需求量）、库存水平、订货量等数量界限。简单地说库存管理主要是企业经营者解决何时补充订货，补充多少订货，以及库存系统的安全库存量、平均库存量、周转率、缺货次数等问题所采取的方法。

库存管理的基本目标是防止超储和缺货，在企业现有资源的约束下，以最合理的成本为客户提供其所期望的服务，即在达到客户期望的服务水平的前提下，尽量降低库存成本。

（二）库存管理的作用及意义

对于库存管理在企业经营中的角色，不同的部门有不同的看法，所以，为了实现最佳库存管理，需要协调各个部门的活动，使企业内每个部门不仅以有效实现本部门的功能为目标，更要以实现企业的整体效益为目标。

库存管理在企业经营中的作用可归纳为以下几点。

（1）增强生产计划的柔性

激烈的市场竞争造成的外部需求波动是正常的，加强库存管理能减轻生产系统的压力。

（2）满足客户需求的不断变化

客户可能是买立体音响设备的人，也可能是一名机修工，其需要的满足就涉及预期库存。

（3）防止中断

制造企业为保证生产的连续运行，一般用库存进行缓冲。

（4）防止脱销

持有安全库可以防止商品脱销。此处的安全库存是指为应对需求和交付时间的多变性而持有的超过平均需求的库存。

（5）充分利用经济订购量的折扣优势

订购量大时折扣较大。

（6）缩短订货周期

产品的生产周期与生产系统的库存成正比，与产出率成反比。一般而言，库存高，生产周期长，会加大生产管理的复杂性与难度，使企业难以保证产品按期交货。搞好库存管理既能缩短产品生产周期，保证产品按期交货，又能提高生产系统的柔性，提高企业应对客户多样化需求的能力。

三、库存管理方法

（一）仓库 ABC 分类法

1. 基本原理

企业的库存物资种类繁多，对企业的全部库存物资进行管理是一项复杂而繁重的工作。如果管理者对所有库存物资均匀地使用精力，必然会使其有限的精力过于分散，导致管理的效率低下。因此，在库存管理中，应加强重点管理，把管理的中心放在重点物资上，以提高管理的效率。ABC 分析法便是库存管理中常用的一种管理方法。

ABC 分析法源于 ABC 曲线分析，即所谓"关键的少数和次要的多数"的关系。事实上，在多种库存物资中，一般只有少数几种物资的需求量较大，因而占用较多的流动资金；从客户方面来看，只有少数几种物资对客户的需求起着举足轻重的作用，多数物资年需求量较小，或者对于客户的重要性较小，由此，我们可以将库存物资分 A、B、C 三类。

ABC 库存分类法的基本原理是：由于各种库存物资的需求量和单价各不相同，其年耗资金也各不相同；那些年耗用资金多的库存物资，由于其占用企业的资金较多，对企业经营的影响也较大，因此需要进行重点管理。ABC 库存管理法又称为重点管理法，强调对物资进行分类管理，根据库存物资价值的不同而采取不同的管理方法。

2. 分类标准

ABC 分类标准是库存中各品种物资每年消耗的金额，即该品种的年消耗量，乘它的单价，即为每年消耗的金额。按照这一标准将整个库存物资分成 A、B、C 三类，按类别对其管理。根据众多企业多年运用 ABC 分类法的经验，一般可按各级物资在总消耗金额中所占的比重来划分，如表 3-6 所示。

表 3-6 库存物资 ABC 分类比重

类 别	年消耗金额（%）	品种数（%）
A	60~80	10~20
B	15~40	20~30
C	5~15	50~70

以库存品种数百分比为横坐标，以累计耗用金额百分比为纵坐标，在坐标图上取点，并连接各点，绘成如图 3-2 所示的 ABC 曲线。按 ABC 分析曲线对应的数据，以 ABC 分析表确定 A、B、C 三个类别的方法，在图上标明 A、B、C 三类，制成 ABC 分析图。

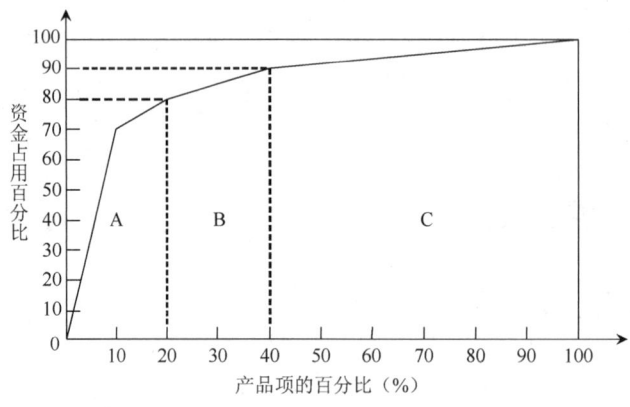

图 3-2 库存物资 ABC 分析图

由上述分析可知，占用大部分消耗金额的 A 类物资，其数量所占的百分比却极小，与此相对的占用一小部分消耗金额的 C 类物资，其数量所占的百分比却极大，介于两者之间的 B 类物资，其消耗金额与数量所占的百分比基本适应。因此，经过 ABC 分类，可以使企业经营者弄清楚其所管理物资消耗金额的基本情况，分清哪些是 A 类物资，哪些是 B 类物资，哪些是 C 类物资，从而采取不同的管理办法。

具体运用 ABC 分类法时，最基础、最麻烦的工作是做好全部物资的 ABC 分类，仓库库存物资的 ABC 分类可以按以下步骤进行。

- 确定一个统计期。该统计期应能比较客观地反映当前和今后一段时间内的库存状况，一般取比较靠近当前的，消耗比较正常的一段时期作统计期。
- 统计出统计期中每种物资的消耗数量、单价和消耗金额。
- 将每种物资按资金消耗从大到小顺序，按照顺序把各种物资的有关数据填入 ABC 分析表，并进行计算统计，填完表中的项目。
- 根据表所示的 ABC 分析表可以归纳出 ABC 分类表。

3. ABC 分类管理策略

在对库存物资进行 ABC 分类之后，应根据企业经营策略对不同级别的库存物资进行不同的管理，以便有选择性地对库存进行控制，减轻库存管理的压力。

（1）A 类物资管理策略

A 类物资在品种数量上仅占库存物资的 10%，但消耗金额却占到了 70%左右，因此应设法降低其库存量，提高其周转率，这对减少资金占用，提高企业经济效益具有重要的现实意义。这就要求企业对 A 类物资的库存量的变化进行严密监视，事先了解供货厂家的生产情况，运输条件，本系统的其他仓库物品的库存情况等。一旦 A 类物资的库存降至订购点，企业能够做到忙而不乱，保证供应。

（2）B、C 类物资管理策略

C 类物资的品种虽然很多，但其所占用的库存金额却很少，对这类物资，如果像 A 类物资那样，投入大量人力是不合算的，所以要尽可能提高批量。C 类物资存储数量加大对库存资金的占用影响并不是很大，却可以因为规模效益实现资源、人力的相对节约。这里应把积压物资与 C 类物资区别开来。所谓积压物资是指多年不产生消耗的物资，它不属于 C 类物资，应清仓处理，避免占用库存空间。B 类物资的库存金额占用和品种比重都介于 A、C 两类之间，可以采用常规管理方法对其进行管理。

（二）定量订货管理法

1. 定量订货管理法的概念

定量订货管理法是指当库存量下降到预定的最低库存数量（订货点）时，按规定数量（一般以经济批量 EOQ—Economic Order Quantity 为标准）进行订货补充的一种库存管理方式，如图 3-3 所示。当库存量下降到订货点（也称为再订货点）时马上按预先确定的订货量（Q）发出货物订单，经过订货提前期（LT），收到货物，库存水平上升。在采用定量订货管理法时必须预先确定订货点和订货量。

定量订货管理法适用于品种数目少但占用资金大的 A 类物资。在每次订货之前都要详细检查和盘点库存（看库存是否降低到订货点），及时了解和掌握库存的动态；因为每次订货的数量固定,且是预先确定好了的经济批量,方法简便。但该订货管理法也存在如下缺点:需要经常对库存进行详细检查和盘点,工作量大且需花费大量时间,从而增加了库存保管维持的成本;该管理法要求企业对每个品种单独进行订货作业,这样会增加订货成本和运输成本。

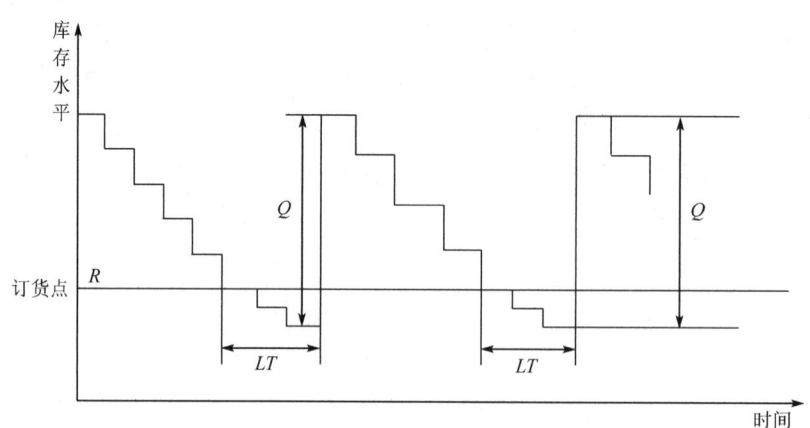

图 3-3　定量订货管理法

2. 订货点的确定

在定量订货管理法中,订货点是以库存水平为参照点,当库存下降到某个库存水平时就进行订货。因此,将进行订货时的库存量水平叫作订货点。

在库存控制理论中,订货点是一个决策变量,是控制库存水平的关键因素,在实际物流管理中,订货点又被称为"额定库存量"。显然订货点不能取得太高,如果订货点太高,库存量过大,占用资金过多,导致库存费用升高,各项成本升高;同样订货点也不能取得过低,如果订货点过低,则可能导致缺货损失。

那么哪些因素影响着订货点的确定,如何确定适度的订货点呢?

- 销售速度(对供应者来说,是供应速度,下同)。销售的快慢,用单位时间内的平均销售量 R_p 来描述。显然,销售得越快,订货点越高。
- 订货提前期。订货提前期,是指从发出订单到所订货物入库所需要的时长,以 T_k 表示, T_k 值的大小取决于路途的远近和运输工具。
- 订货提前期销售量。订货提前期销售量是按照已有的销售速度在订货提前期内发生的销售量,也简称为订货提前期需求量,用 D_L 表示。

显然有:

$$D_L = R_p \times T_k$$

这三个因素各自可能都是随机变量或恒定变量。可以看出,适度订货点应当等于提前期需求量。如果用 Q_k 表示订货点,则:

$$Q_k = D_L = R_p \times T_k$$

3. 订货批量的确定

订货批量是指一次订货的货物数量。订货批量的大小，不仅直接影响库存量的大小，而且直接影响货物供应的满足程度。订货批量过大，虽然可以较充分地满足客户需要，但将使库存量过大，库存成本增加；订货批量过小，虽然可以减小库存量，但难以确保满足用户或生产的需要。所以订货批量要适度。

订货批量的主要影响因素有两个。

（1）需求速度 R。需求速度越高，说明需求量越大，因此订货批量也应该大。

（2）经营费用。费用的高低，对订货批量有影响，经营费用低，订货量就可能大，经营费用高，订货量就可能小。

在确定订货批量时，需要综合考虑各项成本，根据使总成本最低的原则来确定订货批量 Q^*。

在不同的模型中，库存费用的种类不一样，所以订货批量的大小也不一样。例如，在不允许缺货、瞬间到货的模型中的订货批量 Q^* 可以表示为：

$$Q^* = \sqrt{2SD/H}$$

在这个模型中，Q^* 取决于单次订货费用 S，单位货物单位时间的保管费用 H，以及单位时间内的需求量 D。在随机型的模型中，订货批量也可以采用这个公式计算。

（三）定期订货管理法

1. 定期订货管理法的概念

定期订货法又称定期盘点订购法，是指每隔一段时间即进行订购，订货间隔期固定，每次订购的货物数量不定。该管理法的关键在于确定一个订购周期 T 和一个最高库存量 Q_{max}，这个订购周期就是控制库存的订货时机；最高库存量就是控制库存的一个给定库存水平。此后每隔一个周期 T，就检查库存进行订购，订购量的大小，就是最高库存量与当时的实际库存量之差，如图3-4所示。

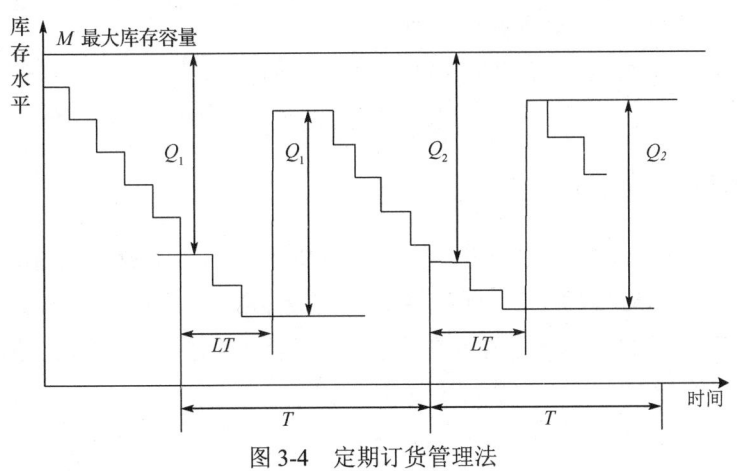

图3-4　定期订货管理法

定期订货管理法适用于种类多，占用资金较少的 C 类库存和 B 类库存。由于订货间隔期确定，因而多种货物可同时进行采购，这样不仅可以降低订单处理成本还可以降低运输成本。另外，这种管理方法不需要经常检查和盘点库存。定期订货管理法的缺点是：由于企业不经常检查和盘点库存，对货物的库存动态不能及时掌握，遇到突发性的大量需求，容易造成缺货损失，因而企业为了应对订货间隔期内货物需求的突然变动，货物的库存水平往往较高。

2. 订货周期的确定

在定期订货管理法中，订货周期决定着订货的时机，也就是定量订货管理法中的订货点。订货周期表现为订货间隔期，定量订货管理法中的订货间隔期可能不同，而定期订货管理法中的订货间隔期总是相同。

严格来说，定期订货管理法订货周期的制定，应该使得在采用该订货周期订货的过程中产生的成本最低，故可以在计算出运行过程总费用函数的基础上，使其一阶微分等于 0，从而求出订货周期 T^*。在一般情况下，订货周期 T^* 用订货周期公式来计算，即：

$$T^* = \sqrt{2S/HD}$$

该公式中变量的含义与订货批量公式中变量的含义一样。

实际上，订货周期也可以根据具体情况进行调整。例如，根据自然日历习惯，如月、季、年等，根据企业的生产周期或供应周期进行调整等。

3. 最高库存量的确定

如前所述，定期订货管理法的最高库存量应该以满足 $T+T_k$ 期间的需求量为依据。也就是说，可以取最高库存量为 $T+T_k$ 期间的总需求量。如果用 D_{T+Tk} 来描述 $T+T_k$ 期间的需求量，则有：

$$Q_{max} = D_{T+Tk}$$

因为 D_{T+Tk} 一般为随机变量，所以存在一个"分布"问题。与定量订货管理法中的 D_L 一样，应将这一分布分成正态和其他分布一并进行分析。

对于正态分布，最高库存量平均为 D_{T+Tk} 需求量，加上一个安全库存量 Q_s，则有：

$$Q_{max} = D_{T+Tk} + Q_s$$

（四）零库存管理

企业的物资管理就是对企业生产过程中，所需的各种物资的采购、储备、使用等进行计划、控制的过程。即通过这种管理把库存量控制到最佳数量，用尽量少的人力、物力、财力把库存物资管理好。因此，许多企业都在追求"零库存"管理模式，以求达到效益最优。

所谓的"零库存",实际上是一种特殊的库存概念,即以仓库储存形式存在的某些物品的储存数量为"零",就可以免去仓库存货物的一系列问题,如仓库建设、管理费用,存货维护、保管、装卸、搬运等费用,存货占用流动资金及存货的老化、损失、变质等问题。

由于现代通信技术和网络技术的发展和应用,物资管理的各环节联系了起来,构成了完整的电子商务系统。完善合理的系统运营,为物资供应各环节提供全面的信息服务,使采购方做到了"零库存",最大限度地降低了库成本。所谓电子商务就是"企业运营与客户、供应商、合作伙伴的电子连接"网络,为买方和卖方提供快速寻找机会、快速匹配业务和快速交易的网上交易平台。通过这一平台供需双方能够快速建立联系,从而使订购和销售能够快速进行。因此,当现代通信技术和网络技术把采购方与供应方的生产系统、财务系统、供应链系统、客户关系管理系统等支撑生产运营的系统连接起来,使来自生产的信息进入采购系统,来自销售的信息进入生产计划时,才能体现出电子商务的优越性。通过电子商务网络系统可将供应方、采购方的生产运营系统连接起来,从而实现自动采购、订单自动履行和信息自动交换。

所以,电子商务背景下的库存管理通过网络把企业的供应商、客户和企业本身有效地连成一个整体,既可以有效加速物资和资金的流动,又能实现"零库存"。

任务小结

通过对库存及库存管理相关内容的认知,掌握库存及库存管理的含义及作用,了解库存合理化的内涵。同时,采用仓库 ABC 分类、定量订货、定期订货以及零库存管理方法进行库存控制,降低总成本。

案例分析

亚马逊天津运营中心的出入库流程

对于电子商务企业来说,用简洁的网页吸引客户购物是第一步,仓储与配送才是对企业服务水平的检验。亚马逊天津运营中心每天的工作包括商品入库和出库两个环节。就像过关一样,每件商品来到亚马逊天津运营中心的时候都需要进行一系列的"体检"——测"身"高、量"腰"围、称体重。只要商品在库房里,这些数据将一直相随,直到出货。在库房里,商品是什么并不重要,长、宽、高才是衡量商品的重要因素。根据商品的长、宽、高,确定每件商品的摆放位置、包装箱大小、包裹价格等。当商品的相关数据被扫描进系统后,电脑与手持设备都会自动做出相关判断。

从收货到入库,一般需要花费 1~6 小时,而小家电需要与供应商面对面验货,最多需要花费 12 小时入库完毕。在入库环节中,亚马逊最值得称道的是一货一位、一货多位、多货多位的存储方式。表面上看,同一种货物会散落在不同地方,但却"形散而神不散",借由其强大的管理系统,以及规范化的商品管理与流程,仓库管理员从来都不会找不到货。

这令同行羡慕不已,因为采用这样的存储方式可以使存储空间的利用率最大化。而国内大多数综合电子商务企业,往往根据货品的体积来划分存储区域,并且同一种货物往往堆放在一起。这往往会造成一定的存储空间的浪费。并且,畅销的商品无法堆放在方便供货的位置,而只能放在原先划分的区域中。

亚马逊天津运营中心仓储管理的诀窍有哪些?我国电子商务企业应该从哪些方面来提升商品出入库效率?

项目四 电子商务配送中心管理与运营

【项目描述】

配送是电子商务活动中不可缺少的重要环节，配送中心是开展配送活动的基础设施。电子商务企业通过快捷、高效的信息处理手段可以比较容易地解决信息交换、商品所有权的转移和资金支付的问题，而将商品及时地配送到客户手中，即完成商品的空间转移才标志着电子商务过程的结束，在此过程中需要信息流、商流、资金流和物流的有机结合。配送活动是完成电子商务流程的最后一个环节，因此物流系统效率的高低是电子商务成功的关键，而物流效率的高低很大程度上取决于电子商务配送中心的管理与运营。

本项目共设置了三个学习任务：配送及配送中心认知、配送中心的规划设计、配送中心的运营管理。通过让学生学习配送的概念、特征、分类、基本环节及配送路线合理化，明确配送的特殊性，根据企业实际情况进行配货方式的选择，完成配送路线的优化，在现实约束条件下寻求利润最大化。

任务一　配送及配送中心认知

 **任务导入**

作为全球最大的连锁便利店，7-11便利店具有门店分布广、营业面积小、摆放货物品种多的特点，这就要求物流配送必须遵循小批量、多批次、高频度、高效率的原则。最初，7-11的货物配送是由批发商来完成的。早期的7-11便利店的供应商都有自己特定的批发商，每一个批发商一般都只对应一家供应商，这个批发商就是7-11便利店和其供应商间的纽带，也是7-11便利店和供应商传递货物、信息和资金的通道。所以对于那时的7-11便利店而言，批发商就相当于自己的配送中心，批发商所要做的就是把供应商手中的产品迅速有效地运送至7-11便利店。

渐渐地，这种分散化的由各个批发商分别送货的方式无法再满足规模日渐扩大的7-11便利店的需求，7-11便利店开始和批发商及供应商合作建立统一的集约化的进货和配送系统。在这个系统中，7-11便利店改变了以往由多家批发商分别向各个便利店送货的方式，改由一家批发商负责将一定区域内的货物向7-11便利店统一配送，这种配送方式被称为集约化配送。集约化配送有效地减少了批发商的数量，减少了配送次数，为7-11便利店节省了物流费用。

但这两种配送方式都是由别的企业掌握自己的命脉，为了不受制于人，掌握主导权，7-11便利店自建了物流配送系统。7-11便利店将旗下门店按照不同的地区进行划分，建立配送中心，由该中心统一配货，再向各店铺配送。每个配送中心都有一个计算机网络配送系统，分别与供应商及7-11便利店旗下的门店相连。为了保证不断货，配送中心一般会根据以往的经验保留4天左右的库存，同时，配送中心计算机系统每天会定期收到各个店铺发来的库存报告和要货报告，配送中心会把这些报告集中分析，最后形成一张张向不同供应商发出的订单，而供应商则会在预定时间之内向配送中心配送货物。

 **任务分析**

配送系统是物流系统的子系统，配送是电子商务物流流程中的中心环节，是直接面对客户提供物流服务的环节。由于服务对象的不同，配送物品的性质不同，加上客户要求的多样化，特别是定制化服务的需求，使得配送模式和服务方式也是多样化的。

项目四　电子商务配送中心管理与运营

一、配送认知

（一）配送的概念

《中华人民共和国国家标准物流术语》（GB/T 22126—2008）将配送定义为：在经济合理区域范围内，根据用户要求对物品进行拣选、加工、包装、分割、组配等作业，并按时送达指定地点的物流活动。

（二）配送的特点

1. 配送是物流的一个缩影

配送几乎包括了所有的物流功能要素，是在某个范围内物流全部活动的体现。一般的配送集装卸、包装、保管、运输于一身，通过这一系列的活动实现将货物送达的目的；特殊的配送则还要以加工活动为支撑，所以涵盖的范围更广。

2. 配送是商流与物流的紧密结合

物流是商流与物流分离的产物，而配送则是商流与物流合一的产物。配送本身就是一种商业形式。虽然配送在具体实施时，也有以商流与物流分离形式实现的，但从配送的发展趋势看，商流与物流越来越紧密的结合，是配送成功的重要保障。

3. 配送是"配"与"送"的有机结合

配送是一种高水平的送货形式。在送货活动开始前必须依据客户需求对货物进行合理的组织与规划。只有"有组织有规划"地"配"，才能实现现代物流管理中所谓的"低成本、加速度"地"送"，进而有效满足客户的需求。

4. 配送是一种"中转"形式

一般的送货尤其从工厂至客户的送货往往是直达型的。一般的送货是有什么送什么；配送则是客户需要什么送什么。

5. 配送以用户要求为出发点

在配送定义中强调"根据用户的要求"明确了用户的主导地位。配送是从用户利益出发，按用户要求进行的一种活动。因此，配送企业的地位是服务地位而不是主导地位，企业要在满足用户需求的前提下获利。

（三）配送的分类

1. 按配送商品种类及数量分类

（1）多品种、少批量配送

多品种、少批量配送是按客户的需要，将其所需的各种货物配备齐整后，由配送地送达目的地的一种配送方式。这种方式对配送的作业水平、管理水平等有较高的要求，配送成本一般较高。

（2）少品种、大批量配送

一般来说，当客户所需货物的品种较少，需求量较大且需求相对稳定时，可采取这种配送形式。因货物批量较大，一般不需要对货物进行配装，可以采用整车运输。配送作业的难度较小，配送成本也相对较低。

（3）成套配送

当客户尤其是装配型企业需要多种零配件和配套设备时，可采用成套配送的形式，按其生产节奏定时定量地将企业所需要的货物送到生产装配线上。这种配送形式，有利于生产企业实现库存的最小化，方便生产企业的生产作业。

2. 按配送组织实施主体分类

（1）配送中心配送

组织与实施主体是专职从事配送业务的配送中心，一般来说，其规模较大，功能齐备，配送能力较强，配送距离也较长，大都和客户有固定的配送关系。这种配送方法的主要优点是配送品种多、数量大。缺点是灵活机动性较差，成本较高。

（2）仓库配送

一般是以仓库为设施基础进行的配送。可以是以原仓库在保持储存保管功能的前提下，增加配送功能，或经过对原仓库的改造，使其成为专业的配送中心。

（3）商店配送

组织者是商业或物资的门市网点。这些网点主要承担零售任务，规模一般不大，但经营品种较齐全。除了日常零售业务，还可根据客户的需求将商店经营范围内的商品配齐，或代客户外订外购一部分商店平时不经营的商品，与商店经营的商品一起送到客户手中。往往只是小量、零星商品的配送。

（4）生产企业配送

配送业务的组织者是生产企业。可以直接从本企业开始进行配送，而不需要将产品运到配送中心进行配送，具有直接、避免中转的特点。

3. 按配送时间及数量分类

（1）定时配送

定时配送是按规定的时间间隔进行配送，每次配送的品种、数量可按计划执行。在实际配送过程中，即使客户需求的时间及配送的品种和数量发生变化，配送方也可依据电子商务物流系统迅速地调整原作业计划，调整作业过程。

（2）定量配送

定量配送是按规定的批量在一个指定的时间范围内进行配送。由于配送的数量相对固定，时间范围相对宽松，便于进行备货、装配和配送，有利于提高配送效率，节约配送成本。

（3）定时定量配送

定时定量配送是按照规定的配送时间和配送数量进行配送，兼有定时配送和定量送的特点，要求配送管理水平较高。

（4）定时定路线配送

定时定路线配送是在规定的运行路线上按事先制定好的时间表进行配送，客户可按规定路线和规定时间接货，或提出其他配送要求。

（5）即时配送

即时配送是完全按用户提出的配送时间和数量随即进行配送，它是一种灵活性很高的应急配送方式。采用这种方式进行补货，客户可以实现零库存，即以即时配送代替了保险储备。

（四）配送的基本环节

配送是根据客户的订货要求，在配送中心或物流网点进行货物的集结与组配，以最适合的方式将货物送达客户处的全过程。配送全过程包括以下环节。

1. 集货

集货是将分散的或小批量的货物集中起来，以便进行运输、配送的作业。集货是配送的准备工作或基础工作，它通常包括制订进货计划、组织货源、储存保管等基本业务。

2. 分拣

分拣是将货物按品名、规格、出入库先后顺序进行分门别类的作业。分拣是配送不同于一般形式的送货及其他物流形式的重要的功能要素，也是配送成败的一项重要的支持性工作。

3. 配货

配货是指使用各种拣选设备和传输装置，将存放的货物，按客户的要求分拣出来，配备齐全，送入指定发货区（地点）。它与分拣作业不可分割，二者一起构成了一项完整的作业。

4. 配装

配送有别于一般性的送货，其通过配装可以大大提高送货水平及降低送货成本，同时能缓解交通流量过大造成的交通堵塞，减少运次及空气污染。

5. 配送运输

配送运输属于运输中的末端运输、支线运输。它和一般运输的主要区别在于：配送运输是较短距离、较小规模、较高频度的运输形式。

6. 配送加工

配送加工是流通加工的一种,是按照客户的要求对货物进行的流通加工。

7. 送达服务

要圆满地实现货物的移交,并快速地处理相关手续并完成结算,还应当讲究卸货地点、卸货方式等。送达服务也是配送独具的特色。

(五)配货方式

配货作业有两种基本形式:摘取式和播种式。配货时大多是按照入库日期、"先进先出"的原则进行。

1. 摘取式

摘取式配货是在配送中心分别为每个客户拣选其所需货物。由于在配送中心中每种货物的位置是固定的,在货物品种多、数量少的情况下,这种配货方式有利于提高配送效率。

2. 播种式

播种式配货是将需要配送的同一种货物从配送中心集中搬运到发货场地,然后再根据客户对该种货物的需求量进行二次分配,就像播种一样。这种配送方式适用于货物易于集中移动且客户对同一种货物需求量较大的情况。

3. 摘取式和播种式的对比

选择配货方式时要根据其优缺点和适用情况进行选择,客户需求差异较大时优先考虑摘取式配货,反之则选择播种式配货。具体情况如表4-1所示。

表4-1 两种配货方式的比较

	摘 取 式	播 种 式
优点	①以出货单为单位,一人负责一单,责任明确 ②前置时间短、不必进行二次分配	①重复性作业多 ②人力负荷较轻
缺点	①重复性作业多 ②人力负荷太重	①订单处理前置时间长 ②需要进行二次分配
适用情况	①出货量少、频率少的商品品种 ②品种多、数量少,但识别条件多的商品品种 ③体积小而单价高的商品品种	货物易于集中移动且客户对同一种货物需求量较大的情况

二、配送中心认知

(一)配送中心的定义

在《中华人民共和国国家标准物流术语》(GB/T 22126—2008)中规定,配送中心是从事配送业务的物流场所和组织。配送中心应符合下列条件：①主要为特定的用户服务；②配送功能健全；③完善的信息网络；④辐射范围小；⑤多品种，小批量；⑥以配送为主，储存为辅。

一般来说，为了提高物流服务水平，降低物流成本，从工厂等供货场所到配送中心通常实行低成本、高效率的大批量运输，配送中心在分拣后，向区域内的客户进行配送。

（二）配送中心的分类

1. 按配送中心的功能划分

（1）储存型配送中心

储存型配送中心是指有强大储存功能的配送中心，可以调节市场供求关系。

（2）流通型配送中心

这种配送中心基本上没有长期储存功能，是仅以暂存或随进随出方式进行配货、送货的配送中心。典型方式是大量货物整进并按一定批量零出，采用大型分货机，进货时直接将货物送到分货机传送带上，分送到各客户货位或直接分送到配送汽车上，货物在配送中心里仅做短暂停留。

（3）加工配送中心

加工配送中心是指具有加工职能，根据客户的需要或者市场竞争的需要，对货物进行加工之后进行配送的配送中心。

2. 按配送中心承担的职能划分

（1）供应配送中心

配送中心执行供应的职能，专门为某个或某些客户组织供应的配送中心。例如，为大型连锁超级市场组织供应的配送中心。其主要特点是配送的客户有限并且稳定，客户的配送要求范围也比较确定。

（2）销售配送中心

配送中心执行销售的职能，它以销售盈利为目的，以配送为手段的配送中心。销售配送中心大体有三种类型：一是生产企业直销的配送中心；二是流通企业经营的一种方式，建立配送中心以扩大销售，我国目前拟建的配送中心大多属于这种类型；三是流通企业和生产企业联合建立的协作性配送中心。

3. 按地域范围划分

（1）城市配送中心

以城市范围为配送范围的配送中心。由于城市范围一般处于汽车运输的经济里程中，因此可直接将货物配送到最终客户的手中，且采用汽车配送。这种配送中心往往和零售经营网点相结合，我国已建的"北京食品配送中心"就属于这种类型。

（2）区域配送中心

以较强的辐射能力和库存能力，为省（州）际、全国乃至国际范围内的客户提供配送服务的配送中心。这种配送中心配送规模较大，一般而言，其用户规模和配送批量也较大，而且，往往是将货物配送给营业场所、商店、批发商和企业客户，虽然有时它也从事零星的配送，但不是其主体形式。

（三）电子商务配送中心的特点

1. 物流配送组织网络化，反应速度快

构建完善的物流配送网络体系，才能满足现代生产与流通的需要。在电子商务物流网络中点与点间的物流配送活动的系统性、一致性，保障配送网络有最优的库存水平及库存分布。借助先进的信息系统使配送对上、下游物流配送需求的反应速度越来越快，前置时间越来越短。

2. 物流配送经营市场化，功能集成化

电子商务物流配送的具体经营都要采用市场机制，以"服务—成本"的最佳配合为目标，同时将物流与供应链的其他环节进行集成，如物流渠道与商流渠道集成、物流功能集成、物流环节与制造环节集成、物流渠道之间的集成。

3. 物流配送手段现代化，服务系列化

电子商务背景下的新型物流配送更注重使用先进的技术、设备和管理为销售提供服务，强调物流配送服务的正确定位与完善化、系列化，除传统的配送服务外，在外延上扩展物流的市场调查与预测、物流订单处理、物流配送咨询、物流配送方案、物流库存控制策略建议、物流货款回收、物流教育培训等一系列的服务。

4. 物流配送法制化，配送作业规范化

从宏观来讲，要有健全的法规、制度和规则；从微观来讲，电子商务物流配送企业要依法办事，按章行事。电子商务背景下的新型物流配送强调物流配送作业流程和运作的标准化、程式化和规范化，使复杂的作业简单化，从而提高物流作业的效率和效益。

5. 物流配送流程自动化，配送目标系统化

物流配送流程自动化是指仓储货物、货箱的排列、装卸、搬运等按照自动化标准作业，商品按照最佳路线配送等。从系统的角度统筹规划的一个整体物流配送活动，不求单个物流活动最佳化，而求整体物流活动最优化，从而使整个物流配送过程最优化。

（四）电子商务配送中心的作用

配送中心要达到低成本且高水平地为客户服务的目标，必须不断提高配送效率，优化

配送路线，确保配送的准确和及时。物流配送是电子商务诸环节中最为薄弱的环节，是制约电子商务发展的瓶颈。只有在完善的配送中心的支持下，才能保证商流、物流、信息流、资金流的正常运转。建立区域性、城市型的配送中心，专门从事配送业务，才能从根本上解决电子商务发展中商品配送滞后的问题。电子商务配送中心的作用有以下几点。

1. 在社会经济发展中的作用

配送如同人体的血管，把我国的国民经济各个部分紧密地联系在一起。传统的"大而全""各自为政"的作坊营销方式，以及分散、低效、高耗的物流形式必然导致流通成本居高不下。而配送中心追求的是总体效益，在成本与服务之间找到最佳平衡点。因此，建立物流配送中心是经济运行中不可缺少的重要组成部分。

（1）降低物流成本

将干线部分的大批量、高效率运输与支线部分的小批量、快速配送结合起来，可以降低物流成本。

（2）实现库存集约化

将分散在多处的商品集中存放在配送中心，有利于防止库存过剩和缺货的发生，实现库存的集约化。

2. 在企业产品分销中的作用

物流是企业产品分销的保证。把制造商、批发商、零售商与分销渠道联系在一起，使分销渠道所提供的产品成为整个营销过程的一部分。在电子商务背景下，由于信息的实时性和互联网的国际性，使得物流配送中心在企业产品分销中的地位尤为重要。

3. 在现代流通模式中的作用

电子商务配送中心可以有效地降低电子商务交易中的成本，是实现电子商务跨地域经营的重要保证。例如，连锁经营是现代经营模式中常见的模式，是通过统一进货、统一配送、统一价格等运营方式来实现服务的。这些统一的背后必须有强大的配送中心的支持和保证。只有以高度信息化支持的配送中心为基础，连锁企业才能实现规模化经营，获取较高的经济效益。

任务小结

本次任务的重点是理解配送及配送中心的概念和特点，掌握配送及配送中心的分类，了解电子商务物流配送中心的特点，借助配送中心解决电子商务发展中商品配送滞后的问题，助推电子商务的发展。

任务二 物流配送中心规划设计

任务导入

华联超市新建的现代化配送中心位于上海市普陀区桃浦镇。基地紧贴外环线，直连沪嘉、沪宁、沪杭高速公路，南邻沪宁铁路南翔编组站，通向市区，向外辐射的能力很强。

华联超市新建的桃浦配送中心的主体建筑物是高站台、大跨度的单层物流设施；为了充分利用理货场上方的空间，配送中心的局部为两层钢筋混凝土框架结构的建筑物。新建配送中心的基地面积为28041平方米，总建筑面积超20000平方米，商品库存量百万箱，日均吞吐量数十万箱。

配送中心基地内部的环状主干道路宽20米，实行"单向行驶、分门进出"。配送中心的南北两侧，建有4米宽的装卸平台，站台高出室外道路1米，当厢式卡车尾部停于站台时，车厢抱垫板与商台面基本处于同一平面，将商品的装卸作业变成水平移动，大大减少了装卸作业环节的劳动强度。站台作业线总长270米，可供80多辆卡车同时作业。站台上方装有悬挑8米的钢结构雨篷，保证配送中心可以一天24小时全天候作业。

为了达到整体现代化，华联超市加强了供货系统的配送体系构建。改造了原南京的中型配送中心，建成了10000平方米的区域性配送基地，库存量20万箱、日均配送量8000箱，为位于南京以外的江苏、安徽两省直营店和加盟店配货。根据总部全力开拓北京大市场的战略，华联超市又在北京选址，与中远集装箱运输有限公司共同开发了华联超市的北京配送中心。北京配送中心拥有4000平方米的库房、1000平方米理货场，日均配送量4000箱，库存量8万箱。随后，总部加大了对北京市场的开发力度，将北京配送中心的库存量扩大到20万箱，主要承担为北京和天津地区100家门店的供货任务。

随着华联超市进一步向全国拓展和跨出国门的宏伟规划的实施，"华联物流"要加强管理的科学化、规范化和合理化，扩大和健全物流配送网络，建立独立核算的机制，充分利用物流产业化的优势，走上社会化配送的发展道路。

任务分析

根据物流作业量和作业流程完成物流配送中心的规划与设计，在确定了配送中心的建筑规模后进行选址。配送中心位置的选择，将影响配送中心实际营运的效率与成本，以及日后配送中心规模的扩展。配送中心的组织结构如有不善,规章制度如有不妥,还可研究,重新改组或调整即可,但一旦选址失误,配送中心的运营成本必将上升。

一、配送中心的设计原则与规模的确定

(一)配送中心的设计原则

1. 系统工程原则

配送中心的工作包括收验货物、搬运、储存、装卸、分拣、配货、送货、信息处理及与供应商、连锁商场等店铺的对接等。设计时要考虑各个作业之间的协调均衡,追求整体优化。

2. 价值工程原则

在激烈的市场竞争中,客户对配送的时效性要求越来越高。在为客户提供高质量服务的同时,企业又必须考虑物流成本。特别是建造配送中心耗资巨大,企业必须对建设项目进行可行性研究,并进行多个方案的技术、经济比较,以谋求最大的企业效益和社会效益。

3. 管理科学化原则

近些年来,配送中心均广泛采用电子计算机进行物流管理和信息处理,大大加速了商品的流转,提高了经济效益和现代化管理水平。同时,电子商务企业要合理地选择、组织,使用各种先进的物流机械、自动化设备,以充分显示配送中心多功能、高效率的特点。

4. 发展原则

在规划设计配送中心时,无论是建筑物、信息处理系统的设计,还是机械设备的选择,都要考虑到配送中心较强的应变能力,以适应物流量大、经营范围的拓展。在规划设计第一期工程时,应将第二期工程纳入总体规划,并充分考虑扩建时业务工作的需要。

5. 人本原则

配送中心作业地点的设计实际是人机环境的综合设计,企业要为作业人员创造一个良好、舒适的工作环境。

(二)配送中心规模的确定

1. 配送中心配送区域的确定

配送区域是指配送中心辐射的范围,配送区域的大小不仅关系到配送中心的建设规模,也会影响配送中心的运作方式。

对于连锁企业来说,店铺遍布的区域越大,配送中心辐射的区域越大,配送中心的辐

射范围必须与连锁店铺分布相一致。同时,对于大型的连锁企业来说,店铺数量多,分布相对分散,需要建立的配送中心不止一家,还需要确定每个配送中心承担的配送任务,以此确定配送中心的位置、规模和数量。

2. 配送中心建设规模的确定

一般来说,配送中心的建设规模和单位配送成本之间的关系是:在开始的某一时段内,随着配送中心建设规模的增大,单位配送成本随之下降,其原因在于规模经济的正面影响开始呈现;而当配送中心建设规模大到一定程度,单位配送成本则会开始随配送中心建设规模的增大而上升,规模经济的负面影响开始显现。配送中心建设规模与服务能力之间的关系则表现为:随着配送中心建设规模的扩大,配送中心的服务能力不断增强,但当配送中心建设规模扩大到一定程度时,其服务能力不断降低。

(1) 预测物流量

物流量的预测是企业依据历年业务经营的大量原始数据分析,以及根据企业发展的规划和目标对物流量进行的预测。在确定配送中心的配送能力时,要考虑商品的库存周转率、最大库存水平。通常以备齐商品的品种作为前提,根据商品数量的 ABC 原则分析,做到 A 类商品备齐率为 100%,B 类商品备齐率为 95%,C 类商品备齐率为 90%,由此来研究、确定配送中心的平均库存量和最大库存量。

(2) 确定单位面积的作业量定额

根据规范和经验,可确定单位面积的作业量定额,从而确定各项物流活动所需的作业场所面积。例如,储存型仓库比流通型仓库的保管效率高,即使使用叉车托盘作业,储存型仓库的通道面积占仓库总面积的 30% 以下,而流通型仓库的通道面积却占仓库总面积的 50%。同时,应避免追求高储存率,而造成理货场堵塞、作业混杂等现象,以致无法达到配送中心要求周转快、出货迅速的目标。一般情况下,配送中心各类型作业区的单位面积作业量定额如表 4-2 所示。

表 4-2 配送中心各类型作业区的单位面积作业量定额

作业区名称	单位面积作业量（t/m²）
收货验货作业区	0.2~0.3
分拣作业区	0.2~0.3
储存保管作业区	0.7~0.9
配送理货作业区	0.2~0.3

(3) 确定配送中心的占地面积

一般来说,辅助生产建筑的面积占配送中心建筑面积的 5%~8%。另外,办公、生活用地面积占配送中心建筑面积的 5% 左右。再考虑作业区的占地面积,配送中心总的面积便可大体确定。根据城市规划部门对建筑覆盖率和建筑容积率的规定,可基本估算出配送中心的占地面积。

二、配送中心的规划程序

配送中心规划可以分为两种情况,一种是对新建配送中心的规划,一种是对原有配送中心进行调整及改造。其规划可按如下程序进行。

1. 前期准备工作

前期准备工作是为配送中心规划提供必要的基础资料,主要内容有:①分析物流环境,包括物流服务的供需情况、行业发展情况、政策法规情况等;②收集配送中心建设的内部条件、外部条件及潜在客户的信息;③分析配送中心的经营品种、流量及流向。

2. 确定目标

根据配送中心的发展并结合在前期准备工作中准备的资料,确定配送中心的建设目标。

3. 功能规划

功能规划是将配送中心作为一个系统来考虑,依据确定的目标,规划配送中心为完成配送服务而应具备的物流功能。配送中心作为一种专业化的物流组织,不仅需要具备一般的物流功能,还应该具备适合不同需要的特色功能。配送中心的功能规划,先要对配送中心的运输、保管、包装、装卸搬运、流通加工、物流信息等功能要素进行分析,然后综合物流需求的形式、配送中心发展战略等因素选择配送中心应该具备的功能。

4. 选址规划

配送中心拥有众多建筑物以及固定机械设备,初始投资很大,如果选址不当,将付出很大的代价,因此,企业对配送中心选址规划要给予高度重视。选址规划主要包括以下内容:①分析约束条件,如客户需求、运输条件、用地条件等;②确定评价标准;③选择选址方法,一般采用定性与定量相结合的方法。

5. 作业流程规划

作业流程规划是配送中心规划的重要步骤,其包括设施配备、库房分区等,对配送中心后续的建设具有重要影响。

6. 信息系统规划

信息化、网络化、自动化是配送中心的发展趋势,信息系统是现代配送中心的重要组成部分。配送中心的信息系统规划,主要是对配送中心内部的管理信息系统进行分析与设计,同时,建立起配送中心的网络平台架构。

7. 设施设备规划

配送中心中的设施设备是保证配送中心正常运转的必要条件,设施设备规划涉及建筑模式、空间布局、设备安置等多方面问题,需要运用系统分析的方法寻求整体优化,最大限度减少物料搬运,简化作业流程,同时,还要考虑设备投资问题。

三、配送中心选址考虑的因素

1. 客户的分布

配送中心在选址时先要考虑的就是客户的分布。对于零售商型配送中心来说，其主要客户是超市和零售店，它们大多分布在人口密集的地方或大城市。为了提高服务水平及降低配送成本，配送中心多建在城市边缘接近客户集中分布的地区。

2. 供应商的分布

配送中心选址时也要考虑供应商的分布。因为物流的商品全部是由供应商所供应的，配送中心离供应商越近，其商品的安全库存越可以控制在较低的水平上。但由于国内进货物流的成本一般是由供应商负担的，因此有时不太重视此因素。

3. 交通条件

交通条件是影响物流配送成本及效率的重要因素之一，交通运输的不便将直接影响配送效率。因此配送中心在选址时必须考虑对外的交通运输，以及未来交通与邻近地区的发展状况等因素。选定的地址宜临近重要的运输线路，以方便配送运输作业的进行。

4. 土地条件

对于土地的使用，必须符合相关法规及城市规划的限制，尽量将配送中心的地选在物流园区或经济开发区。建设用地的形状、长宽、面积与未来需求扩大的可能性，则与规划内容有密切的关系。另外，还要考虑土地大小与地价，在考虑现有地价及未来增值的情况下，配合未来可能扩大的需求程度，决定合适的面积。

5. 自然条件

在物流用地的评估当中，自然条件也是必须考虑的，事先了解当地自然环境有助于降低建设的风险。例如，有的地方靠近山地湿度较高，有的地方靠近海边盐分较高，这些都是影响商品储存的条件，尤其是服饰产品或3C产品等对湿度及盐分都非常敏感。另外，台风、地震等自然灾害，对于配送中心的影响也非常大，必须特别留意。

6. 人力资源条件

由于一般物流作业仍属于劳动力密集型作业，在配送中心内部必须要有足够的作业人员，因此在决定配送中心位置时必须考虑劳动力的来源、技术水平、工资水平等因素。人力资源的评估条件有附近人口、交通状况、薪资水平等几项。

7. 政策环境

现在物流用地的取得很困难，如果有政府政策的支持，则更有助于物流业的发展。政策环境条件包括企业优惠措施（土地提供、减税），城市规划（土地开发、道路建设计划），地区产业政策等。在许多交通枢纽城市如深圳、武汉等地都在规划建设现代物流园区，园区中除提供物流用地外，还有税赋方面的减免，有助于降低物流企业的营运成本。

四、配送中心设施配置

（一）物流作业区域设施

1. 容器设施

容器设施包括搬运、储存、拣取和配送用的容器，如纸箱、托盘、塑料箱等。

2. 储存设备

储存设备包括自动仓储设备（如水平旋转式、垂直旋转式等自动仓库），重型货架和多品种少量储存设备（如轻型货架、轻型流动货架和移动式储柜等）。

3. 订单拣取设备

订单拣取设备包括一般型订单拣取设备（如计算机辅助拣货台车）和自动化订单拣取设备等。

4. 物料搬运设备

物料搬运设备包括自动化的搬运设备（如无人搬运车，驱动式搬运台车）、机械化搬运设备（如堆垛机、液压拖板车）、输送带设备、分类输送设备、堆卸托盘设备和垂直搬运设备等。规划时应综合仓储和拣取设备进行合理配备。

5. 流通加工设备

流通加工设备包括裹包、集包设备，外包装配合设备，印贴条形码标签设备、拆箱设备和称重设备等。

6. 物流周边配合设备

物流周边配合设备包括楼层流通设备，装卸货平台，装卸载设施，容器暂存设施和废料处理设施等。这些设备需根据物流中心实际需要来选定。

（二）辅助作业区域的设施

除了主要的物流设备，还需要辅助作业区域中的设施。辅助作业区域设施包括办公设备如办公桌椅、文件保管设备、休闲娱乐设施等；计算机及其周边设施如信息系统设施，主计算机，网络设施及其相关周边设施等。劳务设施如洗手间、娱乐室、休息室、餐厅、司机休息室、医务室等。

（三）厂房建筑周边设施

在规划物流配送中心时，必须考虑到交通、水电、动力、土建、空调、安全和消防等与厂房建筑相关的周边设施条件。

 **任务小结**

理解配送中心的设计原则及其总体规模的确定,掌握物流配送中心选址的影响因素和布局的基本规律,为了充分发挥配送中心的作用,需要根据企业的实际情况对配送中心进行科学合理的规划与设计。

任务三 配送中心的运营管理

 **任务导入**

某配送中心的一位配送员小王给一家小超市送货。小王说:"张老板,我来给您送货啦。"超市老板非常生气:"你们公司送货怎么这么慢!我订的货应该昨天就送到了!可现在你才来,你看,我的客人买不到东西都去隔壁店里买了!"小王说:"我们公司那边有点问题,所以才送晚了,又不是故意的,你发什么火呀。"然后张老板就气呼呼的根据订单点货。可是,这一点就更生气了:"怎么搞的,你们送来的货跟我的订单上的货根本就不一样啊,你看,我要的是 150 毫升的饮料,你送的是 500 毫升的饮料;数量也不对,我要 30 瓶,你们只送来了 20 瓶!像你们这样送货,我怎么做生意呀。算了,我要退货。"

 **任务分析**

配送中心的分拣配货作业管理和配送服务一旦出现问题,不但损害了自己的声誉,使自己的客户流失,也会使合作伙伴遭受损失,使双方的合作不能继续下去。因此,要明确配送中心的作业流程,优化配送中心的作业管理。

一、配送计划的组织与实施

(一)配送计划的含义

DRP 是配送需求计划(Distribution Requirement Planning)的简称。它是流通领域中的一种物流技术,是 MRP 在流通领域中应用的直接结果。它主要解决分销物资的供应计划和高度问题,达到既能够有效满足市场需求又使得配置费用最省的目的。

DRP 主要应用于两类企业。一类是流通企业,如储运公司、配送中心、物流中心、流通中心等；另一类是由流通部门承担分销业务的企业。这两类企业的共同之处是以满足社会需求为企业的宗旨，依靠一定的物流能力（储、运、包装、搬运能力等）来满足社会的需求从制造企业或物资市场组织物资。

DRP 这种新的模式借助互联网的延伸性及便利性，使商务过程不再受时间、地点和人员的限制，企业的工作效率得到了有效提高。业务范围不断扩大。企业也可以在兼容互联网时代现有业务模式和现有基础设施的情况下，迅速构建 B2B 电商平台，扩展现有业务，提升销售能力，实现零风险库存，降低分销成本，提高周转效率，确保获得竞争优势。

（二）配送需求计划的原理

DRP 的基本原理如图 4-1 所示。

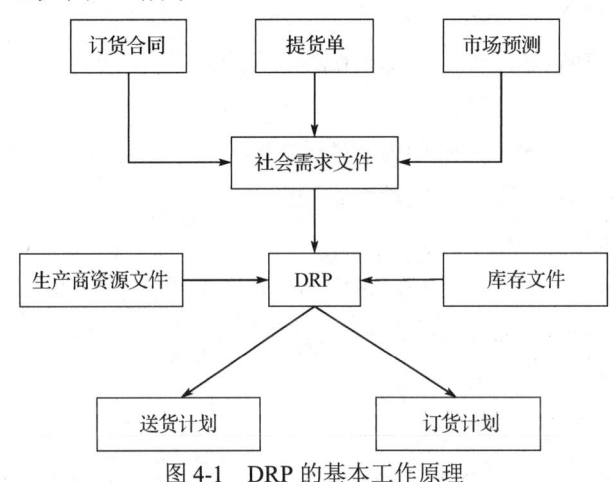

图 4-1　DRP 的基本工作原理

1. 输入文件

（1）社会需求文件

社会需求文件包括所有客户的订货单、提货单和供货合同，以及下属子公司、企业的订货合同，此外还要进行市场预测，确定一部分需求量。所有需求按品种和需求时间进行统计，整理成社会需求文件。

（2）库存文件

对自有库存物资进行统计，以便针对社会需求量确定必要的进货量。

（3）生产商资源文件

生产商资源文件包括可供应的物资品种和生产地的地理位置等，地理位置和订货提前期有关。

2. 输出计划

（1）送货计划

为了保证货物按时送达，要考虑作业时间和路程远近，制订送货计划并提前一定时间开始作业。对于大批量需求可实行直送，而对于数量众多的小批量需求可以进行配送。

（2）订货计划

指企业从生产商处订货的计划。对于企业需求的物资，如果仓库内没有货或者库存不足，企业则需要向生产商订货。当然，订货时要考虑一定的订货提前期。

以上两个计划是 DRP 的输出结果，是组织物流的指导计划。

（三）配送计划的编制

配送计划是配送中心进行配送作业的依据，是指由配送中心对进货单或发货单进行确认后直接生成的待分配的配送作业计划。通过该计划，配送中心将客户订单和采购订单进行比对，将进货和发货联系起来，完成对配送计划的分配。

1. 配送计划的种类

配送计划一般包括配送主计划、每日配送计划和特殊配送计划。

（1）配送主计划

配送主计划是指在未来一定时期内，对已知客户需求进行前期的配送规划，便于对车辆、人员、支出等做出统筹安排，以满足客户的需要。

（2）每日配送计划

每日配送计划是针对配送主计划，逐日进行实际配送作业的调试计划。例如，订单增减、取消、配送任务细分、时间安排、车辆调试等、制订每日配送计划的目的是使配送作业有章可循，从而做到忙中有序。

（3）特殊配送计划

特殊配送计划是指针对突发事件或者不在主计划规划范围内的配送业务或者不影响正常性每日配送业务所制订的计划。它是配送主计划和每日配送计划的必要补充。例如，商品在特定时节进行促销，可能导致配送需求量突然增加，或者配送时效性提高，都需要制订特殊配送计划.

2. 配送计划编制的步骤

（1）确定配送计划的目的

配送业务是以满足客户需求为导向，结合企业自身拥有的配送资源、运作能力来进行的。但是，由于配送企业受到自身的能力和资源的限制，对客户多变且复杂的需求难以满足，因此在制订配送计划时必须先确定配送计划的目的。

（2）搜集相关数据资料

配送活动的数据资料内容主要是物品，如原材料、零部件、半成品、产成品等。在配送作业过程中，如果企业不掌握客户的相关配送数据资料，就无法满足客户需求。

（3）整合配送计划的要素

配送计划要素是指物品、客户、车辆、人员、路线、地点、时间等内容。在制订配送计划时应对这些内容进行深入了解并加以整合，在整合的基础上，制订完善的配送计划。

(4) 制订初步配送计划

在完成上述步骤之后，配送中心应结合自身能力及客户需求，制订初步配送计划。初步配送计划的内容主要包括配送线路的确定、每日最大配送量、配送业务的起止时间、车辆的种类等。同时要制订针对突发事件的应急计划等。

(5) 与客户协调沟通

制订配送计划的主要目的就是要求配送中心在充分利用有限资源的前提下，让客户能享受到更好的服务。因此，在制订初步配送计划的过程中，要充分与客户进行沟通，共同完成配送计划的初步制订。

(6) 确定最终配送计划

初步配送计划经过反复修改后形成最终配送计划。通常最终配送计划应是配送合同中的重要组成部分。最终配送计划的内容应该让该配送计划的执行者全面了解，以确保具体配送业务的顺利执行。

（四）配送计划的内容

(1) 配送地点的确定

在配送业务中，配送地点通常是指配送业务的起点与终点。由于每个站点配送业务量的不同，周边环境、自有资源的不同，这些因素会对配送计划有很大的影响。通常配送地点的确定对配送路线的确定、配送车辆的确定、配送量的确定等影响也很大。

(2) 配送车辆数量的确定

当配送中心的车辆充足时，可以同时进行不同线路的配送；当配送车辆不足时，容易造成配送的延迟。但是，当配送中心配备大型车辆时，就会增加购置费用、养护费用、人工费用、管理费用等支出，提高了配送成本。所以，企业应在依据配送计划的前提下，根据配送路线和配送数量确定合理的配送车辆数量来满足配送作业需要，这是在制订配送计划时应关注的问题。

(3) 配送车辆类型与车队的选择

配送车辆类型的正确选择对配送效率的影响很大。通常情况下，企业应选择专用的配送车辆；配送车辆的选择应考虑车辆容积、载重等因素，以便车辆的有限空间不被浪费，降低配送成本。配送车队的选择一般应对配送量、配送对象的特征、配送路线、配送成本等因素进行综合考虑，必要时也可考虑通过外包的形式组建车队。

(4) 配送路线的确定

通常配送中心的辐射范围约为六十千米。配送计划应该满足这些配送区域内各个配送点的配送要求和配送量。

在配送路线确定之后，企业还要根据配送计划制订配送人员的配置计划。对于配送路线较长的配送作业应考虑司机疲劳驾驶等因素，避免相关工作人员超负荷作业。

（5）配送时间的确定

通常情况下，客户会根据自己的需要指定配送时间。但是，这些配送时间往往会受到特定公共交通时段的影响。因此，在确定配送时间时应对交通流量等因素予以充分考虑，在条件允许的情况下与客户协商，尽量采用夜间配送、凌晨配送、非高峰时段配送等方式。

（6）配送作业交接方式的确定

配送作业交接方式的确定需要考虑很多因素。例如，物品的装卸搬运作业是否实现了托盘标准化、是否采用条形码、储存条件的优劣、有无装卸搬运设备、是否具备随到随装条件、停车地点远近等。

（7）配送绩效指标的确定

配送绩效指标的确定是指在客户指定的时间内，准确无误地按客户需求将货物送达指定地点，做到配送路线最短、所用车辆最少、作业成本最低、服务水平最高。绩效指标是否科学合理，会影响配送作业人员的服务水平。

二、配送中心作业流程

配送中心的主要活动是进货、订单处理、补货、拣货、配货、流通加工、配送和退货。先确定配送中心主要活动及其程序之后，才能对配送中心作业流程进行规划设计。有的配送中心还要进行流通加工、贴标签和包装等作业。当有退货作业时，还要进行退货的分类、保管和退回等作业。配送中心作业流程如图4-2所示。

1. 进货

进货就是配送中心根据客户的需要，为使配送业务的顺利实施，而从事的组织货源和进行货物存储的一系列活动。进货是配送的准备工作或基础工作，它是配送的基础环节，又是决定配送成功与否、规模大小的环节，同时，也是决定配送效益高低的关键环节。

2. 订单处理

从接到客户订单开始到着手准备拣货之间的作业阶段，称为订单处理。订单处理是企业与客户间接沟通的作业阶段，对后续的拣货作业、调度和配送产生直接的影响，是其他各项作业的基础。订单是配送中心开展配送业务的依据，配送中心接到客户订单以后需要对订单加以处理，据以安排补货、拣货、配货、配送等作业环节。订单处理方式包括人工处理和计算机处理。目前主要采用计算机进行订单处理。

项目四 电子商务配送中心管理与运营

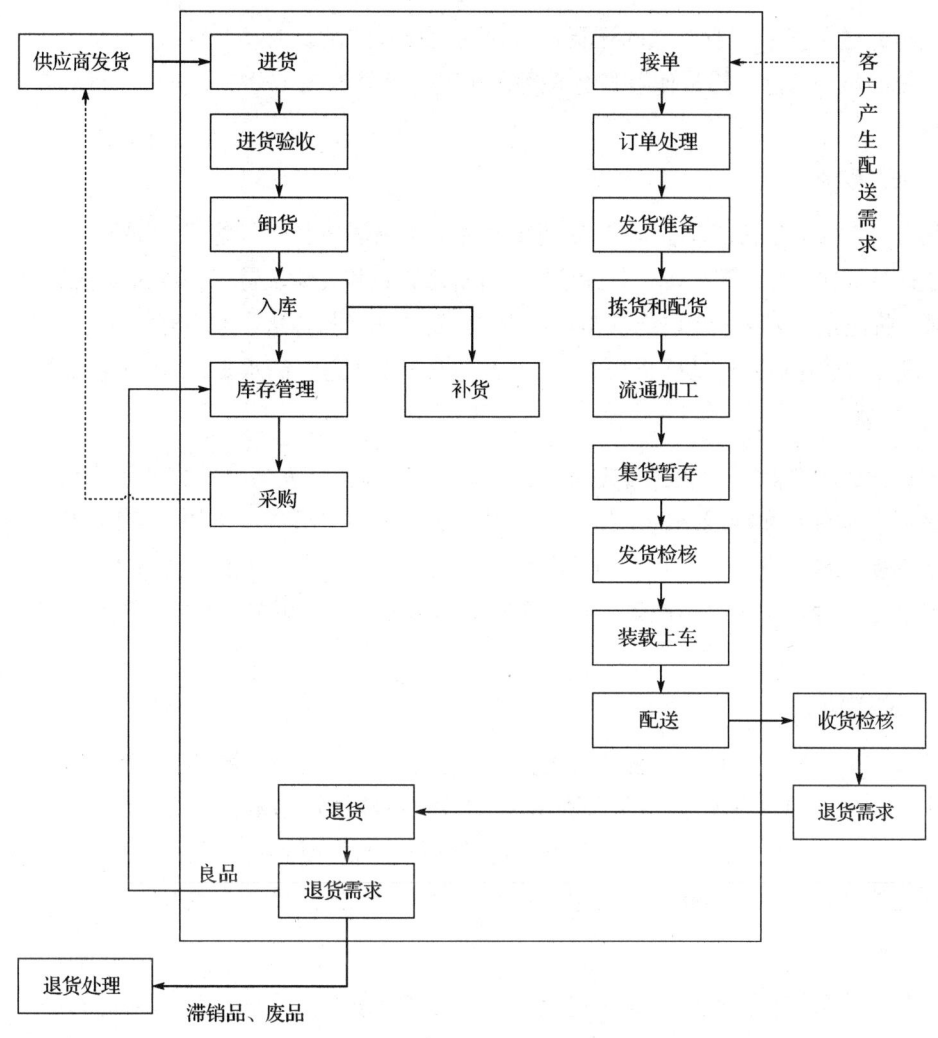

图 4-2 配送中心作业流程

3. 补货

补货是库存管理中的一项重要的内容，相关人员根据以往的经验，或者利用相关的统计技术方法，或者依靠计算机系统的帮助确定最优库存水平和最优订购量，并根据所确定的最优库存水平和最优订购量，在库存低于最优库存水平时发出存货再订购指令，以确保存货中的每一种产品都在目标服务水平下达到最优库存水平。补货作业的目的是保证拣货区有货可拣，是保证充足货源的基础环节。补货通常是以托盘为单位，从货物保管区将货物移到拣货区的作业过程。

4. 拣货

拣货作业是相关人员依据客户的订单或配送中心的配送计划，迅速、准确地将货物从其储位或其他区域拣取出来，并按一定的方式进行分类、集中，等待配送的作业过程。拣

货过程是配送不同于一般形式的送货及其他物流形式的重要的功能要素,是整个配送中心作业系统的核心工序。拣货作业按分拣手段不同,可分为人工分拣、机械分拣和自动分拣三大类。

5. 配货

配送中心为了顺利、有序地向客户配送商品,对各种货物进行整理,并将货物依据订单要求进行组合的过程。配货也就是指使用各种拣选设备和传输装置,将存放的货物,按客户的要求分拣出来,配备齐全,送入指定发货区。配货作业与拣货作业不可分割,二者一起构成了一项完整的作业。通过拣货和配货可达到按客户要求进行高水平配送的目的。

7. 配送

配送业务中的配送作业包含将货物装车并实际配送,而完成这些作业则需要事先进行配送区域的划分或配送线路的安排,由配送路线选用的先后次序来决定货物的装车顺序,并在货物配送途中进行货物跟踪、控制,制定配送途中意外状况及配送后文件的处理办法。配送通常是一种短距离、小批量、高频率的运输形式。它以服务为目标,以尽可能满足客户需求为宗旨。

6. 流通加工

流通加工是配送的前沿,它是衔接货物存储与末端运输的关键环节。流通加工是指货物从生产领域向消费领域流动的过程中,流通主体(即流通当事人)为了完善流通服务功能、促进销售、保护产品质量和提高物流效率而开展的一项活动。流通加工的目的包括适应多样化的客户需求;提高商品的附加值;规避风险,推进物流系统化。

8. 退货

退货或换货在物流业中是不可避免的,但应尽量减少。因为退货或换货的处理,只会大幅增加物流成本,降低利润。发生退货或换货的主要原因包括瑕疵品回收、搬运中的损坏、商品送错退回、商品过期退回等。

三、配送中心岗位管理

配送中心中的一些必要的岗位设置应由配送中心的作业流程来决定。由于各配送中心的规模、设施设备、作业内容、服务对象不同,岗位设置也不尽相同。

1. 采购或进货管理组

负责订货、采购、进货等作业环节的安排及相应的事务处理,同时负责货物的验收工作。

2. 储存管理组

负责货物的保管、拣取、养护等作业运作与管理。

3. 加工管理组

负责按照客户的要求对货物进行包装、加工。

4. 配货组

负责出库货物的拣选和组配，按客户要求或方便运输的要求对出库货物进行管理。

5. 运输组

负责按客户要求制定合理的运输方案，将货物送交客户，同时对完成配送进行确认。

6. 营业管理组或客户服务组

负责接收和传递客户的订货信息，送达货物的信息，处理客户投诉，受理客户退换货请求。

7. 财务管理组

负责核对配送完成表单、出货表单，进货表单、库存管理表单，协调控制监督整个配送中心的货物流动，同时负责管理各种收费发票和物流收费统计、配送费用结算等工作。

8. 退货与退货作业组

当营业管理组或客户服务组收到退货信息后，将回收被退回的商品，再将被退回的商品集中到仓库的退货处理区，相关人员重新清点和整理被退回的货物。

四、配送中心线路优化

为提高配送效率，需选择最佳的配送线路，并进行车辆的综合调度，以缩短配送距离、节约配送时间，进而降低配送成本。下面介绍一种节约里程的方法。

1. 节约里程的基本原理

设 P 为配送中心，分别向 A 和 B 两个客户配送货物，P 至 A 和 B 的直线运输距离分别为 S_1 和 S_2。

方案 1：分别用两辆汽车对两个客户各自往返送货，如图 4-3 所示。则运输总距离为：$S=2(S_1+S_2)$。

方案 2：如果客户户 A 和 B 之间道路可通行，如图 4-4 所示，运输距离为 S_3，则运输总距离为：$S=S_1+S_2+S_3$。

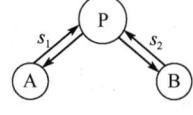

图 4-3　方案 1

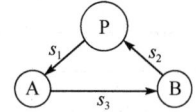

图 4-4　方案 2

两个方案比较，方案 2 比方案 1 节约运输里程：$\Delta S = S_1+S_2-S_3$。

2. 按节约里程法指定配送计划

当一个配送中心要向多个客户进行配送时,其配送路线和车辆的安排可按以下案例所列步骤确定。

例:有一个配送中心(P)要向 5 个客户进行配送,配送距离(km)和需用量(t)如图 4-5 所示。假设,采用最大载重量分别为 2t、4t 的两种汽车,并限定车辆一次运行距离为 30km。

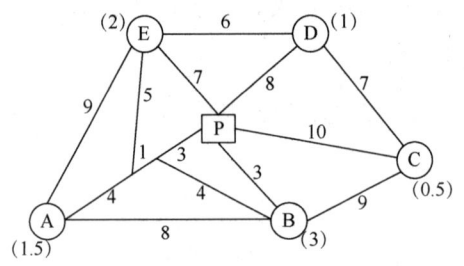

图 4-5 配送网络图

第一步,绘制最短距离表,从配送网络图中列出配送中心至客户及客户间的最短距离表,如表 4-3 所示。

表 4-3 最短距离表

	P	A	B	C	D	E
P	-					
A	8	-				
B	3	8	-			
C	10	17	9	-		
D	8	15	11	7	-	
E	7	9	10	13	6	-

第二步,根据最短距离表,计算客户相互间的节约里程,绘制节约里程表,如表 4-4 所示。例如,A-B 之间的节约里程为:$\Delta S = S_1 + S_2 - S_3 = 8 + 3 - 8 = 3$ 千米。

表 4-4 节约里程表

	A	B	C	D	E
A	-				
B	3	-			
C	1	4	-		
D	1	0	11	-	
E	6	0	4	9	-

第三步，将节约里程表按大小排序，如表 4-5 所示。

表 4-5 节约里程排序表

排序	用户连接线	节约里程	排序	用户连接线	节约里程
1	C-D	11	5	C-E	4
2	D-E	9	6	A-B	3
3	A-E	6	7	A-C	1
4	B-C	4	8	A-D	1

第四步，按节约里程大小顺序，并考虑汽车载重量和行驶里程，优化配送路线，得出配送方案。初次修正配送路线如图 4-6 所示，经过逐次迭代后，得出最佳配送路线方案，如图 4-7 所示，此方案共有 3 条路线，总行程为 5km，用 1 辆 2t 载重汽车和 2 辆 4t 载重汽车。

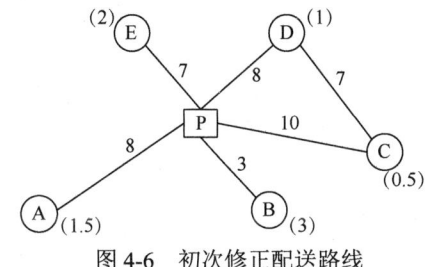

图 4-6 初次修正配送路线

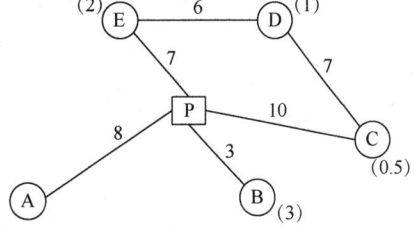

图 4-7 最佳配送路线

理解配送中心作业流程，根据配送中心作业流程明确其主要活动及其相关的岗位职责，建立对配送中心的作业管理的认知。

全日食株式会社配送

全日食株式会社目前在日本拥有 2000 家自愿加盟的连锁店，其中绝大部分是中、小型超市。全日食公司在日本共有 13 个配送中心，每天出货量约 1 万箱。其中一个配送中心位于日本东京，负责为东京东 5 个县、570 个加盟店配送商品。

东京的配送中心推行零库存政策，要求信息精确管理，以达到进货、出货的精确性。该配送中心每个星期为单店配送 3 次，有 35 部配送卡车，员工 70 位，其中一半是临时工。该配送中心在每天早晨 9:30 以前就把所有的货物送到各家店铺中了，所以在 9:30 之后进入该配送中心，就会发现那是一个整洁、空荡的大仓库。为了节省时间，该配送中心在进货的同时就开始验货，而且切实运用信息管理，充分利用收集的资料，得出最适合的进货数量、项目等。多年前引入的信息管理系统,对全日食连锁店体系贡献巨大。随着连锁店规模不断扩大,全日食株式会社成立了配送中心。

加盟店通过电子订货系统(EOS)向总部订货,由配送中心进行配送,目前他们的配送中心能够实现"零库存"管理,即所谓的通过型的配送中心,切实提高了物流的效率。因为在零售和物流方面的成功,全日食株式会社能突破既有限制,销售的毛利达到了20%~26%。在全日食株式会社的经营体系中,其相当重要而且成功之处就是运用收集的资料来妥善指导各加盟店,并且建立生鲜、干货分类处理的配送中心。由于其总部指导者拥有销售分析的第一手信息,就能够用调查数据去指导各加盟店,并且在物流上做到生鲜品的低温保鲜配送,以及零库存的生鲜配送。

案例思考

1. 全日食株式会社物流配送的特点?
2. 全日食株式会社配送中心的运营策略有哪些?

项目五　电子商务物流信息管理

【项目描述】

电子商务物流信息是与电子商务物流活动有关的信息，与其他物流活动的信息相互交叉、相互融合，共同在电子商务物流系统和整个供应链中发挥重要作用。常用的物流信息技术包括条形码技术、无线射频技术、电子数据交换技术、GPS 技术、GIS 技术等。

本项目共设置了三个学习任务：物流信息与物流信息技术、物流信息技术及应用、智慧物流技术的发展及趋势。通过让学生掌握物流信息和物流信息技术的含义、功能及特点，了解当前智慧物流信息技术发展前沿，学会使用条形码技术、无线射频技术、电子数据交换技术、GPS 技术、GIS 技术，重点掌握这些信息技术在电子商务物流中的应用。

任务一 物流信息与物流信息技术

由浙江工商大学和浙江省烟草公司杭州分公司（简称杭烟）联合承担的杭州市科技发展计划项目"基于现代信息技术的物流配送系统"获得了中国物流与采购科技进步奖一等奖和全国商业科学技术进步奖一等奖。该项目在企业内部网和杭烟配送地理信息系统（GIS）的支持下，通过输入卷烟配送中心零售网点的数量、地理位置、历史需求量等参数，以配送车辆容载量和送货线路工作量为目标函数，系统运行后即输出所有配送网点的不同配送线路划分，标识不同配送线路包含的零售网点个数及名称，输出每日每次配送车辆的调度方案，并能在 GIS 上可视化输出，实现卷烟配送车辆的实时优化调度。

信息化是物流系统的基础，现代物流的核心理念是通过信息技术使客户、经销商、物流公司和供应商紧密联系在一起，从而提高整个社会资源的利用水平。现代物流的快速发展离不开物流信息技术和物流信息系统的支撑。

一、物流信息

（一）物流信息的含义

物流信息是反映各种物流活动内容的知识、资料、图像、数据、文件的总称。

流通过程中的信息流，从其信息的载体及服务对象来看，又可分为物流信息和商流信息两大类。在这两大类信息中，有些东西是交叉的、共同的。

商流信息是与交易有关的信息，如货源信息、物价信息、市场信息、资金信息、合同信息、付款结算信息等。物流信息主要包括物流数量、物流地区、物流费用等。商流中的交易、合同等信息，不但能显示交易的结果，也能提供物流的依据，是两种信息流主要的交汇处。所以，物流信息不仅作用于物流，也作用于商流，是流通过程中不可或缺的管理及决策依据。

（二）物流信息的内容

1. 狭义的物流信息

从狭义的范围来看，物流信息是指直接产生于物流活动（如运输、保管、包装、装卸、流通加工等）的信息。在物流活动的管理与决策中，如运输工具的选择、运输路线的确定、每次运送批量的确定、在途货物的追踪、仓库的有效利用、最佳库存数量的确定、库存时间的确定、订单管理、如何提高服务水平等，都需要详细和准确的物流信息，因此物流信息对运输管理、库存管理、订单管理、仓库作业管理等物流活动具有支持功能。

2. 广义的物流信息

从广义的范围来看，物流信息不仅指与物流活动有关的信息，而且包含与其他物流活动有关的信息，如商品交易信息和市场信息等。商品交易信息是指与买卖双方的交易过程有关的信息，如销售和购买信息、订货和接受订货信息、发出货款和收到货款信息等。市场信息是指与市场活动有关的信息，如消费者的需求信息、同行业竞争者或竞争性商品的信息、销售促进活动信息等。在现代经营管理活动中，物流信息与商品交易信息有着密切的联系。

（三）物流信息的分类

1. 按信息产生领域作用领域分类

按信息产生领域和作用领域来划分，物流信息可分成物流活动所产生的信息和提供物流使用的、其他信息源产生的信息两类。一般而言，在物流信息中，前一类信息是发布物流信息的主要信息源，其作用不但可以指导下一个物流循环，也可以成为社会经济领域中的信息。后一类信息则是信息工作收集的对象，是其他经济领域、工业领域产生的对物流活动有作用的信息，主要用于指导物流。

2. 按信息活动领域分类

在物流各个分系统、各个不同功能要素领域中，由于物流活动有所不同，信息也有所不同，按这些领域分类，有采购供应信息、仓储信息、装卸信息、运输信息等，甚至可细化为集装箱信息、托盘交换信息、库存量信息、汽车运输信息等。

3. 按信息功能不同分类

按信息功能不同分类，可将物流信息分为以下几类。

（1）计划信息

计划信息指的是尚未实现的但已当作目标确认的一类信息，如物流量计划、仓库吞吐量计划、车皮计划、与物流活动有关的国民经济计划、工农业产品产量计划等，许多具体工作的计划安排等，甚至是带有作业性质的，如协议、合同、投资等信息，只要尚未进入具体业务操作的，都可归入计划信息中。这种的信息特点是带有相对稳定性，信息更新速度较慢。

（2）控制及作业信息

控制及作业信息是在物流活动过程中产生的信息，带有很强的动态性，是掌握物流活动实时动态不可缺少的信息，如库存种类、库存量、在运量、运输工具状况、物价、运费、投资在建情况、港口发到情况等。这种信息的特点是动态性非常强，更新速度很快，信息的时效性很强，往往此时非常有价值的信息，瞬间就变得一文不值。

图 5-1 中的各种计划（如战略计划、能力计划、物流计划、制造计划、采购计划）、存货配置，以及预测产生的信息属于计划信息流；订货管理、订货处理、配送作业、运输和装车、采购等属于作业信息流。

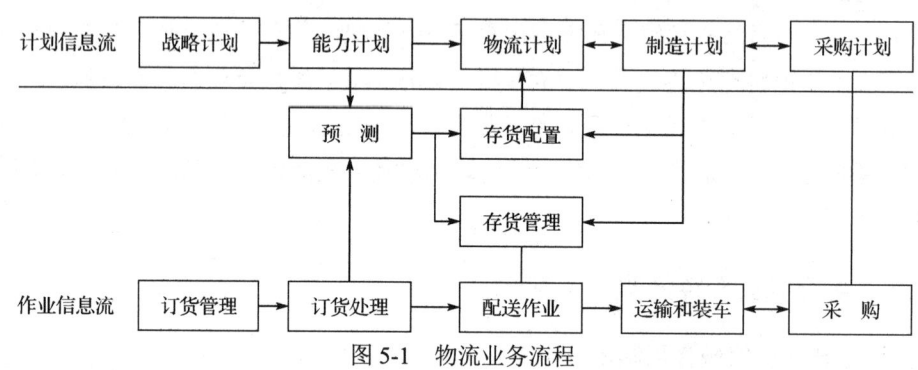

图 5-1 物流业务流程

（3）统计信息

统计信息是在物流活动结束后，对整个物流活动进行归纳的一类信息。例如，上一年度、月度发生的物流量、物流种类、运输方式、运输工具使用量、仓储量、装卸量及与物流有关的工农业产品产量等都属于这类信息。

（4）支持信息

支持信息是指能对物流计划、业务、操作产生影响或相关的文化、科技、产品、法律、教育、民俗等方面的信息。例如，对物流技术的革新，对物流人才的需求等。

（四）物流信息的特点

1. 信息量大

由于物流是一个大范围内的活动，物流信息源也分布于一个大范围内，信息源点多、信息量大。

2. 更新速度快

物流信息动态性特别强，信息的价值衰减速度很快，这就对信息及时性要求较高。

3. 信息种类多

物流信息种类多，不仅本系统内部各环节有不同种类的信息，而且由于物流系统与其他系统，如生产系统、销售系统、消费系统等密切相关，因而还必须收集这些类别的信息，这就使物流信息的分类、研究、筛选等难度增加。

二、物流信息技术

（一）信息技术

信息技术是指获取、传递、处理、再生和利用信息的技术。从历史上看，每一次科技的重大进步都会为人类社会带来意义深远的巨变，作为现代科学技术的结晶，信息技术也是如此。

信息技术是新经济浪潮的动力，是新经济时代的标志。信息技术已经融入现代文明的方方面面，使人们的生产、生活发生了翻天覆地的变化，成为现代人生产、生活中不可缺少的部分。

（二）物流信息技术

物流信息技术是指现代信息技术在物流各个作业环节中的应用，是物流现代化的重要标志。物流信息技术也是物流技术中发展最快的领域，从数据采集的条形码系统，到办公自动化系统中的微型计算机、互联网、各种终端设备等硬件及计算机软件都在日新月异地发展。同时，随着物流信息技术的不断发展，产生了一系列新的物流理念和物流经营方式，这大大推动了物流的变革。

（三）物流信息技术发展趋势

信息技术在物流领域中的应用，是物流现代化的重要动力，也是物流现代化的重要标志。自动识别（条形码技术）、电子数据交换技术、自动跟踪与定位、物流管理系统等，已成为物流信息化的重要支撑。当前，物流信息技术领域中的技术创新极为活跃，呈现出新的发展态势，主要表现在物流信息的共享化、无线化、自动化、智能化、标准化等方面。

 任务小结

通过对物流信息及物流信息技术的认知，掌握物流信息的含义、内容及特点，了解目前常用的物流信息技术种类及发展趋势。

任务二 物流信息技术及应用

 任务导入

20世纪80年代初，UPS公司以其大型的棕色卡车车队和及时的递送服务，控制了美国陆路的包裹速递市场。然而，到了20世纪80年代后期，随着竞争对手利用不同的定价策略及跟踪和开单的创新技术对UPS公司的市场份额进行蚕食，UPS公司的收入开始下滑。为保证收入，UPS公司从20世纪90年代初开始致力于物流信息技术的广泛应用和不断升级。

首先，为了在竞争中获得优势，UPS公司使用条形码和扫描仪，跟踪和报告装运状况。客户只需拨打免费电话，即可获得地面跟踪和航空递送的增值服务。其次，UPS公司的递送驾驶员携带着以数控技术为基础的笔记本电脑到排好顺序的线路上收集递送信息。这种笔记本电脑使驾驶员能够用数字记录装运者和接收者的签字，以进行收货核实。最后，UPS公司在1993年创建了一个全美无线通信网络，使驾驶员能够将实时跟踪的信息上传到UPS公司的中央计算机。无线移动技术和系统的应用为电子数据存储提供了基础，并能跟踪公司在全球范围内的数百万笔递送业务。

 任务分析

电子商务时代，随着客户逐渐显现出个性化的需求，物流过程也在向多品种、高频度、小批量配送的方向发展，同时对物流信息技术的发展也提出了更高的要求。

一、条形码技术

（一）条形码概述

1. 条形码的概念

条形码是由一组规则排列的条、空及对应的字符组成的标记，这些条和空组成的数据表达一定的信息，并能够用特定的设备识读，转换成与计算机兼容的二进制和十进制信息。

通用商品条形码一般由前缀部分、制造商代码、商品代码和校验码组成，共13位数字。商品条形码中的前缀码是用来标识国家或地区的代码，赋码权属于国际物品编码协会。

制造商代码的赋码权属于各个国家或地区的物品编码组织,在中国,由中国物品编码中心赋予制造商代码。商品代码是用来标识商品的代码的,赋码权归商品生产企业所有。商品条形码最后用 1 位校验码来校验商品条形码中左起第 1~12 位数字代码的正确性。

2. 条形码的优点

条形码技术是迄今为止最经济、实用的一种自动识别技术。条形码技术具有以下几个方面的优点。

（1）输入速度快

与键盘输入相比,条形码的输入速度是键盘输入速度的 5 倍,并且能实现"即时数据输入"。

（2）可靠性高

键盘输入数据出错率为三百分之一,利用光学字符识别技术的出错率为万分之一,而采用条形码技术输入数据的出错率低于百万分之一。

（3）信息量大

利用传统的一维条形码一次可采集几十位字符的信息,二维条形码可以携带数千个字符的信息,并有一定的自动纠错能力。

（4）灵活实用

条形码既可以作为一种识别手段单独使用,也可以和有关识别设备组成一个系统实现自动化识别,还可以和其他控制设备连接起来实现自动化管理。

（5）使用成本低

条形码标签易于制作,对设备和材料没有特殊要求,识别设备操作容易,不需要特殊培训,且设备也相对便宜。

3. 条形码的识别原理

在技术上,条形码是一组黑白相间的条纹,这种条纹由若干个黑色的"条"和白色的"空"的单元组成,其中,黑色条对光的反射率低而白色的空对光的反射率高,再加上条与空的宽度不同,可使扫描光线产生不同的反射接收效果,在光电转换设备上转换成不同的电脉冲,从而形成可以传输的电子信息。由于光的速度极快,所以可以准确无误地对运动中的条形码予以识别。

4. 条形码的构成

一个完整的条形码的组成次序依次为:静区（前）、起始符、数据符、中间分割符（主要用于 EAN 码）、校验符、终止符、静区（后）,如图 5-2 所示。图 5-3 为常见的条形码示意图。

静区（前）	起始符	数据符	中间分隔符	校验符	终止符	静区（后）

图 5-2 条形码符号的构成

图 5-3　条形码示意图

（二）条形码类型

1. 根据条形码技术的发展历程分类

（1）一维条形码

一维条形码（如图 5-4 所示）只是在一个方向（一般是水平方向）表达信息，而在垂直方向则不表达任何信息。一维条形码的应用可以提高信息录入的速度，减少差错率。但是一维条形码也存在一些不足之处：只能包含字母和数字；数据容量较小；保密性不高等。

图 5-4　一维条形码示意图

（2）二维条形码

在水平和垂直方向的二维空间中存储信息的条形码，称为二维条形码，如图 5-5 所示。二维条形码可直接显示英文、中文、数字、符号、图形，且存储数据量大。扫描仪可以直接读取条形码内容，无须另接数据库。二维条形码安全级别较高，损污 50%仍可读取完整信息。

图 5-5　二维形码示意图

（3）特种条形码

特种条形码目前主要有隐形条形码、金属条形码和激光条形码三种。经特殊处理后将条形码隐形的特种条形码是隐形条形码；以金属材料为条形码符号的载体，或以金属材料构成条形码符号的特种条形码是金属条形码；将激光信息图像标志和条形码标志相结合的特种条形码是激光条形码。

2. 根据条形码的使用目的分类

（1）商品条形码

商品条形码是以直接向消费者销售的商品为对象、以单个商品为单位使用的条形码，其编码格式，如图 5-6 所示。

项目五 电子商务物流信息管理

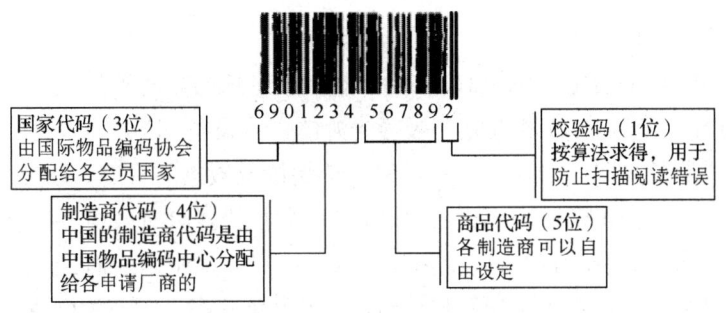

图 5-6 商品条形码格式图

（2）物流条形码

物流条形码是在物流过程中的以商品为对象、以集合包装为单位使用的条形码。常见的物流条形码格式，如图 5-7 所示。

图 5-7 物流条形码格式图

（三）条形码识读设备

条形码识读设备是用来读取条形码信息的设备。它使用一个光学装置将条形码的条空信息转换成电平信息，再由专用译码器将条形码翻译成相应的数据信息。条形码识读设备一般不需要驱动程序，可直接使用。

条形码识读设备根据扫描原理分类可分为接触式和照射式两类，根据使用方式分类，可分为手持式和固定式两种。

1. 根据扫描原理分类

（1）接触式

光笔扫描器是接触式条形码扫描器光笔扫描器必须与被扫描的条形码接触，才能达到读取数据的目的。光笔扫描器的优点是成本低、耗电低、耐用，适合数据采集，可识读较长的条形码符号；其缺点是光笔扫描器对条形码有一定的破坏性，随着条形码的应用与推广，光笔扫描器目前已逐渐被 CCD 扫描器取代。图 5-8 所示的是一种常见的光笔扫描器。

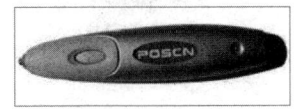

图 5-8 光笔扫描器

（2）照射式

照射式条形码扫描器主要包括CCD扫描器和激光扫描器两种。

CCD扫描器是采用CCD和发光二极管光源的识读设备。它是将发光二极管所发出的光照射到被扫描的条形码上，通过光的反射，达到读取数据的目的。CCD扫描器操作简便，易于使用。与其他条形码扫描设备比较，CCD扫描器具有省电、体积小、价格便宜等优点，但其扫描条形码符号的长度受扫描器的元件尺寸限制，扫描长度不如激光扫描器。

激光扫描器是一种远距离条形码扫描设备，其性能优越，因而被广泛应用。激光扫描器的扫描方式有单线扫描、光栅式扫描和全角扫描三种。手持式激光扫描器的扫描方式是单线扫描，其扫描首读率和精度较高，扫描宽度不受设备开口宽度限制；卧式激光扫描器为全角扫描器，其操作方便，操作者可双手对物品进行操作，只需将条形码符号面向扫描器，不管其方向如何，均能实现自动扫描。

2. 根据使用方式分类

（1）手持式

手持式条形码扫描器，如图5-9所示，其被应用于许多领域，这类条形码扫描器特别适用于条形码尺寸多样、识读场合复杂、条形码形状不规整的应用场合。这类扫描器包括光笔、激光枪、手持式全角扫描器、手持式CCD扫描器、手持式图像扫描器等。

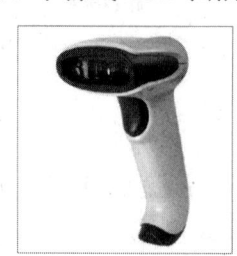

图5-9　手持式条形码扫描器

（2）固定式

固定式扫描器，如图5-10所示，其在扫描识读条形码时不用人手把持，适用于省力、人手劳动强度大（如超市的扫描结算台）或无人操作的自动识别应用。按照使用方法的不同又可以分为卡槽式扫描器、固定式单线扫描器、单方向多线式（栅栏式）扫描器、固定式全角扫描器、固定式CCD扫描器。

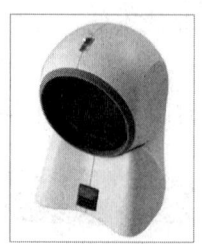

图5-10　固定式条形码扫描器

二、无线射频技术

（一）射频识别概述

1. 射频的概念

射频（RF）是 Radio Frequency 的缩写，表示可以辐射到空间的电磁频率，频率范围为 300kHz～300GHz。射频是一种高频交流变化电磁波的简称。射频技术在无线通信领域中具有广泛的、不可替代的作用。

将电信息源（模拟或数字的）用高频电流进行调制（调幅或调频），形成射频信号，经过天线发射到空中；远距离将射频信号接收后进行反调制，还原成电信息源，这一过程被称为无线传输。无线传输发展了近二百年，形成了大量的用户群和产品群，无线仓库便是 RF 技术在仓储物流中的重要应用。

2. 射频识别的概念

RFID 是 Radio Frequency Identification 的缩写，即射频识别，是一种非接触式的自动识别技术，它通过射频信号自动识别目标对象，可快速地进行物品追踪和数据交换，无须在识别系统与特定目标之间建立机械或光学接触。识别工作无须人工干预，可应用于各种恶劣环境。RFID 技术可识别高速运动物体并可同时识别多个标签，操作快捷、方便。RFID 技术诞生于第二次世界大战期间，它是传统条形码技术的继承者，又被称为"电子标签"。

从概念上来讲，RFID 技术类似于条形码扫描。对于条形码技术而言，它是将已编码的条形码附着于目标物，并使用专用的扫描读写器利用光信号将信息由条形码传送到扫描读写器上；而 RFID 技术则使用专用的 RFID 读写器及专门的可附着于目标物的 RFID 标签，利用射频信号将信息由 RFID 标签传送至 RFID 读写器。

3. 射频识别技术的特点

RFID 技术是一项易于操控，简单实用且特别适合用于自动化控制的应用技术。其主要有以下几个方面的特点。

（1）快速扫描

对于条形码扫描而言，一次只能扫描一个条形码，而 RFID 技术采用的是非接触方式，无方向性要求，标签一旦进入磁场，解读器就可以即时读取其中的信息，通常几毫秒就能完成一次解读。

（2）体积小型化、形状多样化

RFID 技术在读取信息时并不受条形码的尺寸大小与形状的限制。

（3）抗污染能力和耐久性好

RFID 标签不易受水、油和化学药品等物质的污染，同时，RFID 卷标是将数据存储在芯片中，因此可以使数据长久保存。

(4)可重复使用

普通的条形码印刷后就无法更改,RFID 标签则可以重复新增、修改、删除 RFID 卷标内存储的数据,方便信息的更新。

(5)无屏障识别

在被覆盖的情况下,RFID 标签仍然能够被扫描器读取。

(6)大容量

一维条形码的容量为 30 个字符左右,二维条形码的最大容量为 3000 个字符,RFID 的最大容量则有几兆字符。

(7)安全性好

RFID 标签的代码是按照国际统一的电子产品代码的编码制在出厂前就固化在芯片中的,不重复 40 位的唯一识别内码,不可复制和更改。数据可以加密,扇区可以独立锁定,并能根据客户需要锁定重要信息。

(二)射频识别系统的组成

射频识别系统在具体的应用过程中,根据不同的应用目的和应用环境,系统的组成会有所不同,但从射频识别系统的工作原理来看,系统一般由信号发射机、信号接收机、发射天线三部分组成。

1. 信号发射机(RFID 标签)

标签相当于条形码技术中的条形码符号,用来存储需要识别传输的信息,另外,与条形码不同的是,标签必须能够自动或在外力的作用下,把存储的信息主动发射出去。标签一般是带有线圈、天线、存储器与控制系统的弱电集成电路。

2. 信号接收机(阅读器)

在射频识别系统中,信号接收机一般叫作阅读器。根据支持的标签类型不同与完成的功能不同,阅读器的复杂程度也是不同的。

3. 发射天线

发射天线是射频标签与阅读器之间传输数据的媒介。在实际应用中,除了系统功率,发射天线的形状和相对位置也会影响数据的发射和接收,射频识别系统的发射天线需要请专业人员进行设计。

(三)射频识别系统工作原理

1. 工作原理

射频标签进入磁场后,如果接收到阅读器发出的特殊射频信号,就能凭借感应电流所获得的能量将存储在芯片中的产品信息(即无源标签或被动标签)发送出去,或者主动发送某一个频率的信号(即有源标签或主动标签),阅读器读取信息并解码后,将信息送至中央信息系统进行有关数据处理。

2. 工作过程

（1）读写器将设定数据的无线电载波信号通过发射天线向外发射。

（2）当射频标签进入发射天线的工作区时，射频标签被激活后即将自身信息代码经天线发射出去。

（3）系统的接收天线接收到射频标签发出的射频信号，通过天线的调制器传给读写器。读写器对接收到的信号进行解调解码，再发送到后台计算机的控制器上。

（4）计算机控制器根据逻辑运算判断该射频标签的合法性，并针对不同的设定做出相应的处理和控制，然后发出指令信号控制执行系统的动作。

（5）执行系统按计算机的指令动作。

（6）通过计算机通信网络将各个监控点连接起来，也可以设计不同的软件来完成要达到的要求。

（四）射频识别系统应用

根据射频系统的功能不同，可以粗略地把射频系统分成四类：EAS 系统、便携式数据采集系统、物流控制系统和定位系统。

（1）EAS 系统

EAS（Electronic Article Surveillance）系统是一种控制物品出入的 RFID 技术系统。这种技术的典型应用场合是商店、图书馆、数据中心等，当未被授权的人从这些地方非法取走物品时，EAS 系统会发出警报。

（2）便携式数据采集系统

便携式数据采集系统使用带有 RFID 阅读器的手持式数据采集器采集 RFID 标签上的数据。这种系统具有比较大的灵活性，适用于不宜安装固定式 RFID 系统的应用环境。手持式阅读器（数据输入终端）可以在读取数据的同时，通过无线电波数据传输方式（RFDC）实时地向主计算机系统传输数据，也可以暂时将数据存储在阅读器中，成批地向主计算机系统传输数据。

（3）物流控制系统

在物流控制系统中，RFID 阅读器分散布置在给定的区域中，并且阅读器直接与数据管理信息系统相连，RFID 标签是移动的，一般安装在移动的物体上面。当物体经过阅读器时，阅读器会自动扫描标签上的信息并把数据信息输入数据管理信息系统，进行存储、分析、处理，达到控制物流的目的。

（4）定位系统

定位系统用于自动化加工系统中的定位，以及对车辆、轮船等进行定位支持。阅读器放置在移动的车辆、轮船上或者自动化流水线中移动的物料、半成品、成品上，RFID 标签嵌入操作环境的地表下面。RFID 标签上存储位置识别信息，阅读器一般通过无线的方式（有的采用有线的方式）连接到主信息管理系统中。

三、电子数据交换技术

（一）电子数据交换技术概述

EDI 是 Electronic Data Interchange 的英文缩写，译为"电子数据交换"。它主要模拟传统商务单据流转过程，对整个贸易过程进行简化。EDI 并不是新技术，它是欧洲和美国在 20 世纪 60 年代末提出的，进入 20 世纪 90 年代后，随着网络技术和信息技术的广泛应用而得到迅速发展。基于 EDI 的电子商务系统是信息技术向商贸领域渗透的产物，用于商业信息的传递，包括日常咨询、计划、询价、合同等信息的交换。由于使用 EDI 能有效地减少直到最终消除贸易过程中的纸面单证，因而基于 EDI 的电子商务也被俗称为"无纸化交易"。EDI 条件下贸易单证的传递方式，如图 5-11 所示。

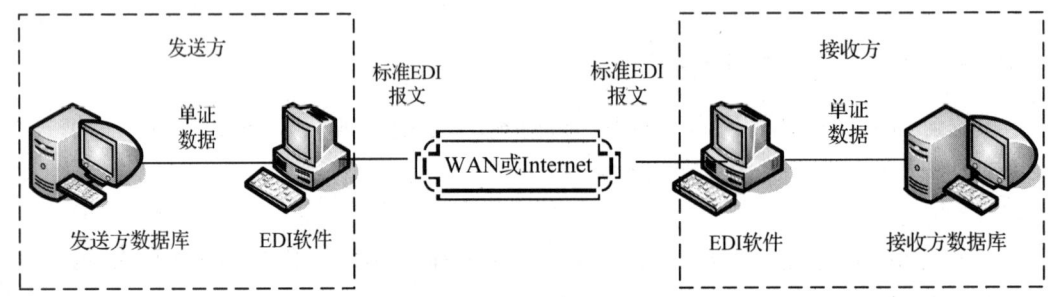

图 5-11　EDI 条件下贸易单证的传递方式

电子数据交换是将贸易、运输、保险、银行和海关等行业的信息，用一种国际公认的标准格式，形成结构化的事务处理的报文数据格式，通过计算机通信网络，使各有关部门、公司与企业之间进行数据交换与处理，并完成以贸易为中心的全部业务过程。EDI 系统降低了纸张文件的消费，减少了许多重复劳动，提高了工作效率，使贸易双方能够以更迅速、有效的方式进行贸易，大大简化了订货过程或存货过程，使双方能充分利用各自的人力和物力资源。

（二）电子数据交换系统的组成

EDI 数据标准化、EDI 的软件和硬件、EDI 通信环境是构成电子数据交换系统的三要素。

1. EDI 数据标准化

EDI 数据标准是由各企业、各地区代表共同讨论、制定的电子数据交换标准，可使各组织之间的不同文件格式通过共同标准的转换，达到彼此间文件交换的目的。

2. EDI 的软件和硬件

实现电子数据交换需要相应的硬件和软件。EDI 软件将用户数据库系统中的信息翻译成 EDI 的标准格式，以供传输和交换。EDI 软件可分为转换软件、翻译软件和通信软件三大类。EDI 软件的构成，如图 5-12 所示。

项目五 电子商务物流信息管理

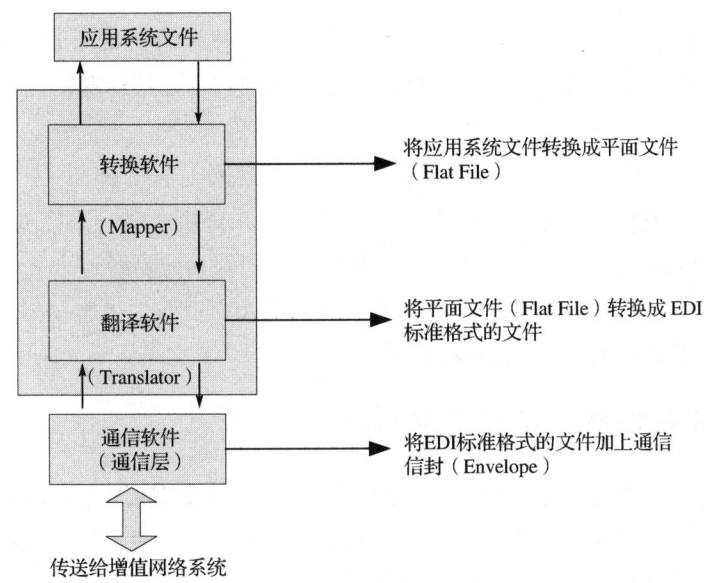

图 5-12　EDI 软件的构成

EDI 所需的硬件设备包括计算机、调制解调器及通信线路。

3. EDI 通信环境

EDI 通信环境由一个 EDI 通信系统和多个 EDI 用户组成，EDI 的开发、应用是通过计算机通信网络实现的，它主要有以下三种方式。

（1）点对点（PTP）方式

点对点方式，即 EDI 按照约定的格式，通过通信网络进行信息的传递和终端处理，完成业务往来。

（2）增值网（VAN）方式

增值数据业务（VADS）公司利用已有的计算机与通信网络设备，除完成一般的通信任务外，还增加了 EDI 的服务功能。VADS 公司提供给 EDI 用户的服务主要是租用信箱及协议转换，后者对用户是透明的。信箱的引入，实现了 EDI 通信的异步性，提高了作业效率，降低了通信费用。

（3）MHS 方式

信息处理系统 MHS 是 ISO 和 ITU-T 联合提出的有关国际间电子邮件服务系统的功能模型，具有快速、准确、安全、可靠等特点。它是以存储转发为基础的、非实时的电子通信系统，非常适合作为 EDI 的传输系统。MHS 为 EDI 提供了一个完善的应用软件平台，降低了 EDI 设计开发的技术难度，减少了工作量。

（三）电子数据交换系统的特点

（1）EDI 传输的企业间的报文，是企业间信息交流的一种方式。

(2) EDI 所传送的资料是一般业务资料,如发票、订单等,而不是一般性的通知。

(3) EDI 传输的报文是格式化的,是符合国际标准的,这是计算机能够自动处理报文的基本前提。

(4) EDI 使用的数据通信网络一般是增值网、专用网。

(5) 数据传输由收送双方的计算机系统直接传送、交换资料,不需要人工操作。

(6) EDI 与传真或电子邮件的区别:传真与电子邮件,需要经过人工处理才能进入计算机系统;人工将资料重复输入计算机系统,既浪费人力资源,也容易发生错误,而 EDI 不需要再将有关资料经人工输入系统。

(四)电子数据交换系统应用实例

上海联华超市股份有限公司成立于 1991 年,目前已有门店遍布全国多个省份及直辖市。所有门店都由总部统一供货。随着经营规模越来越大,管理工作越来越复杂,公司领导意识到必须加强高科技投入,搞好计算机网络应用。从 1997 年开始,公司成立了总部计算机中心,其主要职能是经营信息的汇总和处理,如图 5-13 所示。配送中心也完全实现订货、配送、发货的计算机管理,各门店的计算机应用由总部统一配置、统一开发、统一管理。配送中心与门店之间的货源信息传递通过商业增值网以邮件方式完成。

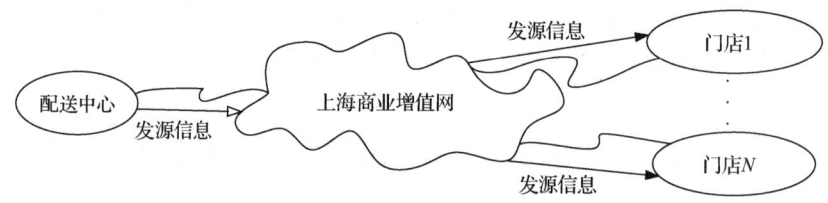

图 5-13 上海联华超市计算机系统结构应用图

每天中午 12 点,配送中心将商品的库存信息以邮件形式发送到商业增值网上,各门店计算机系统从自己的商业增值网信箱中提取库存信息,然后根据库存信息和自己门店的销售信息制作"要货单"。由于要货单信息不是通过网上传输的,而是从计算机中打印出来,通过传真形式传送到配送中心的,因此配送中心的计算机工作人员需要再将要货信息输入计算机系统。这样做不仅可能导致数据二次录入时发生错误和人力资源的浪费,也体现不出网络应用的价值和效益。

上海联华超市股份有限公司作为国家科委(现国家科学技术部)"九五"国家科技攻关项目"商业 EDI 系统开发与示范"的示范单位之一,从 1998 年 3 月开始,与北京商学院(现北京工商大学)、杭州商学院(现浙江工商大学)、上海商业高新技术开发公司合作开发了自己的 EDI 系统,如图 5-14 所示。这个 EDI 系统包括配送中心和供货商之间、总部与配送中心之间、配送中心与门店之间标准格式的信息传递,信息传递通过商业增值网 EDI 服务中心完成。

项目五 电子商务物流信息管理

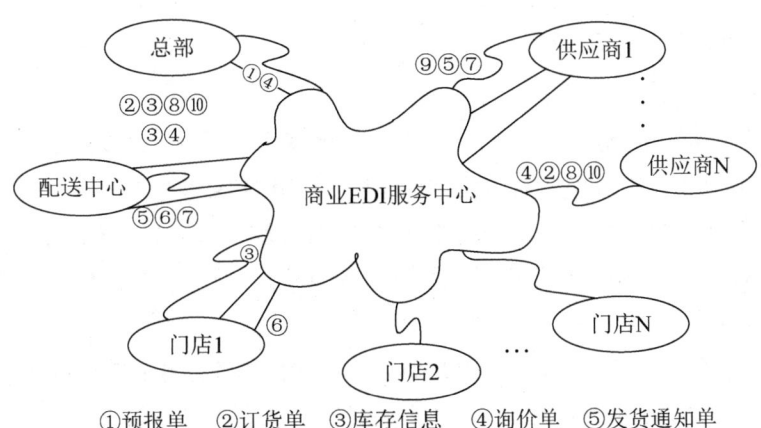

①预报单 ②订货单 ③库存信息 ④询价单 ⑤发货通知单
⑥要货信息 ⑦对账单 ⑧退货单 ⑨报价单 ⑩收货通知单

图 5-14　上海联华超市 EDI 系统结构图

应用 EDI 系统之后，配送中心直接根据各门店的销售情况和要货情况生成订货信息发送给供应商。供应商供货后，配送中心根据供应货商的发货通知单向门店发布存货信息。这样做可以使信息在供应商、配送中心、门店之间流动，所有数据只有一个入口，保证了数据传递的及时性和准确性，降低了订货成本和库存费用。信息流的运转，如图 5-15 所示。

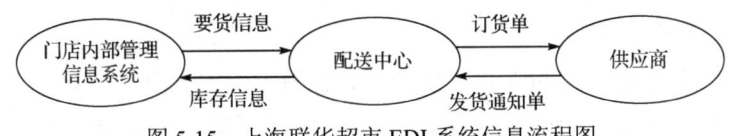

图 5-15　上海联华超市 EDI 系统信息流程图

四、GPS 技术

（一）GPS 概述

1. GPS 的概念

GPS（Global Positioning System，GPS）又称全球卫星定位系统，它由发射装置和接收装置构成。发射装置由若干颗位于地球卫星静止轨道、不同方位的导航卫星构成，它不断向地球表面发射无线电波。接收装置通常装在移动的目标（如车辆、船、飞机）上，接收装置接收来自不同方位的导航卫星的定位信号，可以计算出移动目标当前的经纬度坐标，然后将其坐标信息记录下来或发回监控中心。地面监控中心利用 GPS 技术可以实时监控车辆等移动目标的位置，为移动目标提供导航服务。

GPS 最初是由 20 世纪 70 年代初美国在"子午仪卫星导航定位"技术的基础上发展起来的具有全球性、全能性（陆地、海洋、航空与航天）、全天候优势的导航定位、定时、测速系统，由空间卫星系统、地面监控系统、用户接收系统三大子系统构成。如今，GPS 技术已经被众多跨国公司广泛应用于货物运输和物流配送中，如零售企业沃尔玛、国际物流企业马士基、UPS 等。

2. GPS 定位方式

（1）绝对定位

绝对定位又被称为单点定位，通常是指在协议地球坐标系中，直接确定观测站相对于坐标系原点（地球质心）绝对坐标的一种定位方法。利用 GPS 进行绝对定位的基本原理，是以 GPS 卫星和用户接收机天线之间的距离（或距离差）观测量为基础的，并根据已知的卫星瞬时坐标，来确定用户接收机天线所对照的点位，即观测站的位置。

（2）相对定位

在两个或若干个测量站上，设置 GPS 接收机，同步跟踪观测相同的 GPS 卫星，测定它们之间的相对位置，称为相对定位。在相对定位中，至少其中一点或几个点的位置是已知的，即其在 WGS84 坐标系中的坐标是已知的，称为基准点。

由于相对定位是用几点同步观测 GPS 卫星的数据进行定位的，因此可以有效消除或减弱许多相同的或基本相同的误差，如卫星钟误差、星历误差和卫星信号在大气中的传播延迟误差等，从而获得较高的相对定位精度。

（二）GPS 系统的组成

1. GPS 卫星及其星座

GPS 卫星及其星座由 21 颗工作卫星和 3 颗在轨备用卫星组成，记作（21+3）GPS 星座。24 颗卫星均匀分布在 6 个轨道平面内，轨道倾角为 55 度，各个轨道平面之间相距 60 度。在用 GPS 信号定位时，为了得出观测站的三维坐标，必须观测 4 颗 GPS 卫星，这称为定位星座。这 4 颗卫星在观测过程中的几何位置分布对定位精度有一定的影响。在某地、某时，甚至不能测得精确的点位坐标，这种时间段称作"间隙段"。但这种时间间隙段是很短暂的，并不影响全球绝大多数地方的全天候、高精度、连续实时，GPS 工作卫星的编号和试验卫星基本相同。

2. GPS 地面监控部分

对于导航定位来说，GPS 卫星是一个动态已知点。卫星的位置是依据卫星发射的星历——描述卫星运动及其轨道的参数算得的。每颗 GPS 卫星所播发的星历，是由地面监控系统提供的。卫星上的各种设备是否正常工作，需要由地面设备进行监测和控制。地面监控系统的另一个重要作用是保持各颗卫星处于同一时间标准——GPS 时间系统。这就需要地面观测站监测各颗卫星的时间，求出卫星钟差。然后由地面注入站发给卫星，再由导航电文发给用户设备。

3. GPS 信号接收机

GPS 信号接收机的任务是能够捕获按一定卫星高度截止角所选择的待测卫星的信号，并跟踪这些卫星的运行，同时对所接收到的 GPS 信号进行变换、放大和处理，以便测量出 GPS 信号从卫星到接收机天线的传播时间，破译出 GPS 卫星所发送的导航电文，实时计算出观测站的三维位置，甚至速度和时间。

（三）GPS 在物流中的应用

由于货物的物流配送过程是实物的空间位置转移的过程，对可能涉及的货物的运输、仓储、装卸、配送等处理环节，对各个环节涉及的问题，如运输路线的选择、仓库位置的选择、仓库的容量设置、合理装卸策略、运输车辆的调度和投递路线的选择等，都可以通过运用 GPS 的导航、车辆跟踪、信息查询等功能进行有效的管理和决策分析，这将有助于配送企业有效地利用现有资源，降低消耗，提高效率。

1. 导航功能

导航功能既是 GPS 的首要功能，又是 GPS 最基本的功能，其他功能都要在导航功能的基础上才能完全发挥作用。飞机、船舶、地面车辆及步行者都可利用 GPS 导航接收器进行导航。汽车导航系统就是在 GPS 的基础上发展起来的，它由 GPS 导航、自律导航、微处理器、车速传感器、陀螺传感器、CD-ROM 驱动器、LCD 显示器组成。

GPS 导航是由 GPS 接收机接收 GPS 卫星信号（3 颗以上），从而得到该点的经纬度坐标、速度、时间等信息。为提高汽车导航定位的精度，通常采用差分 GPS 技术。当汽车行驶到地下隧道、高层楼群、高速公路等遮掩物而捕捉不到 GPS 卫星信号时，系统可自动导入自律导航系统；此时由车速传感器检测出汽车的行进速度，通过微处理单元的数据处理，从速度和时间中直接算出行进的距离；陀螺仪传感器能直接检测出前进的方向，还能自动存储各种数据，即使在更换轮胎暂时停车时，系统也可以重新设定。

2. 车辆跟踪功能

GPS 导航与 GIS 技术、GSM（无线移动通信系统）及计算机车辆管理信息系统相结合，可以实现车辆跟踪。利用 GPS 和 GIS 技术可以实时显示车辆的实际位置；可以随目标移动，使目标始终保持在屏幕上；还可实现多窗口、多车辆、多屏幕同时跟踪，利用该功能可对重要车辆和货物的运输进行跟踪。

目前，已开发出将 GPS、GIS、GSM 技术结合起来对车辆进行实时定位、跟踪、报警、通信等的技术。这些技术能够满足掌握车辆基本信息、对车辆进行远程管理的需要，有效避免车辆的空载现象，同时客户也能通过互联网技术了解货物在运输过程中的实时情况。

3. 货物配送路线规划功能

货物配送路线规划是 GPS 导航中的一项重要辅助功能，具体包括自动路线规划和人工路线设计。自动路线规划由驾驶员确定起点和终点，由计算机软件按照要求自动设计最佳行驶路线，包括最快的路线、最简单的路线、通过高速公路路段次数最少的路线等。人工路线设计由驾驶员根据自己的目的地设计起点、终点和途经点等，自动建立路线库。路

线规划完毕后,显示器能够在电子地图中显示设计路线,并同时显示汽车运行路径和运行方法。

4. 信息查询功能

为用户提供主要地标,如旅游景点、宾馆、医院等数据库,用户能够在电子地图中根据需要进行查询。查询资料能够以文字、语言及图像的形式显示,并在电子地图中显示其位置。同时,监测中心可以利用监测控制台对区域内任意目标的所在位置进行查询,车辆信息将以数字形式在控制中心的电子地图中显示出来。

5. 话务指挥功能

指挥中心可以监测区域内车辆的运行状况,对被监控车辆进行合理调度。指挥中心也可随时与被跟踪目标通话,实行管理。

6. 紧急援助功能

通过 GPS 定位和监控管理系统可以对遭遇险情或发生事故的车辆进行紧急援助。监控台的电子地图可显示求助信息和报警目标,同时规划出最优援助方案,并以报警声、光提醒值班人员进行应急处理。

五、GIS 技术

(一) GIS 概述

1. 地理信息

地理信息是地理数据所蕴含和表达的地理含义,是与地理环境要素有关的物质的数量、质量、性质、分布特征、联系和规律的数字、文字、图像和图形等的总称。地理信息属于空间信息,其是通过数据进行标识的,这是地理信息系统区别其他类型信息最显著的标志。

2. GIS 概念

地理信息系统(Geographic Information System,GIS)是以地理空间数据为基础,采用地理模型分析方法,适时地提供多种空间的和动态的地理信息,是一种为地理研究和地理决策服务的计算机技术系统。其主要特征是存储、管理、分析与位置有关的信息。

地理信息系统以地理学、地图学、遥感和计算机科学为基础的一门综合性学科,已经广泛地应用于不同的领域,是用于输入、存储、查询、分析和显示地理数据的计算机系统。GIS 是一种基于计算机系统的工具,它可以对空间信息进行分析和处理。GIS 技术把地图和地理分析功能与一般的数据库操作(如查询和统计分析等)集成在一起。

3. GIS 的类型

GIS 按内容、功能和作用可分为两大类：工具型地理信息系统和应用型地理信息系统。

（1）工具型地理信息系统

工具型地理信息系统又被称为地理信息系统开发平台，它是具有地理信息系统基本功能，供其他系统调用或用户进行二次开发的操作平台。这类系统为地理信息系统的使用者提供了一种技术支持，使用户能借助地理信息系统工具中的功能直接完成任务，或者利用此类信息系统加上专题模型完成任务。目前，国外已有很多商品化的工具型地理信息系统，如 Arc/Info、GenaMap、MapInfo、MGE 等，国内近几年已开发出 MapGIS、GeoStar、CityStar 等工具型地理信息系统。

（2）应用型地理信息系统

应用型地理信息系统是根据用户的需求和应用目的而设计的一种解决一类或多类实际应用问题的地理信息系统。除了具备地理信息系统的基本功能，应用型地理信息系统还具备地理空间实体及解决空间信息的分布规律、分布特性及相互依赖关系的应用模型和方法。应用型地理信息系统按研究对象性质和内容可分为专题地理信息系统和区域地理信息系统。

4. GIS 的基本功能

GIS 的基本功能是将表格类数据（无论数据来自数据库、电子表格文件或直接在程序中输入）转换为地理图形显示出来，然后对显示的结果进行浏览、操纵和分析。其显示范围包括从洲际地图到非常详细的街区地图，显示对象包括人口、销售情况、运输路线及其他内容。

（二）GIS 的构成

一般来说，一个完整的 GIS 通常由四部分组成：硬件系统、软件系统、数据、人员。这种特定的空间信息系统，在计算机硬件系统和软件系统的支持下，对整个或部分地球表层（包括大气层）空间中有关地理分布的数据进行采集、存储、管理、运算、分析、显示和描述。

1. 硬件系统

硬件系统是指操作 GIS 所需的一切计算机资源。目前的 GIS 软件可以在很多类型的硬件上运行，从中央计算机服务器到桌面计算机，从单机到网络环境。一个典型的 GIS 硬件系统除了计算机，还包括数字化仪、扫描仪、绘图仪、磁带机等外部设备。根据硬件配置规模的不同可分为简单型、基本型、网络型。

2. 软件系统

软件系统是指 GIS 运行所必需的各种程序，主要包括计算机系统软件和地理信息系统软件两部分。地理信息系统软件提供存储、分析和显示地理信息的功能和工具。GIS 中主要的软件包括：输入和处理地理信息的工具；数据库管理系统工具；支持地理查询、分析和可视化显示的工具；使用这些工具的图形用户接口（GUI）。

3. 数据

数据是一个 GIS 中最基础的组成部分。一个 GIS 应用系统必须建立在准确合理的地理数据基础上。数据来源包括室内数字化和野外采集，以及其他数据的转换。数据包括空间数据和属性数据，空间数据的表达可以采用栅格和矢量两种形式。空间数据表现了地理空间实体的位置、大小、形状、方向及几何拓扑关系。

4. 人员

人员是 GIS 中重要的构成要素，GIS 是一个动态的地理模型，仅有系统软件、硬件和数据还不能构成完整的 GIS，还需要人进行系统组织、管理、维护、数据更新、系统扩充完善及应用程序开发，并采用空间分析模型提取多种信息。

（三）GIS/GPS 技术的应用实例

2002 年 4 月，浙江省烟草公司杭州分公司在全市范围内推行烟草的"一库制集中配送"，对原有的 10 个批发部、3 个卷烟仓库先后实施机构精简、仓库合并，同时设立全市集中的电话呼叫中心和电子结算中心；同年 7 月，初步形成商流——电话呼叫中心、访销部，物流——物流配送中心，资金流——电子结算中心，信息流——信息中心的现代网络框架，整合了网络资源，重组了销售业务流程，实现了智能化的车辆调度。

卷烟配送路线优化的目标是改造各配送车以批发部为中心的配送路线，实现杭州烟草物流 20 多辆配送车以物流中心为中心，方向从北到南"扇形"辐射杭州市区的 120 多条配送路线的动态优化设定。来自业务系统的订单信息经过配送路线优化模块自动排单系统的处理，在杭州市城区 GIS 的支持下，根据零售商的地理位置、订货数量和配送车载量，经过信息系统的路线优化处理，每日生成动态的配送路线，按照时间和配送顺序均衡分配到具体车辆，同时生成分拣配货策略。分拣配货策略由计算机网络发送到配货流水线上，送货计划则打印成送货清单交给配送员。配送车辆在按路线（送货清单）配送的途中，GPS 对配送车辆进行全程监控，从而加强配送管理。

 任务小结

重点掌握条形码、RFID 等常用信息技术在电子商务物流中的应用，包括利用条形码及 RFID 技术完成商品的出入库，利用 GPS、GIS 技术对配送车辆进行监控，利用 EOS 完成自动订货等，使学生能够利用现代物流信息技术完成电子商务物流任务。

项目五 电子商务物流信息管理

任务三 智慧物流技术的发展及趋势

任务导入

"智慧物流"（Intelligent Logistics System, ILS）首次由 IBM 提出，2009 年 12 月中国物流技术协会信息中心、华夏物联网、《物流技术与应用》编辑部联合提出智慧物流的概念。全球新一轮科技革命的到来，为产业转型升级创造了重大机遇，智慧物流正在成为物流业转型升级的重要源泉。预计未来 5～10 年，物联网、云计算和大数据等新一代信息技术将进入成熟期，物流人员、装备设施及货物将全面接入互联网，形成全覆盖、广连接的物流互联网，"万物互联"助推智慧物流发展。目前，越来越多的企业在物流技术的应用上都在向信息化、机械化、智能化、无人化方向发展。例如，菜鸟网络的自动化分拣系统，其拣货准确率接近 100%，分拣效率提高了 50% 以上，有效缓解了节假日爆仓的压力。

任务分析

高效的智慧物流信息技术不仅加快了物流的信息化建设，也提高了物流服务的效率和水平，有效优化了物流业务流程。

一、智慧物流的含义

智慧物流是指通过互联网、物联网、大数据等智慧化技术与手段，提高物流系统分析决策和执行的能力，提升整个物流系统的智能化、自动化水平。智慧物流集多种服务功能于一体，体现了现代经济运作特点的需求，即强调信息流与物质流快速、高效、通畅地运转，从而实现降低社会成本、提高生产效率、整合社会资源的目的。

根据中国物流与采购联合会的数据，当前物流企业对智慧物流的需求主要体现在物流数据、物流云、物流设备三大领域。2016 年，智慧物流市场规模超过 2000 亿元，到 2025 年，智慧物流市场规模将超过万亿元。

（1）智慧物流数据服务市场（形成层）：处于起步阶段，其中所占比例较大的是电子商务物流大数据，随着数据量的积累及物流企业对数据的逐渐重视，未来物流业对大数据的需求会越来越明显。

（2）智慧物流云服务市场（运转层）：在基于云计算应用模式的物流平台上，各物流公司、行业协会等相互展示资源，进行互动，按需交流，达成意向，从而达到降本增效的目的。

（3）智慧物流设备市场（执行层）：是智慧物流市场的重要组成部分，包括自动化分拣线、物流无人机、冷链车、二维码标签等各类智慧物流产品。

二、智慧物流发展的驱动因素

1. 国家大力推进"互联网+"物流业发展

自 2015 年以来，我国多个地区相继出台了鼓励物流行业向智能化、智慧化发展的政策，并积极鼓励企业进行物流模式的创新，其内容主要包括以下几方面。

大力推进"互联网+"物流业的发展，发挥互联网平台实时、高效、精准的优势，对线下运输车辆、仓储等资源进行合理调配，整合利用现有资源，提高物流资源使用效率，实现运输工具和货物的实时跟踪和在线化、可视化管理。例如，国务院办公厅在《关于深入实施"互联网+流通"行动计划的意见》中提出，鼓励发展分享经济新模式，激发市场主体创业创新活力，鼓励包容企业利用互联网平台优化社会闲置资源配置，扩大社会灵活就业。

鼓励物流模式创新，重点发展多式联运、共同配送、无车承运人等高效现代化物流模式。我国商务部在《2015 年流通业发展工作要点》中提出，深入推进城市共同配送试点，总结推广试点地区经验，完善城市物流配送服务体系，促进物流园区分拨中心、公共配送中心、末端配送点三级配送网络合理布局，培育一批具有整合资源功能的城市配送综合信息服务平台，推广共同配送、集中配送、网订店取、自助提货柜等新型配送模式。

为加快物流信息化和数据化建设，国务院办公厅在《国务院办公厅关于推进线上线下互动加快商贸流通创新发展转型升级的意见》中提出，鼓励运用互联网技术大力推进物流标准化，推进信息共享和互联互通；大力发展智慧物流，运用北斗导航、大数据、物联网等技术，构建智能化物流通道网络，建设智能化仓储体系、配送系统。

2. 新商业模式涌现，对智慧物流提出要求

近些年来，电子商务、新零售、C2M 等各种新型商业模式快速发展，同时消费者需求也从单一化、标准化向差异化、个性化转变，这些变化对物流服务提出了更高的要求。

电子商务快速发展，带动快递业从 2007 年开始连续多年保持高速增长，2016 年快递业务量突破 300 亿件大关，达 313.5 亿件。爆发式增长的业务量对物流行业的包裹处理效率及配送成本提出了新的要求。未来，电子商务将持续高速发展，阿里研究院预计 2020 年网络零售额将超过 10 万亿元人民币，跨境电商将保持年均 20%左右的增长，2020 年跨境电商贸易进出口占整体对外贸易的比例将上升至 37.6%。

新零售是指企业以互联网为依托,通过运用大数据、人工智能等先进技术手段,对线上服务、线下体验及现代物流进行深度融合的零售新模式。在这一模式下,企业将产生如利用消费者数据合理优化库存布局、实现零库存、利用高效网络妥善解决可能产生的逆向物流等诸多智慧物流需求。

C2M 是指由用户需求驱动生产制造,去除所有中间流通加价环节,连接设计师、制造商,为用户提供顶级品质、平民价格、个性化商品的模式。在这种模式下,消费者的诉求将直达制造商,个性化定制成为潮流。C2M 的兴起对物流的及时响应、定制化匹配能力提出了更高的要求。

3. 物流运作模式革新,推动智慧物流需求提升

物流行业与互联网结合,改变了物流行业原有的市场环境与业务流程,推动出现了一批新的物流模式如车货匹配、运力众包等。基础运输条件的完善及信息化的进一步发展促进了多式联运模式的快速发展。新的物流运作模式正在形成,与之相适应的智慧物流也在快速增长。

车货匹配可分为两类:同城货运匹配、城际货运匹配。货主发布运输需求,平台根据货物属性、距离等智能匹配平台注册运力,并提供 SOP(标准作业程序)等各类增值服务。车货匹配对物流的数据处理、车辆状态与货物的精确匹配度能力要求极高。

运力众包兴起于 O2O 时代,由平台整合各类闲散个人资源,为客户提供即时的同城配送服务。其具体内容包括如何管理运力资源,如何通过距离、配送价格、周边配送员数量等数据分析进行精确的订单分配,以期为消费者提供优质的客户体验。

多式联运包括海铁联运、公铁联运、"铁公机"等多类型多式联运方式。多式联运作为一种集约高效的现代化运输组织模式,在"一带一路"国家倡议的实施过程中,迎来了加速发展的重要机遇。由于运输过程涉及多种运输工具,为实现全程可追溯和系统之间的贯通,信息化的运作十分重要。同时,新型技术如无线射频、物联网等的应用大大提高了多式联运换装转运的自动化作业水平。

三、智慧物流技术发展趋势及应用实践

(一)仓内技术

1. 机器人与自动化技术

仓内机器人包括 AGV(自动导引运输车)、无人叉车、货架穿梭车、分拣机器人等,其主要应用于搬运、上架、分拣等环节。

领先实践 1 亚马逊

2012 年,亚马逊为应对自身快速增长的业务需求,收购全球领先的仓内机器人初创企业 KIVA Systems,进入仓内机器人领域。仓内机器人主要用于仓内货架搬运、货物分拣。2013—2014年年底，亚马逊先在美国的10个亚马逊物流中心部署了1.5万个机器人，随后亚马逊将仓内机器人部署向其全球各地转运中心拓展，截至2016年，亚马逊已在其全球多个物流中心部署了超过3万个仓内机器人。在机器人的帮助下，亚马逊每笔订单的处理能节省1个小时，拣货到发货的时间从1.5小时缩短为15分钟，每年可以节省约9亿美元的人力成本。2016年，KIVA Systems正式更名为Amazon Robotics。除研发新型AGV机器人，亚马逊还致力于研发可胜任打包等复杂环节的先进机器人。

领先实践2　京东

2014年，京东引进了仓内机器人技术，以实现其无人仓的战略目标，同年京东研制的第一代仓储机器人投入"亚洲一号"系列仓库进行实地操作。2016年，京东成立X事业部，开始进行机器人项目研发，组建无人仓团队，并成功开发SHUTTLE货架穿梭车、DELTA型分拣机器人、六轴机器人6-AXIS等6种型号机器人。2017年，京东部署了大量AGV机器人的昆山无人分拣中心正式亮相，在国内首次实现了前后端AGV机器人自动装、卸车作业。同时，在仓储商品上架、商品分拣等各环节中，京东还部署了其研发的SHUTTLE货架穿梭车等各型号机器人，基本实现了仓储全流程自动化。

领先实践3　菜鸟

2015年，阿里巴巴成立菜鸟ET物流实验室，目的是通过研发物流前沿科技产品，探索符合未来科技发展的物流生产方式，并牵头进行仓内机器人研发，开发出造价高达上百万元的仓内机器人"曹操"。"曹操"能顶起的重量可达500斤，同时能灵活旋转，"曹操"还能迅速定位货物区位、规划最优拣货路径，提升仓内操作效率。2017年8月，菜鸟广东惠阳机器人仓投入使用，仓内部署着上百台阿里巴巴自主研发的AGV机器人，主要用于货物搬运，提高了仓内效率。除了AGV机器人，菜鸟还尝试在仓储其他环节中研发机器人。未来，菜鸟网络将进一步探索机器人与云端智能调度算法、自动化设备的融合，在更多仓内环节中应用机器人，并将在多个仓库内复制机器人模式。

领先实践4　顺丰

通过直接购买第三方定制化产品重点布局自动化分拣，顺丰很早就在中转场应用自动化分拣技术进行分拣。2016年，顺丰斥资1亿元建设了大型自动化中转场，通过引进全自动化的机器人分拣模式，分拣速度得到了很大的提升，针对小件、快件，全自动化的分拣机器人甚至可以达到1小时分拣4万件的速度，同时出错率也大大降低。

领先实践5　申通

以直接采购第三方产品进行定制化设计为主，采用与第三方合作的方式进行仓内机器人布局。2017年，申通和浙江立镖机器人企业及海康威视合作研发机器人。同年，申通在义乌、天津、临沂三地的分拨中心内启用分拣机器人，其可以扫码、称重及分拣，每小时可完成分拣1.8万件，可节省70%的人工。未来，以申通为代表的"通达系"将继续加强与外部研发机构的合作，加快对现有分拨中心的升级换代，逐渐向自动化分拣中心转变。

2. 可穿戴设备

可穿戴设备的技术当前仍然属于较为前沿的技术,在物流领域中可以应用的设备包括免持扫描设备、现实增强技术——智能眼镜、外骨骼、喷气式背包等。国内除免持扫描设备与智能眼镜小范围由 UPS、DHL 应用外,其他多处于研发阶段。整体来说,这些设备离大规模应用仍然有较远的距离。智能眼镜凭借其实时的物品识别、条形码阅读和仓内导航等功能,提升了仓内工作效率,未来有可能被广泛应用。京东及亚马逊等国内外电子商务企业已开始研发相关智能设备。

领先实践 1　亚马逊:提前进行智能装备研究

亚马逊研发的智能眼镜配备了可穿戴计算机,可以识别商品所处的位置,而且眼镜内置图像传感器,能够识别与某项任务相关的物品。这种传感器还有可能识别邮寄地址、条形码或二维码等包裹标记。

领先实践 2　菜鸟:重点研究 AR 增强设备,外部提供硬件,内部强调研发

2016 年,在仓内操作层面,菜鸟宣布未来将推动 AR 智慧物流系统,利用微软的 Hololens 头戴式设备,人们将能看到所有快件的信息,包括商品的质量、体积等,方便操作者快速找到对应商品在仓库中的位置,并且会自动规划最优拣取路线。2017 年,菜鸟推出"快速找快递+刷脸签收"的 AR 技术。客户取快件时,只要打开手机 App,扫一扫就可以体验 AR 智能查件,接着根据手机 AR 显示的位置就可以轻松找到自己的包裹,然后刷脸签收,验证成功后就可以带着包裹离开了。未来,菜鸟将加大在 AR 仓内技术领域的研发力度。

领先实践 3　DHL:与第三方合作进行研发测试

DHL 与日本知名办公设备及光学机器制造商理光(Ricoh)、可穿戴设备解决方案供应商 Ubimax 进行合作,将"视觉分拣"技术应用于仓库的分拣流程。2014 年,DHL 已经成功在荷兰进行了智能眼镜应用试验,员工通过智能眼镜扫描仓库中的条形码图形以加快采集速度和减少错误。其后,DHL 与 Vuzix 合作打造了一个"免提式"仓库管理系统,该系统提供了实时的物品识别、条形码阅读、室内导航和无缝的信息集成,直接连接到 DHL 的仓库管理系统。在应用这个系统后,分拣效率提升了 25%。

领先实践 4　UPS:与第三方合作进行研发测试

2012 年,为了提升效率,并提供更多的跟踪信息,UPS 开始启用基于摩托罗拉 RS507 蓝牙戒指成像仪的新系统,这种可穿戴设备包括一个戴在手指上的支持蓝牙的免提式条形码扫描仪,以及一个戴在员工手腕或髋部的小型终端。利用这种设备,UPS 员工能够更快速地获取及处理条形码图像,加快包裹装车速度,截至 2013 年第 4 季度,UPS 已装备超过 3.8 万个此种设备;2015—2016 年,UPS 开始研发配套的电子眼镜与数据手套。

（二）干线技术

干线技术主要是无人驾驶卡车技术，它将改变干线物流的现有格局。无人驾驶卡车技术虽然目前尚处于研发阶段，但已取得阶段性成果，正在进行商用前测试。

无人驾驶乘用车技术已经取得了阶段性成果，目前多家企业开始了对无人驾驶卡车技术的探索。2016年，由多名Alphabet前高管成立的Otto公司，研发卡车无人驾驶技术，核心产品包括传感器、硬件设施和软件系统。虽然公路无人驾驶从技术实现到实际应用仍有一定距离，但从技术上看，发展潜力仍然非常大，未来卡车生产商将直接在生产环节集成无人驾驶技术。

目前，无人驾驶卡车主要由整车厂商主导，如戴姆勒等，但也有部分电子商务、物流企业正在尝试布局，如亚马逊已申请无人驾驶卡车相关专利，而国内电子商务企业如京东也正在尝试研发无人驾驶卡车。

领先实践1　亚马逊：提前进行无人驾驶卡车技术研究

无人驾驶卡车技术由Prime AIR无人机研发项目组负责，出于降低干线物流成本，防范运力不足等需求，2017年年初提交的专利申请显示亚马逊正在研制无人驾驶汽车，因为该专利涉及可变车道导航等复杂技术，当前尚处于研发状态。未来，无人驾驶汽车和无人驾驶卡车可能将成为亚马逊内部物流部门的一个重要组成部分。

（三）最后一公里技术

最后一公里技术主要包括无人机技术与3D打印技术两大类。无人机技术相对成熟，目前京东、顺丰、DHL等国内外多家物流企业已开始进行商业测试，预计无人机将成为特定区域未来末端配送的重要方式。3D打印技术尚处于研发阶段，目前仅有亚马逊、UPS等具备相关技术。

1. 无人机技术

无人机技术已经成熟，主要应用于人口密度相对较小的区域，中国企业在该项技术领域中具有领先优势，且政府政策较为开放，制定了相对完善的无人机管理办法，国内无人机即将进入大规模商业应用阶段。2013年以来，各行业内的领军企业纷纷启动无人机项目。自2013年至今，亚马逊的无人机技术已经过多次升级。2017年，京东成立无人机运营调度中心标志着无人机在国内已基本可进行大规模商用。未来，无人机在载重、航时等方面将会不断取得突破，感知、规避和防撞能力有待提升，软件系统、数据收集与分析处理能力将不断提高，应用范围将更加广泛。

领先实践1　亚马逊

2013年，亚马逊启动无人机项目，由亚马逊"下一代实验室"主导，进行无人机项目研发阶段，已实现高效、无人化配送，进一步向亚马逊全自动化运营的目标迈进。2016年，通过收购某计算机团队，亚马逊完成了针对无人机的视觉系统的升级，实现了对降落环境的监测,保证了降落准确度。至今,亚马逊已提出无人机"多层次运营中心"等多项无人机相关专利申请。经过多年酝酿,2016年,亚马逊在英格兰启动无人机送货项目,并成功送出第一单。2017年,亚马逊的无人机送货部门Prime Air在美国公开亮相,并首次对外发布亚马逊无人机产品。

领先实践2 京东

京东重资布局无人机,开发多款无人机产品,建设无人机调度中心,已初步实现无人机商用,未来将依托无人机,基本实现对我国农村地区的物流全覆盖。京东是目前市场上无人机技术应用领先的企业之一。经过多年研发,京东在飞行控制、主动避障、智能化和集群飞行等方面有了大量技术积累。2016年,京东成功设计了VTOL(垂直起降)固定翼无人机等多款载重5~10kg不等的无人机。2017年,京东加大对无人机的研发投入,在西安成立了西北无人机研发中心。

领先实践3 DHL

2013年年末,DHL启动无人机研发项目,以应对日益增长的人工成本,并实现在高成本地区一天24小时、一周7天收发快递。同年,DHL研发出第一代无人机,该无人机的起降运动尚需人工遥控,DHL成功利用无人机Paketkopter将波恩药房的一个药品包裹运送至一公里外的DHL总部。经过研发测试,2016年年初,DHL在德国巴伐利亚州试验其无人机交付项目,共成功递送超过130个包裹,使其成为全球第一家利用无人机技术为客户提供快递服务的企业。

领先实践4 顺丰

顺丰的无人机项目在2012年已经立项,通过组建研发团队、入股领先企业等方式,积累了相关技术。为应对中西部、三四线城市机场数量较少,山脉纵横,路网基础较差,难以实现快速公路转运的问题,顺丰提出了物流无人机设想,无人机物流成为顺丰的重点发展战略之一。2013年,顺丰内测"无人机快递"服务。2015年,顺丰入股智航无人机,这加快了顺丰无人机领域研发的布局。2017年上半年,顺丰自研的Manta Ray垂直起降固定翼无人机问世。截至2017年2月,顺丰在无人机领域中申报和获得的专利数量达111项。顺丰通过投资、自研等多种方式,成功构建了无人机研发体系。

2. 3D打印技术

3D打印技术将为物流行业带来颠覆性的变革,但当前该技术仍处于研发阶段,美国Stratasvs和3D Systems两家企业占据着绝大多数市场份额。未来的产品生产至消费将是"城市内3D打印+同城配送"的模式,甚至是"社区3D打印+社区配送"的模式。物流企业需要通过3D打印网络的铺设,实现定制化产品在离消费者最近的服务站点生产、组装与末端配送。

领先实践 1　亚马逊：提前进行 3D 打印技术研发

2014 年，亚马逊开设了 3D 打印商店，可为购物者提供 200 种以上的产品，并与总部位于辛辛那提的 3DLT 和位于布鲁克林的 Mixee 实验室签署了协议，进行 3D 打印技术的研发。通过 3D 打印商店，用户可以提交他们创造的个性化产品，产品品类包括耳环、摇头玩具等。通过 3D 预览强化用户体验，并打印出用户定制的产品，最终由亚马逊进行配送。2015 年，亚马逊提交的一项专利显示，其将把静态的 3D 网络变为动态的 3D 系统，消费者下单后，亚马逊将通过信息系统把指令发送给离消费者最近的 3D 打印车，并在车辆向消费者行驶的途中进行产品 3D 打印与组装，并最终产品送达消费者。

领先实践 2　UPS：与领先 3D 企业合作，拓展商业服务

2015 年，UPS 推出了一项额外服务——为寄包裹的顾客提供现场 3D 打印服务，目前这项服务已基本覆盖整个美国，同时，UPS 与厂商合作推出定制化产品服务。例如，为消费者提供定制高尔夫球杆。UPS 在其位于美国肯塔基州路易斯维尔市的大型车间装配了上百台工业 3D 打印机，当消费者下单后，UPS 收到任务，把订单交给 3D 打印机完成，在产品打印和组装完成后，再配送给消费者。

（四）末端技术

末端技术主要指智能快递柜，目前已实现商用。这项技术是各方布局的重点，但受成本与消费者使用习惯等方面的限制，未来发展存在不确定性。

智能快递柜技术已较为成熟，在一二线城市得到推广，包括蜂巢、速递易在内的一批快递柜企业已经出现，但当前快递柜仍然面临着使用成本高、便利性智能化程度不足、使用率低、无法当面验货、盈利模式单一等问题。

领先实践 1　菜鸟

菜鸟已经掌握上游商品数据、快递企业数据、快递员数据等，但由于缺乏末端用户的一部分数据，导致数据闭环不够完整。2016 年，菜鸟与格格货栈合作，格格货栈加入菜鸟网络全国快递自提柜服务平台。2017 年 6 月，菜鸟携手中国邮政、上海复星共同投资智能快递柜企业——速递易。投资快递柜企业，有利于菜鸟切入末端市场。切入末端市场后，菜鸟可及时获取缺失的末端用户数据信息，从而能够统一调配相关仓储、物流资源等，最终实现物流资源社会化的目标。未来，菜鸟将进一步整合快递柜数据资源，利用数据信息进一步提高物流效率。

领先实践 2　顺丰

2012—2014 年，顺丰曾尝试进入末端快递柜市场，在全国各地累计投放超过 5000 个顺丰储物柜。为了掐住包裹的入口，进而控制末端服务和数据，2015 年 6 月，基于自身的储物柜资源，顺丰联合申通、中通、韵达、普洛斯发布公告，共同投资创建深圳市丰巢科技有限公司，共同研发运营"丰巢"智能快递柜。截至 2017 年 6 月，丰巢已投放超过 5 万个快递柜，日均承接超过 300 万件包裹的配送。

（五）智慧数据底盘技术

数据底盘主要包括物联网、大数据分析及人工智能三大领域。物联网技术与大数据分析技术目前已相对成熟，在电商运营中也得到了一定应用；人工智能技术相对薄弱，是未来各电子商务企业研发的重点。物联网技术与大数据分析技术互为依托，前者为后者提供部分分析数据来源，后者将前者数据进行业务化，而人工智能技术则是大数据分析技术的升级。三者既是未来智慧物流发展的重要方向，也是智慧物流能否进一步迭代升级的关键。

1. 物联网技术

物联网的概念已被广泛熟知，受终端传感器高成本的影响，二维码已成为现阶段物联网技术的主要载体，技术的阶段性突破将不断促进物联网的发展。长期来看，低成本的传感器技术将实现突破，RFID 和其他低成本无线通信技术将成为未来应用的方向。预计物联网技术未来在物流行业中将得到广泛的应用。目前，国内已出现专注发展智慧物流的领先企业如汇通天下（G7）。

物联网技术在物流中的应用场景主要有以下几个。

（1）产品溯源

通过传感器能够追溯农产品从种植、运输到交付环节的所有信息，具体包括种植条件、农药使用、农产品品质、运输温度等。同时，通过传感器记录货物从发出到接收过程中的所有步骤，可确保信息的可追溯性，从而避免包裹丢失、错误认领事件的发生。

（2）冷链控制

通过车辆内部安装的温控装置，可对车内的温度、湿度情况进行实时监控，确保货物全程保鲜。

（3）安全运输

通过设备对司机、车辆状态信息进行收集，及时发现司机疲劳驾驶、车辆超载或超速等问题，提早警报，预防事故的发生。

（4）路由优化

通过在车辆上安装的信息采集设备，可以采集运输车辆的情况、路况、天气等信息，之后将这些信息上传给信息中心，信息中心经过系统分析后对车辆进行调度。

2. 大数据分析技术

大数据分析技术已经成为众多企业重点发展的新兴技术，多家企业已成立相应的大数据分析部门或团队，以进行大数据分析、研究和应用。未来，各企业将进一步加强物流和商流数据的收集、分析与业务应用。

大数据分析技术在物流中的应用场景主要有以下几个。

（1）需求预测

通过收集用户的消费特征、商家历史销售等数据，利用算法提前预测消费需求，前置仓储与运输环节。

（2）设备维护预测

通过物联网的应用，在设备上安装芯片，可实时监控设备运行数据，并通过大数据分析做到预先维护，延长设备的使用寿命。例如，沃尔沃，通过在物流车辆设备上安装芯片，以实现数据分析，进而对车辆进行提前保养。

（3）供应链风险预测

通过对异常数据的收集，对贸易风险、不可抗因素造成的货物损坏等风险进行预测。

（4）网络及路由规划

利用历史数据、时效、覆盖范围等构建分析模型，对仓储、运输、配送网络进行优化。例如，通过对消费者数据的分析，提前在距离消费者最近的仓库进行备货。甚至可实现实时路线优化，指导车辆采用最佳路线进行跨城运输与同城配送。

3. 人工智能技术

除图像识别外，其他人工智能技术距离大规模应用仍有一段时间。

人工智能技术在物流中的应用场景主要有以下几个。

（1）智能运营规则管理

未来将会通过机器学习，使运营规则引擎具备自习能力和自适应的能力，能够在感知业务条件后进行自主决策。例如，未来人工智能将可根据不同条件自主设置订单生产方式、交付时效、运费、异常订单处理等运营规则，实现人工智能处理。

（2）仓库选址

人工智能技术能够根据现实环境的种种约束条件，如顾客、供应商和生产商的地理位置、运输经济性、劳动力可获得性、建筑成本、税收制度等，进行充分的分析与设计，从而给出最佳的选址模式。

（3）决策辅助

利用机器学习等技术自动识别场院内外的人、物、设备、车的状态，以及学习优秀的管理和操作人员的指挥调度经验和决策等，逐步实现辅助决策和自动决策。

（4）图像识别

利用计算机图像识别、地址库和卷积神经网提升手写运单机器有效识别率和准确率，大幅度减少人工输入的工作量和出错可能。

（5）智能调度

通过对商品数量、体积等基础数据进行分析，对各环节如包装、运输车辆等进行智能调度，如通过测算百万 SKU 商品的体积数据和包装箱尺寸，利用深度学习算法技术，由系统智能地计算并推荐耗材和打包排序，从而合理安排箱型和商品摆放方案。

智慧数据底盘领先实践 1　京东

依托青龙、玄武等五大系统，打造数据化运营能力。京东从 2012 年推出第一代青龙系统开始，由 CTO（首席技术官）办公室下属运营研发部负责，每年对青龙系统进行迭代，截至 2016 年，京东已将青龙系统迭代升级至第六代——青龙智慧物流系统。依托青龙智慧物流系统，京东实现了对平台商流、物流的全面掌握。

项目五 电子商务物流信息管理

智慧数据底盘领先实践 2　菜鸟

依托自身商流、合作伙伴数据流优势，专注物流预测，促进物流效率提升。相关数据显示，截至 2015 年 11 月，中国超过 70%的快递包裹、数千家国内外物流、仓储企业及 170 万名物流及配送人员在菜鸟数据平台上运转。2013 年菜鸟网络成立后，原阿里巴巴物流事业部与菜鸟网络整合，物流数据平台被打通，物流预警雷达系统升级改造，新增了区域和网点预测等诸多功能。这些数据将帮助电商平台和快递企业做出相关决策。

任务小结

通过对智慧物流含义的掌握，了解智慧物流发展的驱动因素，特别是了解仓内技术、干线技术、最后一公里技术、末端技术领域的最新技术发展及应用，准确把握我国智慧物流的发展趋势及方向。

案例分析

宅急送物流管理信息系统的应用

宅急送是中日合资的全国性专业包裹快递公司，于 1994 年创立，目前已在全国拥有几千个经营网点，覆盖全国 2000 多个城市和地区；其分别在华北、华东、华南、华中、东北、西北、西南设有 7 个物流基地，40 个运转中心，75000 平方米的配送中心，同时拥有 42 个航空口岸，360 条航线，近 1500 个航班，620 条物流班车线。依托成熟的快递运输平台，宅急送每年进出港货物逾亿件，真正做到了物畅其流，货通天下。

2000 年，随着业务范围的扩大和业务量的增加，宅急送原有的管理系统和业务处理方式已经不能适应业务扩展和企业战略调整的需要，存在的问题包括：公司决策层无法及时了解各经营网点和分公司的业务状况，影响了公司的管理和决策；异地业务使通信费用占整体成本的比例过高；统计中心业务量过大，同时也无法保证数据的准确性；不能满足客户对货物跟踪的新需求；等等。

为了解决业务中存在的大量问题，宅急送从 1999 年开始建设 MIS（管理信息系统），2002 年该系统投入使用，并且 MIS 的功能一直在不断地改进和完善。2003 年，宅急送实现了对数据的统一管理，这对企业信息化发展来说是至关重要的。2004 年，宅急送使用了条形码采集器，2005 年自主开发了很多信息化系统。例如，仓储管理系统（WMS）、移动资源管理系统（MRM）、路由资源管理系统（RRM）、客户操作管理系统（COM）、客户关系管理系统（CRM）、人事管理系统（HR）、资产管理系统（AMS）、采购管理系统（PMS）等。

案例思考

1．宅急送应用了哪些管理信息系统？
2．宅急送物流信息系统的业务操作流程是怎样的？

项目六 电子商务物流服务与成本管理

【项目描述】

以服务为宗旨的物流行业,必须将客户放在首位。对电子商务行业而言,根据消费者的需求将商品进行分拣,然后进行包装运输,保证货物的质量,更好地满足消费者的需求,从而提高企业效益和工作效率。随着电子商务的普及,电子商务企业的物流成本呈现出上升趋势。电子商务物流具有多品种、小批量、多批次、短周期的特点,很难单独考虑经济规模,因而电子商务背景下的物流成本明显增加,也正因如此,物流成本被称为电子商务企业的"第三利润源泉",电子商务企业对物流成本的管理也比以往任何时候都显得迫切和重要。

本项目共设置了两个学习任务:电子商务物流服务管理及电子商务物流成本管理。通过了解电子商务物流服务的含义及内容,分析我国电子商务物流服务的发展现状及趋势,进而掌握电子商务物流服务快速发展的对策。通过对电子商务物流成本的分析,了解物流成本管理的目的及意义,重点掌握电子商务物流成本控制的途径。

项目六 电子商务物流服务与成本管理

任务一 电子商务物流服务管理

任务导入

亚马逊的物流促销，成了电子商务行业的经典案例。与国内企业深度介入物流运输环节不同，亚马逊的配送环节全部外包。美国境内部分外包给美国邮政和UPS，国际部分外包给基华物流、联邦快递等。亚马逊如何加强对物流环节的掌控呢？答案就是大规模建设物流中心。物流中心除为亚马逊自己的货物提供收发货、仓储周转服务外，也为在亚马逊网站上代销的第三方卖家提供物流服务。通过物流中心，亚马逊将分散的订单需求集中起来，再对接UPS、基华物流等规模化物流企业，以发挥统筹配送的规模效应。

任务分析

亚马逊模式的核心，是用物流中心聚合订单需求，以对接大型物流企业，发挥规模效应，降低物流成本。亚马逊物流中心是典型的电子商务物流中心，可提供采购、仓储、配送、流通加工、包装等多种物流服务。

一、电子商务物流服务概述

（一）电子商务物流服务的含义

20世纪90年代以后，信息技术的发展使得商务活动快速发展，电子商务崭露头角。在电子商务企业的竞争中，物流服务成为尤为重要的因素，如果能够将配送的速度提升一倍，将是服务上的质的飞跃。电子商务物流服务是企业在电子商务背景下，为了满足并服务客户（包括内部客户和外部客户）的物流要求，所开展的一系列物流活动。需要注意的是，物流服务本身并不创造产品的形式效应，而是创造产品的空间效应和时间效应。

物流服务的质量已经成为电子商务企业提高客户满意度、忠诚度，并进一步改进其服务质量的一种重要手段。因此，相对于传统物流服务，电子商务物流服务的要求更加多样化。

（二）电子商务物流服务的构成

从时间角度划分，电子商务物流服务的构成要素可以分为交易前要素、交易要素和交易后要素三大类。

1. 交易前要素

交易前要素是指在交易发生之前企业为客户提供的各种服务,主要包括物流服务政策的制定和宣传、应急服务计划的制订、物流服务组织机构的创建及为客户提供的培训等。这些要素是保证交易成功的基础。

2. 交易要素

交易要素是指在产品运送的过程中企业为客户提供的各种服务。它是所有服务要素中最重要的部分,是企业制定物流服务目标的基础,主要包括产品可得性、订货周期、服务系统的准确性、订货便利性、替代品计划等。

3. 交易后要素

交易后要素是指在产品售出或送达之后,企业根据客户需要提供的各种后续服务,主要包括产品售后服务支持、产品跟踪、客户退货渠道等。

二、电子商务物流服务管理的内容

(一)电子商务采购与库存服务

1. 电子商务采购服务

在 B2B 电子商务中,电子采购是其核心功能,已成为目前市场上企业进行采购的主要形式。B2B 是指企业与企业之间的营销关系,B2B 网站是指提供企业对企业间电子商务活动平台的网站。

2. 电子商务库存服务

物流企业业务活动的每一项工作都离不开库存,库存作为具有巨大利润潜力的环节,被称为企业的"第三利润源"。因此,库存管理越来越为物流企业经营管理者所重视。电子商务背景下的库存与其他各个服务环节一样,都具有信息化和网络化的特点,常用的库存管理方法有供应商管理库存、联合库存管理、第三方库存管理及 CPFR 管理等。

(二)电子商务运输与配送服务

1. 电子商务运输服务

对于电子商务物流来说,运输是物流活动的重要环节。无论是电子商务企业自营物流还是第三方、第四方物流,都必须坚持贯彻及时性、准确性、经济性、安全性的基本原则,对整个运输过程所涉及的物品的发送和接运及物品的中转等,进行合理组织和平衡调整,并监督实施情况,以达到提高物流效率、降低物流成本的目的。

2. 电子商务配送服务

电子商务的出现和发展,给物流配送服务提出了许多新的要求,企业必须结合电子商务的特征,制定有效的配送服务方案,保证电子商务业务的顺利进行。在电子商务背景下,少批量、多批次的配送要求配送服务的提供者能够对上、下游的配送需求快速做出反应。

(三)电子商务包装与流通加工服务

1. 电子商务包装服务

在社会生产的过程中,商品包装处于生产过程的末尾和物流过程的开端。传统的生产观念认为商品包装是生产过程的最后一个环节,所以在实际的生产过程中,商品包装的设计都是从生产的角度来考虑的,但是这样的包装并不能满足物流的需要。

2. 电子商务流通加工服务

流通加工是在物品从生产领域向消费领域流动的过程中,为了促进销售、维护产品质量、提高物流效率,对物品进行加工,使物品发生物理、化学或形态的变化。流通加工服务是流通中的一种特殊形式。

(四)电子商务逆向物流服务

对电子商务企业而言,逆向物流管理是否有效决定着其是否能在激烈的市场竞争中生存下去。由于电子商务的网络虚拟性,电子商务的发展离不开逆向物流的支持,逆向物流和电子商务的融合已经成为不可逆转的发展趋势。电子商务背景下的逆向物流主要是指退货逆向物流,即买家将不符合其订单要求的产品退回给卖家,实施逆向物流的关键是要充分考虑到在互联网环境下如何制定好退货政策和处理好商品退货的问题。

三、发展电子商务物流服务的对策

1. 提高全社会对电子商务物流的认识

加强现代电子商务和物流理论的研究,吸收国外先进的思想、理论和技术,加快我国电子商务物流发展的步伐。同时把电子商务与电子商务物流放在一起进行宣传,电子商务是商业领域中的一次革命,把发展社会电子商务物流系统安排到日程上来。

2. 加强政府宏观指导和政策调控

电子商务的兴起对物流业提出了更高的要求:快捷的物流速度,广阔的配送范围,较强的反应能力,更高的服务水平。物流正在向自动化、信息化、网络化、个性化和柔性化的方向发展。政府在电子商务物流发展过程中将扮演着十分重要的角色,对电子商务物流的发展有着举足轻重的影响。作为发展中国家,我国的物流业起点低,政府应尽早构建顺畅的物流体系,完善物流运作标准及相关政策,促进我国物流业尤其是电子商务物流的快速发展。

3. 加强人才培养

目前国内已有不少部门和大专院校设立了专门的电子商务及物流研究机构或科研项目。物流业是一个系统工程，只有在统一协调、科学规划的指导下，按照系统发展的要求开展技术、经济和管理等专业化的研究，才能使我国物流业快速、健康、有序地发展，为此政府部门要做好组织工作。以大专院校为基地，加大物流管理技术知识的普及、宣传力度和电子商务物流人才的培养力度。

4. 加快物流信息系统建设

现代物流业的发展离不开现代信息技术。现代信息技术和网络技术是现代物流体系的重要组成部分，也是提高物流服务效率的重要技术保障。企业要舍得在信息技术方面加大投入，真正使信息成为企业物流管理和发展的重要基础。

5. 大力发展第三方物流

电子商务有多种物流模式可供选择，电子商务企业必须根据自身情况选择合适的模式方可实现较快发展。大力发展第三方物流，提高物流的社会化、专业化程度。大力发展第三方物流可使电子商务企业将有限的人力、物力和财力集中于核心业务，实现资源优化配置。

6. 建立良好的物流配送体系

在我国，影响和制约电子商务物流规模发展的首要问题是如何获得物流配送体系的支持。没有物流配送体系的支持，商品不能及时送到消费者手中，电子商务就失去了发展的基础。建立良好的物流配送体系可从搞好共同物流配送着手。共同物流配送是指为了实现物流合理化，将多个货主的货物或商品集中在一起，使用一个物流配送系统进行统一配送。

 任务小结

重点掌握电子商务物流服务管理的相关知识，包括电子商务物流服务的含义、构成及特点。同时，掌握电子商务采购与库存服务、运输与配送服务、包装与流通加工服务、逆向物流服务的服务内容，掌握发展电子商务物流服务的对策。

任务二　电子商务物流成本管理

 **任务导入**

目前，我国电子商务行业迅猛发展，随着市场竞争的不断深化和加剧，电子商务物流

被提到了前所未有的高度，企业间的竞争已由传统的依靠节约原材料、提高劳动生产率转向构建高效的物流体系，现代物流已成为企业发展的"第三利润源泉"。电子商务企业要想在激烈的竞争中获胜，就必须要降低各个环节的成本，尤其是物流成本。所以，电子商务物流成本的重要性日益被企业所重视。

 任务分析

随着互联网的迅速发展，电子商务行业的规模正在逐步扩大，并深入到了社会经济生活的各个领域。而作为企业盈利和发展的关键因素，成本管理同样是电子商务企业管理的重要内容。与传统企业的成本管理相比，电子商务企业的物流成本管理具有独特的管理特点和方法。

一、物流成本概述

（一）物流成本的含义

电子商务物流成本是指在进行电子商务物流活动过程中所发生的人力、财力和物力耗费的货币表现，是衡量电子商务物流经济效益高低的一个重要指标。物流成本包括产品在包装、运输、储存、装卸搬运、流通加工、物流信息、物流管理等过程中所耗费的人力、物力和财力的总和及与存货有关的资金占用成本、物品损耗成本、保险和税收成本。

（二）物流成本的构成

物流成本贯穿于企业经营活动的全过程，包括从原材料供应一直到将商品送达消费者手中所发生的全部物流费用。物流成本按不同标准有不同的分类，按产生物流成本主体的不同，可以分为企业自身物流成本和委托第三方从事物流业务所发生的委托物流费。如果按物流的功能划分，可以对物流成本做如下分类。

（1）运输成本

主要包括人工费用，如运输人员的薪资等；营运费用，如营运车辆燃料费、折旧、公路运输管理费等；其他费用，如差旅费等。

（2）仓储成本

主要包括建造、购买或租赁等仓库设施设备的成本和各类仓储作业带来的成本。

（3）流通加工成本

主要有流通加工设备费用、流通加工材料费用、流通加工劳务费用及其他。

（4）包装成本

主要包括包装材料费、包装机械费、包装技术费、包装人工费等。

（5）装卸与搬运成本

主要包括人工费、资产折旧费、维修费、能源消耗费以及其他相关费用。

（6）物流信息和管理成本

包括企业为物流管理所发生的差旅费、会议费、交际费、管理信息系统费及其他杂费。

二、物流成本管理概述

（一）物流成本管理的含义

物流成本管理是指通过成本去管理物流，即管理对象是物流而不是成本。它是一种以成本为手段的物流管理方法。而电子商务物流成本管理就是以现代通信为基础，应用现代信息技术对物流成本所进行的计划、组织、指挥、协调、控制和决策。在以互联网和现代通信技术为基础的环境下，人们可以通过电子商务物流成本的管理对物流成本进行实时监控，同时可以通过对物流成本进行模拟来降低物流成本、提高物流效率和经济效益。

（二）物流成本管理的内容

物流成本管理的内容包括物流成本预测、物流成本决策、物流成本预算、物流成本核算、物流成本分析、物流成本控制和物流成本信息反馈等方面。

物流成本预测，就是指依据物流成本与各种经济技术因素的依存关系，结合发展前景及采取的各种措施，利用一定的科学方法，对未来一段时间内的物流成本水平及其变化趋势做出科学的预测。

物流成本决策，就是根据物流成本分析与物流成本预测所得的相关数据、结论及其他资料运用定性与定量的方法，选择最佳方案的过程。

物流成本预算，就是根据物流成本决策所确定的方案、预算期的物流任务、降低物流成本的要求以及有关资料，通过一定的程序，运用一定的方法，以货币形式规定预算期物流各环节耗费水平和成本水平，并提出保证成本预算顺利实现所采取的措施。

物流成本核算，就是根据企业确定的成本计算对象，采用相应的成本计算方法，按照规定的成本项目，通过一系列物流费用的汇集与分配，从而计算出各物流环节成本计算对象的实际总成本和单位成本。

物流成本分析，就是在成本核算及其他有关资料的基础上，运用一定的方法，揭示物流成本水平的变动，进一步查明影响物流成本变动的各种因素。物流成本分析的主要目的是在实现既定的服务水平的条件下降低企业的物流成本，提高企业的竞争能力。

物流成本控制，就是采用特定的理论、方法等对物流各环节发生的费用进行有效的计划和管理，以达到预期的成本控制目标。

物流成本信息反馈，就是收集有关物流数据和资料并提供给决策部门，使其掌握情况，加强成本控制，保证预期成本控制目标的实现。

(三)物流成本管理的目的及意义

对于电子商务企业而言,无论是企业自营物流还是物流业务外包,如何对自身物流资源进行优化配置,如何对物流和快递企业进行控制与管理,以期用最小的成本带来最大的效益,是它们所面临的重要问题。物流成本管理的意义在于,通过对物流成本的有效把握,利用物流要素之间的效益背反关系,科学、合理地组织物流活动,加强企业对物流活动过程中费用支出的有效控制,从而达到降低物流总成本,提高企业和社会经济效益的目的。通过物流成本管理,可以有效地对物流成本进行实时监控,创造"第三利润泉",同时,可以有效地对物流过程进行模拟,协调各方面物流成本的关系,降低物流总成本。

三、电子商务物流成本控制途径

作为21世纪的主流贸易手段,电子商务已经逐渐深入社会经济生活的各个领域。对物流成本的管理在电子商务活动中显得尤为重要,良好的物流体系的建立,应该被看作电子商务企业的核心业务之一。相应地,全面的物流成本管理系统的构建,也应逐渐成为电子商务成本管理的重心之一。物流成本被称为电子商务经营企业的"第三利润源泉",而对物流成本的管理也比以往任何时候都显得迫切和重要。

(一)电子商务背景下物流成本管理应考虑的因素

1. 物流总成本最低

从物流系统的观点来看,运输成本与服务质量是十分重要的。运输成本是指为两个地理位置间的运输所支付的款项,以及行政管理和与运输中与存货有关的费用。服务质量的内容则包含很广,如运输速度、送货的准确性、良好的信誉等。然而,服务质量的增加必然会导致运输成本的增加,反之亦然。而物流系统的设计应该考虑如何将物流系统总成本降到最低。

2. 电子商务消费者的地区分布

电子商务的消费者在地理分布上十分分散,要求配送的地点也不集中,而物流网络又没有互联网那样广的覆盖范围,因此难以经济合理地组织送货。所以电子商务企业在构建物流系统时必须充分考虑其电子商务消费者的地区分布,避免不必要的浪费,从而降低企业整体物流成本。

3. 库存控制系统的设计

电子商务企业在设计物流系统时,应当充分考虑企业的库存控制系统,努力寻求两者的最佳结合点。企业既要通过仓储保证市场分销活动的开展,又要尽可能降低库存占压的资金,减少库存成本。

4. 物流信息系统的建立

在电子商务活动中，可以利用物流信息系统来模拟实际库存，通过建立需求数据自动收集系统在供应链的不同环节中利用 EDI 系统交换数据；建立基于互联网的内联网，为客户提供 Web 服务器，便于数据实时更新和浏览查询；与下游的经销商、物流服务商共用数据库并共享库存信息等，在并不降低服务水平的同时尽量降低实物库存水平。

（二）降低电子商务物流成本的途径

1. 从物流运作全过程的视角来降低物流成本

在追求本企业的物流效率化的同时，还应该考虑从产品制成到终端客户整个物流供应链过程的物流成本，即物流设施的投资或扩建与否要视整个流通渠道的发展和要求而定。此外，还应该协调好本企业与其他企业，如上游配套件供应商及第三方物流之间的关系，如客户和运输公司，以提高整个物流运作过程的效率。

2. 借助现代信息系统的构筑来降低物流成本

提高企业间交易的效率，必须借助于现代信息系统的构筑，尤其是利用互联网等高新技术来完成物流全过程的协调、控制和管理，实现从网络前端到终端客户的所有服务。通过现代物流信息技术将企业订购的意向、数量、价格等信息在网络上进行传输，从而使生产、流通全过程的企业或部门分享由此带来的利益，从整体上控制物流成本。

3. 通过削减退货来降低物流成本

退货成本也是电子商务企业物流成本中一项重要的组成部分，它往往占有相当大的比例。退货会产生一系列的物流费用、退货商品损伤或因滞销而产生的费用及处理退货商品所需的人工费等各种事务性费用。控制退货成本，建立物流信息系统是非常重要的。通过物流信息系统可以及时掌握客户的需求，进而不断调整企业的产品生产量和产品种类。

4. 通过采用第三方物流来降低物流成本

将物流、配送业务外包给第三方应该说是电子商务企业组织物流的一种较为理想的模式。按照供应链的理论，将核心业务之外的业务外包给从事该业务的专业公司去做，这样从原材料供应到产品的销售等各个环节的各种职能，都是由在某一领域具有专长或核心竞争力的专业公司相互协调完成，这样形成的供应链具有很强的竞争力。这种模式在减少库存、降低物流成本和创造物流附加值方面可谓是达到了物流管理的最高境界。

 任务小结

重点掌握电子商务物流成本管理的相关知识，包括电子商务物流成本的含义、构成及分类，以及物流成本管理的含义、内容及意义。同时，在明确电子商务物流成本影响因素的基础上，提出降低电子商务物流成本的途径。

 案例分析

京东的物流成本控制

京东的仓储成本控制主要体现在即时库存管理和精细化库存管理两个方面。第一，京东采用大数据、云计算、数据挖掘等先进技术预测客户需求，提前规划库存量，降低库存成本。通过即时库存管理，京东提高了库存周转率，缩短了供应链的账款回收期，也降低了供应商的成本，增强了自身的议价能力。第二，京东对"货品摆放—订单拣货—货品分拣—订单开票—出库包装"实行精细化管理。根据商品的畅销程度对库存商品进行摆放，确保畅销的商品放置于较短的作业范围之内；商品的摆放同时遵循一定的顺序，方便拣货。拣货完成之后，分拣人员按照电子商务订单进行分拣作业，确保商品校验、开票、包装、出库等每个环节都尽可能地减少资源耗费。

京东通过自营物流体系和第三方物流的方法对配送成本进行控制。随着我国电子商务交易量迅速增长，物流配送成本也快速上升。早在2009年，京东就开始自营物流，2011年，京东在其主要客户相对集中的城市开工建设7个一级物流作业中心和25个二级物流作业中心，并在上海组建了总面积26万平方米的"亚洲一号"物流中心。物流支撑体系的建设显著提升了京东的订单处理能力、物流配送效率，提高了客户满意度，打造了京东的电子商务品牌。通过自营物流体系，京东得以对物流成本进行控制，合理规划物流线路，提升物流服务水平。

第三方物流可以弥补自营物流覆盖范围有限的缺点，可以帮助京东扩展偏远地区的电子商务市场。但第三方物流存在服务标准不可控、服务质量不高、配送效率低下等问题，如果不加以严格控制会影响企业声誉和形象，增加企业成本。京东通过严格的筛选机制，成立物流联盟，严格监督第三方物流服务质量。随着偏远地区的电子商务业务量逐渐扩大，京东的议价能力不断增强，第三方物流配送成本得以降低。

 案例思考

京东通过哪几个方面进行物流成本控制？

项目七 电子商务背景下的物流模式

【项目描述】

　　随着电子商务行业竞争日益激烈,物流已经成为电商巨头们打造的新的核心竞争力。电子商务企业需要根据自身的特点选择合适的物流模式。如果物流模式选择不当,会给电子商务企业的发展带来阻力,影响企业的发展。我国电子商商务物流模式主要有自营物流、第三方物流、第四方物流、物流联盟等,但主流方式有两种:以京东为代表的自营物流模式以及以天猫为代表的第三方物流模式。这两种物流模式各有其特点,对电子商务企业的影响也有所不同。

　　本项目共设置了五个学习任务:电子商务背景下的自营物流、电子商务背景下的第三方物流、电子商务背景下的第四方物流、物流联盟、电子商务物流模式选择。通过分析不同电子商务物流模式的含义及优缺点,重点掌握物流模式的选择方法。

项目七 电子商务背景下的物流模式

任务一 电子商务背景下的自营物流

任务导入

继京东、凡客等自营物流的模式被业界认可后，诸如好乐买等一类垂直电子商务企业也开始自营物流。在这样的现实下，第三方物流企业的配送能力只能勉强跟得上电子商务企业的发展步伐。在社会化电商平台上，中小卖家的数量众多，处于发展期的中小卖家对于第三方物流的价格敏感度很高。这样一来，第三方物流企业一方面要负担整个社会不断增加的订单需求，另一方面，由于价格竞争激烈，第三方物流企业不能轻易提价。在这样的现实下，第三方物流企业较低的服务水平，就会被很多 B2C 企业和品牌商所诟病。淘宝上最初的配送产品是小件产品，第三方快递公司也是依托派送小件产品起家的。但是像京东商城、库巴这样的企业是以 3C、家电类产品为主的，第三方快递很难提供大件产品的配送，再加上配送成本极高，因此自营物流其实是京东商城、库巴等电子商务企业不得已的选择。

任务分析

随着电子商务的发展和日益成熟，物流服务成为各大电子商务企业强有力的竞争筹码，众多电子商务企业打破传统快递的牢笼，通过自营物流为自身业务提供了有力的支持。但任何事情都有两面性，自营物流在给企业增强优势的同时，也会给企业带来一些负面影响。

一、电子商务自营物流概述

近些年来，电子商务企业发展迅速，没有一个高效、合理、畅通的物流体系作为支撑电子商务就难以发挥其便捷与低成本的优势。自营物流是指企业自身投资建设物流的运输工具、储存仓库等基础硬件，经营管理企业的整个物流运作过程。电子商务自营物流是由电子商务企业自己经营的物流，其主要目的是支持本企业的业务发展，而非盈利。

从世界电子商务企业发展来看，自营物流始于亚马逊。亚马逊凭借其较高的 IT 技术水平，投入巨资兴建物流体系，除满足自身物流需求外，还为其他企业提供供应链管理服务，这种模式已经成为中国电子商务企业的发展方向之一。

随着中国电子商务市场的不断扩大,电子商务企业不断发展壮大,加之多轮融资为自营物流提供了有力的资金支持,以及第三方物流的服务落后,自营物流已经成为大型电子商务企业的核心竞争力。电子商务企业自营物流当前排名在前的头部企业主要包括京东物流、苏宁物流、海尔旗下的日日顺物流、美的旗下的安得物流、国美旗下的安迅物流及唯品会旗下的品骏物流等。在第三方物流企业无法满足电子商务企业对于物流的服务时效、成本、质量、规模、体验、用户黏性和退换货衔接等高标准要求时,电子商务企业通过构建自营物流,大幅提升终端消费者的消费体验。

京东物流属于典型的重资产物流服务模式,虽然也有一些地区的物流仓储设施采用了租赁模式,但物流服务网络基本上是以投资自建为主。京东在全国建设了大量仓储设施作为智慧物流服务网络的节点,末端配送也以自营为主体,干线运输以社会资源为主体,也有部分自有车辆。在这一模式中,京东物流重点把控的是设施、技术、配送。以自建的物流基础设施为平台,结合自有的物流技术和设备,对接电商平台,为消费者提供高效快捷的物流配送服务。目前这一系统也面向社会开放,但运营主体不变,是典型的平台自建和运营的服务模式

二、电子商务自营物流的优劣势

(一)电子商务自营物流的优势

1. 降低物流成本,提升物流服务水平

目前,就国内第三方物流企业来看,规模小、服务功能单一、物流资源分散,这种物流模式往往是高成本的。电子商务与传统商务活动的一个主要区别,就是它突破了地域的限制。电子商务企业的业务范围通常很大,覆盖全国甚至全世界。但是,相比较而言,业务覆盖全国、能够提供一体化综合物流服务的第三方物流企业,在国内却是少之又少。电子商务企业被迫与不同地域、不同物流服务功能的众多第三方物流企业合作,不可避免地会造成较高的交易成本和管理成本。然而,电子商务企业通过自营物流则可以避免上述问题的出现。因此,为了更好地控制物流成本,各大电子商务企业纷纷开始自营物流。

2. 增加电子商务企业的主控性

通过自营物流,电子商务企业不仅拥有了强大的物流管理信息系统,而且拥有了自己的配送车辆和配送人员。通过信息的即时传递和对配送人员的严格管控与激励,企业可以随时掌握发出货物的具体位置,并能准确把握货物送达的具体时间,不仅极大地提升了配送的效率,而且极大地提高了消费者的满意率。并且,自营物流的电子商务企业可以通过自有的物流资源进行新业务的推广和品牌的宣传,对已购用户进行二次营销,提升再次购买的可能性及用户黏性,而在这方面,第三方物流公司则无法完全满足。因此,电子商务企业可以通过自营物流增加企业的主控性。

3. 提升资金的回流速度

目前，尽管第三方支付市场的客户群不断扩大，有很多网上交易的方式，如支付宝、网上银行、财付通等，但是货到付款一直是部分消费者比较青睐的支付方式，它既可以减少消费者的顾虑，见货再付款，又可以提升电子商务企业的回款速度。然而，对于与第三方物流企业合作的电子商务企业来说，在回款方面只能通过第三方物流企业的配送人员，在配送货物的同时代为收回货款。但是，通过这种方式回收货款，速度慢、时间长。电子商务企业自营物流后，可以通过自己的配送人员，在上门配送货物的同时收款，能够实现当天发出的货物，当天回款，极大地提高了资金周转的效率，降低了资金周转的压力。在实践中，有些自营物流的电子商务企业还为自己的配送人员配备了手持终端刷卡机，不仅为消费者提供了便利，也保证了货款的安全回收。

4. 培育另一个价值中心

随着自营物流规模的不断扩大、实力不断增强，电子商务企业的自营物流不仅可以满足企业内部的物流需求，更有可能向外扩展，为其他企业提供物流服务。确切地说，电子商务企业的自营物流将发展为第三方物流。在实践中，已有一些企业开始了这种尝试。这样，电子商务企业不仅将自己的物流业务由成本中心转变成了价值中心，并且促进了第三方物流的发展。

（二）电子商务自营物流的劣势

自营物流具有上述优势的同时，也存在一定的劣势。电子商务企业自营物流，无疑是增加了企业的投资负担，削弱了企业抵御市场风险的能力。

1. 面临巨大的资金压力

物流基础设施的选址与兴建需要的时间长，投入期较长即需要牵制大量的资金。此外，电子商务企业的发展速度远远超过物流基础设施的建设速度，在一定时间内，自营物流是无法发挥作用的。可见，如果没有雄厚的资金的持续投入，自营物流是无法实现的。对于很多规模小、实力弱的电子商务企业而言，根本没有能力自营物流。对于一些有实力、规模较大的电子商务企业来说，在选择自营物流时，也需要多方权衡。自营物流的失败，不仅会造成巨大的资金损失，而且可能会累及企业的核心业务。

2. 面临巨大的管理压力

对于电子商务企业来说，其优势在于网络营销，经营和管理自营物流体系，无疑是一个挑战。企业的业务扩展到哪里，物流服务就必须跟到哪里，相应的物流基础设施、设备和经营运作团队也必须配备齐全。经营业务领域的巨大差异是自营物流的电子商务企业在管理上面临的第一大压力。此外，庞大的物流人员队伍也增加了电子商务企业的管理难度，管理成百上千的员工要比管理有限的几家第三方物流公司复杂和困难得多。

三、电子商务自营物流的建议

电子商务企业自营物流是企业自身发展到一定阶段的产物,切忌不要盲目跟风,让自身负债累累、入不敷出。自营物流需要大量的资金作支撑,没有经济实力就盲目建设自营物流必将损失惨重。如今大型电子商务企业自营物流已成为一种普遍的现象,总体来看他们目前还没有得到十分有利的回报,只有坚持到形成规模效益时才能获得盈利。

培养专业人才,提升服务和管理水平。人才永远是企业最为稀缺的资源,电子商务物流人才需要具备两方面的才能,他不仅要具备一定的电子商务知识还需要有物流运营方面的才干。从快件的报价查询、接受订单、订单处理到整个送达过程的信息反馈,都要及时实现与客户的信息共享,同时还要加强对市场的细分,提供快速的差异化、专业化增值服务,满足不同客户多样化、个性化的需求。

要妥善处理好与第三方物流企业的关系。由于快递市场的广大,电子商务自营物流永远也不能百分百地满足自身的需要,因此与第三方物流的合作关系不能中断。二者虽然存在竞争,但是双赢才是最终的目的,但就目前的形势来看,二者之间的关系急需调整。双方应事先做好沟通,细化市场,避免恶性竞争的发生,一旦出现问题,尽早公开透明地解决。

通过掌握自营物流的含义,了解电子商务企业开展自营物流的优势和劣势,准确把握电子商务企业开展自营物流的原因。

任务二 电子商务背景下的第三方物流

2013年的"双11"当天,阿卡销售额冲到1.09亿元,成为女装类目最大的黑马。而这样的销售业绩,受益于阿卡对其供应链管理和仓储管理的升级,通过将仓储物流外包给第三方,提高工作效率。而仓储物流的改善,更是给予了其有力支持。物流能力的强弱对于商家能否在渠道市场上取胜起着至关重要的作用。特别是在高库的今天,越来越多的商家尝试与第三方物流合作以提高库存周转效率。但现在大部分企业还在纠结到底是该自建物流还是将物流外包。

项目七 电子商务背景下的物流模式

任务分析

随着电子商务的发展，出现了专门为电商服务的第三方仓储物流公司，解决了一部分电商的仓储物流瓶颈问题。总体来看，目前的第三方电商仓储物流服务发展进入了一个转型期。

一、电子商务第三方物流概述

（一）第三方物流的含义

第三方物流（3PL）是指生产经营企业为集中精力搞好主业，把原来属于自己的物流活动，以外包的形式委托给专业物流服务企业，同时通过信息系统与物流企业保持密切联系，以达到对物流全程管理与控制的一种物流运作方式。

第三方物流企业既不属于第一方，也不属于第二方，而是通过与第一方或第二方的合作来提供专业化的物流服务，它不拥有商品，不参与商品的买卖，而是为客户提供以合同为约束、以结盟为基础的、系列化、个性化、信息化的物流代理服务。随着信息技术和经济全球化趋势的发展，越来越多的产品在世界范围内生产、销售和消费，物流活动日益庞大和复杂，而第一、二方物流的组织和经营方式已不能完全满足社会需要；同时，为参与世界性竞争，企业必须打造其核心竞争力，加强供应链管理，降低物流成本，把不属于核心业务的物流活动外包出去。于是，第三方物流应运而生。

（二）第三方物流的特征

1. 关系合同化

以合同的形式来规定物流经营者和客户之间的权利和义务，物流经营者根据合同中的规定，提供多功能直至全方位一体化物流服务，并以合同来管理其所提供的物流服务活动。第三方物流组成的物流联盟也是通过合同的形式来明确各物流联盟成员的权利和义务的。

2. 服务个性化

不同的客户有着不同的物流服务要求，第三方物流需要根据不同的客户在企业形象、业务流程、产品特征、客户需求、竞争需要等方面的不同要求，提供针对性强的个性化物流服务和增值服务。

3. 功能专业化

第三方物流所提供的是专业的物流服务。从物流设计、物流操作过程、物流技术工具、物流设施到物流管理必须体现专门化和专业水平，这既是客户的需要，也是第三方物流自身发展的基本要求。

4. 管理系统化

第三方物流应具有系统的物流功能，是第三方物流产生和发展的基本要求，第三方物流需要建立现代化的管理系统才能满足物流系统运行和发展的基本要求。

5. 信息网络化

信息技术是第三方物流发展的基础。信息技术的发展实现了物流信息实时共享，促进了物流管理的科学化，极大地提高了物流效率和物流效益。

（三）电子商务第三方物流的发展

西方发达国家电子商务行业的发展经验表明，第三方物流是电子商务物流模式的首选，是电子商务物流发展的趋势。把不属于电子商务核心业务的物流业务外包出去，企业才能专注发展自身的核心业务，把电子商务的优势发挥到极致。电子商务行业的飞速发展也促进了第三方物流的转变，使其逐渐拥有了市场和网络，产生了规模经济效益。

B2B 电子商务模式，商务方面的电子化、数字化和网络化，本身并不改变第三方物流公司所提供的物流服务的性质。但是，全球范围内的商务活动，把物流活动的区域扩展了。对第三方物流企业来说，他们需要重新定位，在市场竞争中更多地通过合作取得共赢。随着 B2B 电子商务模式的发展，物流服务从原来简单的买方或者卖方委托的船运、空运、铁路运输及相关的仓储和配送服务，增加了很多增值服务，例如换包装、简单加工、集运、分拨、报关等。

消费者对消费者之间的 C2C 电子商务模式必须依赖第三方物流的支撑。淘宝平台上成千上万的个人卖家本身没有能力自营物流，其业务的发展，推动了中国快递行业的飞速发展。

B2C 电子商务模式则成为近来人们关注的焦点，一方面是随着网络的普及，更多消费者倾向通过网络实现商品的购买，另一方面是资本的驱动。目前中国 B2C 电子商务物流无论是自营还是第三方物流都不够成熟，规模效应尚未显现，专业化和信息化程度不高，物流成本仍然居高不下。电子商务企业难以获得足够利润，长期的竞争力和生存能力受到巨大威胁。

中国第三方物流发展速度滞后，导致越来越多的电子商务企业投资建设自己的物流配送中心和快递网络，如京东、凡客。另一方面，快递企业如顺丰，通过投资电子商务网站向上延伸，希望在电子商务物流领域中分得一杯羹。B2C 企业和快递企业之间的跨界竞争，看上去很无序，实际上，从企业逐利的本性来讲并不为过。问题在于，这些企业是否能够认清两个行业之间的共性和不同之处。电子商务物流本身不是简单的快递或配送，其要求更多的技术支撑。而电子商务企业介入物流领域，怎样平衡电子商务企业的淡旺季，解决波峰波谷带来的挑战？虽然很多电子商务企业在自建配送中心，提出要与其他电子商务企业共享物流资源，可以提供与物流公司同样的物流服务，其最后一定会演化为独立的第三方物流公司。

二、电子商务第三方物流的优劣势

（一）电子商务第三方物流的优势

在竞争日趋激烈和社会分工日益细化的大背景下，第三方物流具有明显的优越性，具体表现在以下几个方面。

可以使企业专心致志地从事自己所熟悉的业务，将资源配置在核心业务上。由于资源有限，企业很难在业务上面面俱到。为此，企业应把物流业务外包给第三方物流公司。

灵活运用新技术，提高库存周转的效率，降低成本。第三方物流能以一种快速、更具成本优势的方式满足这些需求，而这些服务如果单靠制造商通常难以实现。同样，第三方物流还具有满足制造企业的潜在客户需求的能力。

减少固定资产投资，加速资本运转。企业自营物流需要投入大量的资金物流设施，这对于缺乏资金的企业特别是中小企业而言是沉重的负担。而发展第三方物流不仅减少了企业在基础设施方面的投资，还减少了仓库和车队方面的资金占用，加速了资金运转。

提供灵活多样的客户服务，为客户创造更多的价值。第三方物流企业可以利用其健全的物流网络、先进的物流设施和专业的运作能力，给客户提供更加灵活多样的高品质服务。

（二）电子商务第三方物流的劣势

企业对物流的控制力下降。由于是第三方经营，企业不能及时通过对物流各个环节的调控来优化供应链管理。企业在运营过程中就会出现资源浪费，效率低下的问题。物流的服务质量也得不到保证，导致客户满意度下降，进而导致客户流失。

容易受到物流企业的限制。在供应链中，如果企业过分依赖于伙伴，就会受制于人，处于被动地位。对于将物流外包的企业而言，对第三方物流的依赖性要更强一些，因为物流的服务和效率完全取决于第三方物流企业。

物流基础设施不完备，管理水平有待改善。我国物流企业的发展起步较晚，基础设施建设不完备，重复建设的现象大量存在，对物流的发展有很大的制约作用。此外，物流企业内部管理人员素质不高，管理水平低下，信息化水平低，这些都影响了第三方物流的发展。

三、电子商务背景下的第三方物流

（一）电子商务与第三方物流的关系

1. 电子商务呼唤第三方物流

随着中国经济的飞速发展，企业都面临着一个重要的问题，如何从激烈的市场竞争中脱颖而出，很多企业都已经意识到电子商务对于企业发展的重要性，想要更好地运用电子商务来实现自身的发展，就必须拥有便捷的物流，第三方物流的需求也会变得越来越多。在企业完成交易的过程中，第三方物流充当着中介的作用，能够实现快速的信息反馈，完成商品的迅速派送，对于提升企业经济效益，建立发展新通道具有重大意义。第三方物流企业提供的服务，正是连接电子商务企业与消费者的重要通道，直接关系到企业自身形象。

2. 第三方物流支撑电子商务的发展

市场经济下的企业面临的竞争，已经不再是传统意义上的竞争，企业能否获得成功，除了资金充裕和物质保证，企业自身的服务水平也是影响企业发展的一个重要因素。在电子商务背景下，第三方物流恰好满足了企业的需求。消费者通过电子商务渠道与企业进行联系时，第三方物流企业可以充分发挥纽带作用，将消费者直接与企业连接起来，还可以针对不同的消费者，对物流活动做出相应调整，最大程度地满足消费者的需求。

（二）电子商务背景下发展第三方物流的新思路

1. 充分发挥物流信息技术在物流管理中的作用

物流信息技术是指现代信息技术在物流各个作业环节中的应用，是物流现代化的标志。从数据采集的条形码技术、RFID 技术，到数据传输的 EDI 技术、各种终端设备等硬件，以及管理信息系统都在快速地发展。同时，随着物流信息技术的发展，产生了一系列新的物流理念和物流经营方式，推动了物流的变革。在电子商务背景下，仓储、分拣及配送效率的提高都离不开物流信息技术的支撑。物流信息技术的合理运用可以有效地降低物流成本。

2. 积极进行服务与技术创新，满足不同客户的需求

第三方物流企业面临着激烈的市场竞争，除了要在发展过程中控制成本、提升服务质量、快速交货等，最重要的是积极进行服务及技术的革新，充分发挥自身优势满足不同客户的个性化需求。例如，国内快递行业的领跑者顺丰物流，多年前，就为 5 万余家商户免费安装电脑客户端软件，只要商户有需求，就可以通过客户端发送消息，总部会对消息及时进行汇总处理，这样不仅有利于提升物流系统运作效率，还可以为商户节约时间。

3. 提升核心竞争力，不断提高服务理念

核心竞争力是指企业内部经过整合了的知识和技能，尤其是协调各方面资源的知识和技能。国内的第三方物流企业要在竞争中显示自己的优势，先要有独到的核心竞争力。第三方物流企业的核心竞争力就是第三方物流企业通过整合自身资源所获得的一种更好地满足客户需求的能力，从而使企业在物流市场中长期具有相对稳定的竞争优势。只有这样，才能使第三方物流企业具有很强的实力，拥有发达的网络体系。

4. 重视现代物流人才的培养，及时调整总体发展规划

现如今，物流人员素质参差不齐是第三方物流企业面临的普遍问题。因此，应该重视高级物流人才的培养，提升物流团队的整体素质，选拔优秀物流人才促进企业可持续发展。此外，第三方物流企业应该对自身发展的情况加以总结，对外部潜在竞争者和内部经营状况进行分析，做出符合企业自身实际的发展规划。

5. 发挥自身的资源优势，提供更为优质的物流服务

国内第三方物流行业的发展还处于初级阶段，大规模的物流企业还是比较少的，因此，第三方物流企业想要在市场中保持竞争优势就必须为客户提供优质服务，同时，要注意学习西方先进企业的物流管理经验，合理制订自己的发展规划。此外与国外物流企业进行合作也是一种全新的发展模式，强强联合必然会创造更多的利润，最终达到双赢的目的。国内的第三方物流企业还需要结合自身的优势，制订适合自己的发展规划，建立适合本国国情的物流体系，第三方物流行业的健康发展，会推动中国物流业的进步和发展。

任务小结

通过掌握第三方物流的含义，了解电子商务企业开展第三方物流的优势和劣势，以及电子商务与第三方物流的关系，准确把握电子商务企业选择第三方物流模式的原因。

任务三　电子商务背景下的第四方物流

任务导入

马云在深圳宣布组建菜鸟网络科技有限公司并任董事长一事引发业界热议。据悉，在这个规模庞大的计划中，阿里巴巴将联合银泰、复星、富春、顺丰、"三通一达"启动中国智能物流骨干网项目，未来，全国任何一个地区都可以在 24 小时内收到包裹。菜鸟网络科技有限公司计划首期投资人民币 1000 亿元，希望用 5~8 年的时间，打造遍布全国的开放式、社会化物流基础设施，建立起能支撑日均 300 亿（年度约 10 万亿）网络零售额的智能物流骨干网络。在提及菜鸟网络科技有限公司的"创新模式"时，资深互联网观察家、速途网副总编丁道师表示菜鸟网络科技有限公司的模式属于新瓶装旧酒。这种模式在国外被称为"第四方物流"，早在 1998 年美国埃森哲咨询公司就已经提出，第四方物流为已有的物流企业提供规划、咨询、物流信息系统建设、供应链管理等服务，而并不实际承担具体的物流运作活动。

此前阿里巴巴集团已投资了包括星晨急便和百世快运在内的多家物流企业,既做第三方物流又做第四方物流的运作方式在业内非常罕见。那么,电子商务背景下的第三方物流与第四方物流有什么区别和联系,第四方物流具有什么特点和哪些运作模式,是本次任务所要解决的问题。

一、电子商务第四方物流概述

(一)电子商务第四方物流的含义

物流外包的发展经历了三个层次:从传统的物流外包,到第三方物流,再到第四方物流。传统的物流外包指企业与一家物流服务提供商签订合同,由其提供单一的、功能明确的物流服务;第三方物流指企业与一家物流提供商签订合同,由其提供综合解决方案,包括两种或多种物流服务,并且给予其一定的决策权,但第三方物流企业各自独立,这使得整个物流活动的效率得不到保证。当前第三方物流向专业化方向发展的趋势明显,但其力量显然不足以整合社会所有的资源,解决当今物流瓶颈;第四方物流是在第三方物流服务的基础上,为客户提供增值的创新服务。

在电子商务背景下,物流业正向全球化、信息化、一体化方向发展。

著名的管理咨询公司埃森哲率先提出了"第四方物流(4PL)"的定义,并且将"第四方物流"作为专有的服务商标进行了注册。第四方物流是指供应链集成商对公司内部和具有互补性的服务供应商所拥有的不同资源、能力和技术进行整合和管理,提供一整套的解决方案。第四方物流不一定要像第三方物流经营人那样拥有固定的设备、资产,但却能充分利用他人的资产和设备提供解决方案。第四方物流经营人必须拥有足够的专业知识和经验,能够为客户提供最佳供应链管理模式,提高管理效率,降低运营成本,整合资源,理顺流程。第四方物流的产生,得益于第三方物流市场的蓬勃发展以及国际劳动分工、劳务外包的普及,是物流业发展到一定阶段的必然产物。

(二)电子商务第四方物流的特点

相对于第三方物流,第四方物流具有以下几个方面的特点。

(1)供应链再建

供应链再建改变了供应链管理的传统模式,将商贸战略与供应链规划连成一体,创造性地整合了参与者之间的供应链,使之达到一体化标准。

(2)功能转化

第四方物流涵盖销售和操作规划、配送管理、物流采购、客户影响及供应链技术等,其目的是通过战略调整、流程改造、整体性改变管理和技术,使客户间的供应链运作更加顺畅。

(3) 业务流程再造

第四方物流有效地将客户供应商信息和技术系统有机结合起来,把人的因素和业务规范有机结合起来,使整个供应链规划和业务流程得到有效的贯彻实施。

(4) 通过影响整条供应链来获得价值

第四方物流关注的是整条供应链的价值,而非仓储或运输单方面的效益,因此,第四方物流的利润增长将取决于服务质量的提高、实用性的增强和物流成本的降低。

二、电子商务第四方物流运作模式

第四方物流的优势来自对第三方物流服务商、信息技术服务商和管理咨询服务商等各方能力的整合。在这三类主体发展基础上发展起来的第四方物流运作模式有以下几类。

1. 协同运作型第四方物流

这种类型的第四方物流为实力雄厚的第三方物流服务商提供供应链战略方案、技术、专门项目管理等补充功能,并主要通过第三方物流为多个客户提供全方位的物流服务,第四方物流企业与第三方物流企业共同开发市场,而具体的物流业务实施则由第三方物流企业在第四方物流企业的指导下完成。这种运作方式依赖于第四方物流企业和第三方物流企业之间的工作联系。当前在很多第三方物流企业中已经产生了很多类似的工作小组或项目小组,尽管他们不是以独立的第四方物流的形式出现的。

2. 方案集成型第四方物流

由管理咨询公司发展起来的第四方物流企业为客户提供运作和管理整个供应链的解决方案,并利用其成员的资源、能力和技术对供应链进行整合和管理,为客户提供全面的供应链管理服务。

3. 行业创新型第四方物流

第四方物流企业通过与各种资源、技术和能力的服务供应商进行协作,为多个行业的客户提供供应链解决方案。它以整合供应链的职能为重点,以各个行业的特殊性为依据,使整个行业的供应链实现创新。这种类型的实现依赖于 IT 服务提供商在行业这个层面上所提供的行业标准信息交换平台。

我国目前正在推进信息化进程,要以信息化带动新型工业化的发展,研究适合发展第四方物流的各主体的特点,在电子商务与现代物流产业结合基础上发展的第四方物流,正是在物流业推进信息化进程的表现。发展第四方物流以解决整个社会物流资源配置问题,从容应对国际范围内的物流业竞争。

三、电子商务第四方物流的发展

要成为第四方物流的主体,必须要具备整合社会物流资源,为整个物流过程提供策划方案的能力,所以并非所有物流企业都可以作为第四方物流的主体。第四方物流的主体必须满足以下条件：企业本身不是生产方和购货方；有良好的信息共享平台，可以实现物流参与者之间的信息共享；有足够的供应链管理能力；有区域化、甚至全球化的地域覆盖能力和信息支持能力。按照这四个条件分析，当前能够成为第四方物流主体的企业主要集中在第三方物流服务提供商、IT 服务提供商、供应链管理咨询公司三个领域中。

第四方物流即物流公共信息平台这个全新的物流发展理念正逐渐被应用于实践。第三方物流模式由于受到规模、技术、资金等众多因素的制约，不能得到充分的发展；而具有领导力量的第四方物流提供商作为电子商务物流发展的新动力，通过建立全国范围内的物流公共信息平台，为企业提供综合的供应链解决方案，能够有效地整合和共享全社会的物流信息资源，形成物流产业的发展合力。基于互联网的物流公共信息平台，不仅可以解决物流信息资源共享的问题，更重要的是可以作为客户之间的连接点，通过合作或联盟为客户提供优质高效的服务，可以大大提高物流作业效率，为企业带来盈利和新的利润增长点。

任务小结

通过掌握第四方物流的含义，了解第四方物流的运作模式，以及电子商务背景下第四方物流的特点，准确把握电子商务企业选择第四方物流模式的原因。

任务四　物流联盟

任务导入

中关村电子商务与现代物流产业联盟是在中关村管委会指导下，由北京物资学院、京东商城、当当网、北京物流协会、电子贸易产业联盟、拉卡拉、普天物流、慧聪网、用友软件等在电子商务与物流产业链上下游具有优势的企业和科研机构共同发起成立，会员企业 33 家。中关村电子商务与现代物流产业联盟将整合产业链上下游资源，促进电子商务与现代物流领域产学研合作，营造良好的产业发展环境，促进国内电子商务及物流产业的发展。联盟的指导思想是："以服务产业为导向、以共享资源为主线、以技术攻关为核心，推动电子商务与现代物流产业的发展"。

任务分析

通过中关村电子商务与现代物流产业联盟的一体体化发展，建设面向全国的电子商务与现代物流产业发展服务平台，企业间形成相互信任、共担风险、共享收益的物流伙伴关系，可以实现企业优势互补，降低综合物流成本。通过本次任务，学生需要重点明确物流联盟产生的原因及优势。

一、物流联盟概述

物流联盟是介于独立的企业与市场交易关系之间的一种组织形态，是企业间由于自身某些方面发展的需要而形成的相对稳定的、长期的契约关系。物流联盟是以物流为合作基础的企业战略联盟，它是指两个或多个企业之间，为了实现自身的物流战略目标，通过各种协议、契约而结成的优势互补、风险共担、利益共享的松散型网络组织。

建立物流联盟的目的是实现联盟参与方的"共赢"。物流联盟具有成员间相互依赖、核心专业化及强调合作的特点，是一种介于自营和外包之间的物流模式，可以有效控制风险。物流联盟是为了达到比单独从事物流活动更好的效果而使企业间形成相互信任、共担风险、共享收益的物流伙伴关系。企业之间不完全采取导致自身利益最大化的行为，也不完全采取导致共同利益最大化的行为，只是在物流方面通过契约形式形成优势互补、要素双向或多向流动。联盟是动态的，参加联盟的企业仍保持各自的独立性。

电子商务企业与物流企业进行联盟，一方面有助于电子商务企业降低经营风险，提高竞争力，以及从物流伙伴处获得物流技术和管理技巧；另一方面也使物流企业有了稳定的业务来源。然而物流联盟的长期性、稳定性会使电子商务企业改变物流服务供应商的行为变得困难，因此电子商务企业在与物流企业合作中要注意把握主动权。

二、物流联盟产生的原因

利益是物流联盟产生的最根本原因。企业联合起来能使利益最大化是物流联盟形成的基础。物流市场及其利润空间是巨大的。生产运输企业通过物流或供应链的方式形成联盟有利于提高企业的物流效率，实现物流效益的最大化。

大型企业为了保持其核心竞争力，通过物流联盟方式把物流外包给一个或几个第三方物流公司。

中小企业为了提高物流服务水平，通过联盟方式解决自身能力方面的不足。

我国物流企业通过物流联盟的形式来应对来自跨国物流公司的竞争压力。面对国际强劲的竞争对手，我国的物流企业只有结成联盟，才有可能立于不败之地。

国际互联网技术的广泛应用使跨地区的物流企业形成联盟成为可能。信息高速公路的建成，使得异地物流企业利用网络也可以实现信息资源共享，为物流联盟的建立提供了有利的条件。

三、物流联盟的优势

物流联盟的建立最明显的效果就是在物流合作伙伴之间减少了相关费用。由于物流合作伙伴之间经常沟通与合作,可使得企业搜寻交易对象信息方面的费用大为降低。

成员企业可以寻找合适的合作伙伴,能够有效地维持物流联盟的稳定性。双方出于对自身利益的考虑,选择有效的长期合作是最优策略,双方可以充分依靠联盟机制协调形成的内部环境,减少交易的不确定性和交易频率,降低交易费用,实现共同利益最大化。

稳定、长期的合作会激励双方把共同的利润做大,获得稳定的利润率。从物流发展的角度看,物流联盟是企业与专业物流服务商建立的一种现代物流合作形式。在物流联盟中,随着物流组织的发展,供应链中各企业的联系会进一步加深。

 任务小结

通过掌握物流联盟的含义,了解物流联盟产生的原因,以及物流联盟的优势。

任务五 电子商务物流模式选择

 **任务导入**

库巴网是依靠大家电发展起来的。大家电的物流配送流程复杂,有的还需要负责安装,这类物流配送一般由厂家提供;也有的不需要安装或者只需要简单安装,可以由第三方物流送货上门。但实际上,大家电物流配送由第三方物流企业负责,成本极高,一旦产生货损,企业损失较大。由于库巴网有区域采购的需求,最初就在全国各地建立了十几家分公司,承担采购和配送的任务。在库巴的自营物流体系中,由厂家负责干线运输,将货物送到库巴仓库中,再由库巴自己的物流队伍将货物送出。

虽然传统的大家电,完全可以由厂家配送,但是电子商务企业要提高客户体验,还要求产品入仓,以保证客户在平台上看到的商品仓库里有货。但是在物流配送上,并不一定都自建车队,大家电市内配送,自有车辆合理的配送范围半径在50~100公里,超出这个范围,成本就过高了。因此,库巴网大量建设二级仓库,实施就近商品配送,而二级仓多采取"落地配",即区域性配送公司,以达到客户体验最优和物流成本最低。

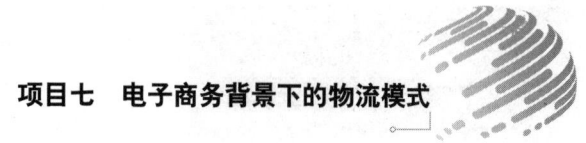

项目七　电子商务背景下的物流模式

任务分析

物流是电子商务中的重要环节，影响着电子商务企业的发展。在选择物流模式时需要考虑多种因素，企业应结合自身的实际情况，选择合适的物流模式。

一、影响企业物流模式的因素

电子商务企业在进行物流物流模式的选择时，应当从电子商务背景下物流的特点及企业自身的实际情况出发，并结合物流业发展趋势来考虑。企业到底应选择何种物流模式，需要从以下几方面进行考虑。

1. 业务规模和资金实力

一般来说，大中型企业由于实力较雄厚，通常有能力建立自己的物流系统，制订合适的物流需求计划，保证物流服务的质量。另外，企业还可以利用过剩的物流网络资源拓展外部业务。而中小企业则受人员、资金和管理的资源限制，物流管理效率难以提高，更适宜把物流管理交给专业的第三方物流企业。

2. 企业的物流管理能力及现有的物流网络资源

当企业物流管理能力强，现有的物流网络资源丰富时，可自营物流。如果企业的物流管理能力弱，则适宜选择第三方物流或与其他物流企业组建物流联盟。例如，联合利华上海有限公司选择与上海友谊集团储运公司合作，形成物流联盟。

3. 企业的核心业务

如果企业的核心业务不包括物流，就应将物流管理外包给从事该业务的专业企业去做，这样从原材料供应到生产，再到产品的销售等各个环节的各种职能，都是由在某一领域中具有专长或核心竞争力的企业来完成的。

4. 物流对企业成功的影响程度

如果物流活动对企业的发展有很大影响，企业应自营物流，或寻找较为可靠的第三方物流企业，建立长期稳定的物流联盟。自营物流保证了企业的关键业务不受外界因素的影响；而与可靠的第三方物流企业合作，使企业在物流设施、运输能力、专业管理技巧方面获益，并可降低成本及风险。

二、企业物流模式选择方法

（一）定性分析方法

不同的物流模式各有优劣，企业在选择自营还是外包的物流模式时，并没有一个统一的标准。从企业竞争的角度来考虑，决定企业采用自营还是外包物流最重要的决策变量有来两个：一是物流外包与自营物流相比，哪种模式能提高企业的物流效率；二是，物流外包与自营物流相比，哪种模式能降低企业的运营成本。总而言之，就是物流服务提供商与自营物流相比，哪种模式能更好地满足企业的物流服务标准。

企业在进行物流模式的选择时有以下三种方案可以选择。

1. 选择自营物流模式

如果物流活动对企业的发展有很大影响，企业对物流服务要求高、物流成本占总成本的比重大，且企业的物流管理能力较高，已经有高素质的人员对物流运作进行有效的管理，该企业不应采用第三方物流模式将物流业务外包，而应该采用自营物流模式。

2. 选择第三方或第四方物流模式

如果物流活动对企业发展的影响不是很大，企业内部物流管理水平也不高，将物流业务外包给第三方物流或第四方物流企业就有利于企业降低成本、提高物流服务质量。

3. 选择物流联盟模式

如果物流活动对企业的发展有很大影响，但企业的物流管理能力较低，寻找物流合作伙伴将会给企业带来很多收益。好的合作伙伴拥有完善物流设施，可以向企业提供专业的物流服务。如果物流活动对企业来说不是很重要，但企业的物流管理水平较高，有专业人员管理，企业就可以主动寻找需要物流服务的伙伴，通过共享物流系统，提高货物流量，实现规模经济效益，降低物流成本。

（二）定量分析方法

关于定量分析的方法有很多，这里着重介绍层次分析法。层次分析法（analytic hierarchy process，AHP）是由美国运筹学家、匹茨堡大学教授萨蒂于20世纪70年代提出的。它是一种定性和定量分析相结合的多目标决策分析方法，它将决策者的经验判断予以量化，在目标（因素）结构复杂且缺乏必要的数据的情况下更为实用。

层次分析法解决问题的基本思路是：首先，把要解决的问题分解，即根据问题的性质和要达到的目标，将问题分解为不同的组成因素，按照因素之间的相互影响和隶属关系将其分层聚类组合，形成一个递阶的、有序的层次模型；其次，依据人们对客观现实的判断，对模型中每一层次因素的相对重要性给予定量表示，再利用数学方法确定每一层次中全部因素相对重要性次序的权值；最后，通过综合计算各因素相对重要性的权值，得到最低层（方案层）相对最高层（总目标）的重要性次序的组合权值，以此作为评价和选择方案的依据。

三、我国不同电子商务主体物流模式的选择

不同的电子商务主体对物流有不同的要求，它是影响电子商务主体物流模式选择的因素之一。企业的规模和实力是电子商务主体物流模式选择的另一个重要因素，它在一定程度上影响着电子商务企业对物流模式的选择。

项目七　电子商务背景下的物流模式

根据 B2C 电子商务企业的交易规模及企业自身存在形式，可以将 B2C 电子商务企业划分成三类：大型 B2C 电子商务企业、中型 B2C 电子商务企业、小型 B2C 电子商务企业。

（一）大型 B2C 电子商务企业物流模式的选择

大型的 B2C 电子商务企业是指年交易额在 10 亿元以上的企业，这一类企业一般属于平台类型的 B2C 企业。近几年交易规模在 10 亿元以上的国内知名 B2C 平台主要有天猫、京东商城、亚马逊中国、苏宁易购等。

这类企业在选择物流模式时可能会考虑以下几方面因素。

1. 是否有利于企业行业地位的提升

我国正逐步进入网络购物的高峰期，与此同时，电子商务企业间的竞争也日趋白热化，物流水平的提升是电子商务企业在竞争中取胜的关键因素之一。

2. 是否可以提高消费者购物体验及满意度

在网络购物日益普及的今天，物流的服务水平在很大程度上影响着消费者的购物体验。哪种物流模式可以有助于电子商务企业提高物流服务水平，进而提高消费者购物体验满意度，以达到更高的企业目标，对于大型的电子商务企业来说是非常重要的。

（二）中型 B2C 电子商务企业物流模式的选择

中型的 B2C 电子商务企业是指年交易额在 1-10 亿元之间的企业，这一类企业一般属于垂直类型的 B2C 企业。近几年交易规模在 1-10 亿元之间的 B2C 平台主要有国美电器、好乐买、麦包包、乐淘、酒仙网等。

这类企业并不像大型 B2C 电子商务企业一样可以考虑自营物流，自营物流的成本巨大、风险高。但是它们可以通过整合自身以及外在的物流资源，在降低物流成本的同时尽量延伸物流范围。一般采用多家第三方物流企业进行配送，这样可以使物流网络覆盖范围更广。

（三）小型 B2C 电子商务企业物流模式的选择

小型的 B2C 电子商务企业是指年交易额在 1 亿元以下的企业，这一类企业一般是各类渠道品牌的电子商务平台。近几年交易规模在 1 亿元以下的 B2C 平台主要有有西街网、新七天、逛街网、绿森、左岸女人等。

这类企业首要关注的问题并不是物流问题，而是企业自身的生存问题。这类企业在选择物流模式时可能会考虑以下因素。

1. 采用成本较低的第三方物流企业

这类企业一般处于发展初期，规模相对较小，只能通过采用第三方物流降低物流成本。但由于自身交易规模较小，其物流成本相对较高。

2. 选择物流信誉较好的第三方物流企业

第三方物流企业的服务水平参差不齐，在尽量提高产品品质的同时要保证将商品成功送达消费者。

任务小结

通过掌握影响电子商务企业物流模式选择的因素，了解企业物流模式选择的方法，并从大型、中型、小型电子商务企业三方面分析物流模式选择的特点，准确把握电子商务企业选择物流模式的方法。

案例分析

菜鸟网络的第四方物流模式

由阿里巴巴集团、银泰集团联合复星集团、富春集团、顺丰集团、"三通一达"（申通、圆通、中通、韵达），以及相关金融机构合作各方共同组建的"菜鸟网络科技有限公司"于2013年5月28日正式运营。菜鸟网络科技有限公司打造的中国智能物流骨干网将通过自建、共建、合作、改造等多种方式，在全国范围内形成开放的社会化仓储设施网络。同时利用先进的互联网技术，建立开放、透明、共享的数据应用平台。菜鸟网络科技有限公司是为电子商务企业、物流公司、仓储企业、第三方物流服务商、供应链服务商等各类企业提供优质服务的第四方物流企业。

菜鸟网络科技有限公司运作的总体思路是采用自建、共建、合作、改造等多种方式构建两个平台：一个是物流仓储平台，一个是物流信息平台。这两个平台共同构成一个开放、共享、社会化的基础设施平台，在全国范围内形成一个开放的社会化仓储网络。

菜鸟网络包括四大核心组成部分。（1）IT系统。菜鸟网络科技有限公司整合和对接了众多的第三方IT系统，包括智能仓储系统、分拣配送系统、路况天气系统、开放的接口管理系统等；（2）第三方物流。菜鸟网络科技有限公司通过和第三方物流合作伙伴联手，可以让2小时极速达、当日达、次日达、承诺达、夜间配、预约配送、大家电当日送装等服务变成可能；（3）骨干物流节点。菜鸟网络科技有限公司打破常规，自建了一大批的骨干物流节点，整合社会化物流资源，为电子商务零售企业提供物流基础设施及服务；（4）菜鸟驿站。消费者在网上购买商品之后，点击选择离自己最近菜鸟驿站网点，快件送达之后，会有一个提货短信提醒。用户取件时，凭手机提货短信中的提货码即可取件。

案例思考

1. 菜鸟网络主要由哪几个部分构成？
2. 菜鸟网络的第四方物流模式与第三方物流有何不同？

项目八 电子商务背景下的供应链管理

【项目描述】

阿里巴巴集团是我国电子商务界的领军企业。淘宝商城的出现改变了人们的消费习惯和消费方式,创造了一个崭新的网购时代。阿里巴巴集团的商业神话基于我国电子商务的迅猛发展,与阿里巴巴集团同类型的电子商务企业也在快速成长中。面对当前日益激烈的市场竞争,供应链管理是企业发展的一个重要因素,对阿里巴巴及其他电子商务企业来说,应对未来市场竞争的一个有效对策就是对现有的供应链管理模式进行完善和重构,以此来提高企业的核心竞争力。

本项目共设置了三个学习任务:供应链与供应链管理认知、供应链管理方法及应用、电子商务背景下的供应链管理。重点是让学生掌握供应链及供应链管理的含义、功能及特点,以及 QR、ECR、VMI、JMI 等供应链管理方法的应用,了解电子商务背景下的供应链管理模式。

电子商务物流管理

任务一 供应链与供应链管理认知

 **任务导入**

戴尔公司以"直接经营"模式著称,其高效运作的供应链和物流体系使它在全球IT行业不景气的情况下逆市而上。戴尔的供应链系统早已打破了传统意义上"厂家"与"供应商"之间的供需配给。在戴尔的业务平台中,客户变成了供应链的核心。直接经营模式可以让戴尔迅速获得客户反馈及获取客户需求,相关业务部门可以及时将这些信息传达到戴尔原材料供应商和合作伙伴那里。这种在供应链系统中将客户视为核心的"超常规"运作,使得戴尔的库存周期缩短到4天,而其竞争对手的库存周期大都在30~40天。

在不断完善供应链系统的过程中,戴尔公司还敏锐捕捉到互联网为供应链和物流带来的巨大变革,不失时机地建立了包括信息搜集、原材料采购、生产、客户支持及客户关系管理系统,以及市场营销等环节在内的网上电子商务平台。在平台上,戴尔公司和供应商共享包括产品质量和库存清单在内的信息。与此同时,戴尔公司还利用互联网与全球的客户直接开展业务,通过戴尔公司的网站,客户可以随时对戴尔公司的全系列产品进行比较,并获知相应的报价。客户也可以在线订购产品,并且随时监测产品制造及配送过程。

 任务分析

随着中国全面融入全球贸易体系进程的加快,激烈的国际竞争为中国企业带来了前所未有的挑战,供应链在生产、物流等众多领域的作用日趋显著。戴尔模式无疑对中国企业实施供应链管理有着重要的参考价值,我们在取其精华的同时,还应根据自身特点,寻找提升竞争力的有效途径。

一、供应链概述

(一)供应链的含义

所谓供应链,即在生产及流通过程中,涉及将产品或服务提供给最终用户的上游和下游企业所形成的网链结构。与传统的销售链不同,供应链的概念跨越了企业界限,从建立合作或战略伙伴关系的角度出发,从产品生命线的源头开始,到产品消费市场,从全局和整体的角度考虑产品的竞争力,使供应链从运作性的竞争工具上升为管理性的方法体系。

供应链主要具有以下特征。

（1）复杂性

供应链系统由多个不同类型的企业构成，其结构模型一般要比单个企业的结构模型复杂。

（2）动态性

为了满足企业战略和市场需求变化的需要，供应链系统中的各要素需要根据现实情况不断进行优化。

（3）用户导向性

在供应链的运作过程中，供应链的形成、存在和重构都是基于一定的市场需求，而用户需求是其动力的来源，所以供应链系统是围绕着用户需求而不断变动的，即供应链系统是以用户需求为导向的。

（4）集成性

供应链作为一个系统，要求其内部的企业成员整体合作、协调一致，关注企业间的财务活动、业务流程、管理控制等方面的集成。

（5）交叉性

供应链系统中的节点企业可以是某个供应链的成员，同时又可以是另一个供应链中的成员。众多供应链形成网状的交叉结构，使得供应链具有交叉性的特点。

（二）供应链网络结构

供应链是由围绕核心企业的供应商、供应商的供应商和用户、用户的用户组成的一个网络结构模型，如图8-1所示，在该模型中，核心企业可以是制造型企业（如汽车制造商），也可以是零售型企业（如沃尔玛）。供应商和用户则是一组相对的概念，它们在核心企业需求信息的驱动下，通过供应链进行分工与合作，以物流、商流、信息流和资金流为媒介实现整个供应链的不断增值。

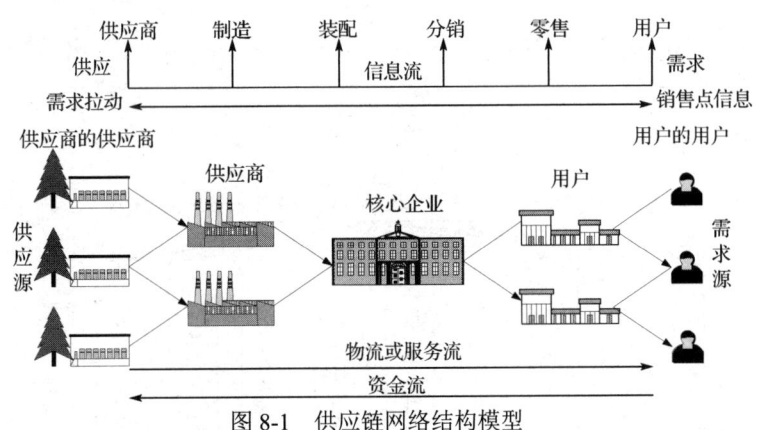

图8-1 供应链网络结构模型

（三）供应链业务流

1. 物流

物流主要是货物的流通过程，经由原材料供应商、生产企业、分销商和零售商等，最终将商品送到客户手中。在实践中,如何将货物在短时间内以低成本送到客户手中是企业长期关注的焦点。

2. 商流

商流主要是货物买卖的流通过程,包括接受订货、签订合同等商业流程。目前商业流通形式趋于多元化,既有传统的店铺销售、上门销售和邮购等方式,又有通过互联网进行的电子商务。

3. 信息流

信息流是指商品及交易信息的流通过程。随着管理理论的不断完善,企业越来越重视信息流通过程,一个健全的信息流通体系在供应链系统中是至关重要的。

4. 资金流

资金流就是货币的流通。货币的流通是其他三个流通过程的结果,只有正确把握其他三个流通过程,才可能保障资金流畅通无阻。

二、供应链管理概述

(一)供应链管理的含义

供应链管理就是对供应链系统进行计划、组织、协调和控制,从而优化的一系列理论和方法,其目的是以最低的成本来实现整个供应链系统的高效率运作,把合适的产品以合理的价格,及时准确地送到消费者手上。现代企业为了获得供应链运作效率和响应速度方面的竞争优势,需要在供应链策略的指导下,以物流技术、信息技术等支撑技术为基础,综合考虑以下关键要素:供应链计划、供应链信息系统、客户服务管理、库存管理、运输管理、设施选址与决策、合作关系管理、企业组织结构、绩效评价与激励机制和风险防范机制,如图8-2所示。

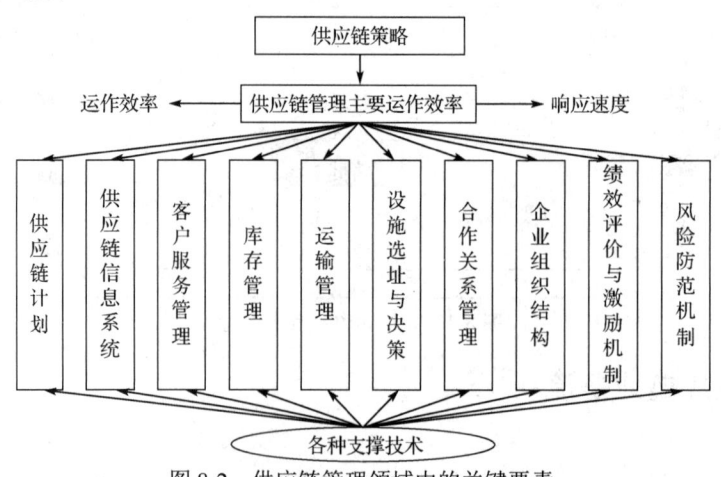

图 8-2 供应链管理领域中的关键要素

（二）供应链管理的特征

供应链管理作为管理学的一个分支，具有以下特点。

（1）战略性

供应链管理往往涉及众多企业主体和业务环节，是一个庞大而复杂的管理系统。供应链管理必须站在一个战略的高度上对供应链中的资源进行集成。

（2）客户至上

供应链管理以客户满意为最高目标。企业通过整个供应链的统筹协调、资源共享来降低物流运作的成本，同时通过信息共享来实现对客户需求的快速反应，借以提高客户满意度。

（3）管理集成化

电子商务物流供应链管理的核心要素是信息技术，主要包括信息技术和网络技术，如条形码技术、无线射频识别技术、电子订货系统、销售时点系统和电子支付系统等。供应链响应的快速性和准确性得以提升，有助于成本的降低。

（4）一体化精细管理

整个供应链中的所有节点企业形成了一个复杂而有序的系统。这个系统的管理强调的是一体化的精细管理，以此来保障在生产的延迟作用下，整条供应链依然能够有序运作，并满足客户的需求。

（5）动态优化

供应链的整体效率和价值创造能力是链条上的合作伙伴基于一种战略性的协作关系共同创造的。要想长期保持这种关系，需要不断地对这些合作伙伴的组合进行优化，去除效率低的企业，引进效率高的企业。

（6）协作与共享

在供应链中，企业超越了组织结构的界限，建立了新型的合作关系，强调利益共享和风险共担。为此，建立相应的信任机制和协商机制，以保障供应链成员的共同利益。

（三）供应链管理的作用

供应链管理的加强可以为企业带来新的竞争优势，其作用主要表现在以下几个方面。

（1）可实现供求的良好结合

供应链使原材料供应商、生产企业、分销商和零售商紧密连接在一起，使企业之间形成良好的合作关系。

（2）可促使企业采用现代化手段

在供应链管理中，企业只有广泛应用自动化和信息技术，才能达到供应链管理的目标。这就要求在供应链上的各个节点企业都采用先进技术与设备。

（3）可降低库存成本

在供应链上，产品和信息在供应链上迅速流动，减少了库存量，大大降低库存成本避免了浪费，减少了资金占用。

（4）可有效地减少流通费用

通过各企业的优化组合，供应链成为最快速，简便的流通渠道，省去了中间不必要的环节，从而有效地减少了流通费用。

三、电子商务对供应链管理的影响与优化

（一）电子商务对供应链管理的影响

电子商务的出现为供应链管理提供了更多的技术支持，改变了供应链中诸多环节的运作方式，促进了供应链管理理念的变革，强化了虚拟供应链的作用。

1. 减少供应链中诸环节的冗余，提高了整体效率

采购、生产、销售是供应链中的三大主要环节，由于电子商务时代的到来，各环节均发生了巨大的改变。在采购方面，企业通过电子商务平台可以便捷、准确、及时地进行产品采购和供应链管理，减少了采购人员的数量，提高了工作效率；在生产方面，通过对供应信息和销售信息的及时获取，减少了很多不必要的中间环节，减少了库存的占用，出现了很多新型的管理手段和方法；在销售方面，通过实施客户关系管理，增强了客户的忠诚度，真正实现个性化营销。

2. 广泛采用现代信息技术，使供应链管理理念发生了变革

最初，人们认为供应链是某种产品从原材料到最终产品生成的整个生产过程，是企业内部的物流活动，其研究集中在如何减少冗余环节和提高效率等方面，局限在企业内部管理方面。随着电子商务的兴起，内联网技术日益成熟，信息处理成本的降低，加快了企业内部业务处理速度。供应链计划、供应链执行决策逐渐向跨职能部门、跨越核心企业内部的一体化方向发展，成为涵盖原材料供应商、生产商、分销商、运输商等一系列企业组成的价值增值链。

3. 突出信息在供应链中的增值作用，强化了虚拟供应链的功能

电子商务使得信息和知识成为独立的生产要素并发挥越来越重要的作用，在企业经营过程中对实体供应链每一活动环节的信息收集、组织、挑选、合成和分配活动组成了虚拟供应链上的诸环节，虚拟供应链与实体供应链平行且一一对应，实现了实体供应链在市场空间中的延伸。尤其是随着互联网的发展，电子商务技术的广泛应用，虚拟供应链中的信息不仅能够帮助实体供应链实现信息的快速传递和沟通，而且通过信息的搜集、整理、组织、加工、挖掘还能创造出相应的价值，如通过信息的合理分析可以降低库存成本、发现新的商机等。

4. 降低了供应链的稳定性，提高了供应链管理风险

供应链管理是多层次、多目标的集成化管理，随着电子商务技术的广泛使用，对供应链管理的反应速度、流程的重新调整、网络的安全性、企业间的履约实现等都提出了更高的要求，供应链的稳定性大大降低。尤其是在电子商务背景下企业虚拟供应链的作用越来越突出，原本仅存在于实体供应链诸环节的风险与危机开始与虚拟链的危机相生共存，互相推动，使得供应链管理的容量和复杂性都大大增加。电子商务在推进供应链发展，提高企业经营效率的同时，也带来了更多的风险，加大了供应链危机爆发的可能性和复杂性。

（二）电子商务对供应链管理的优化

1. 建立企业动态联盟，推进内部及上下游企业优化

电子商务的普及和发展，为企业动态联盟的形成与应用奠定了技术基础。通过动态联盟的建立，企业可以专注于产品生产的某个优势环节，将分散的技术资源、人力资源和管理资源快速有效地集成，快捷、高效、低成本地完成整个生产任务。在动态联盟形成的过程中，核心企业的上下游企业也会发生变化，因此，必须予以关注。首先，选择符合评估条件、具有电子商务能力的供应商，保证供应链前端的物流、信息流和资金流的顺畅。其次，根据业务需要整合企业内部供应链中的业务环节，加强内部供应链支撑系统，如财务管理、成本控制、信息集成和决策管理，实现内部信息的集成和共享。最后，建立有效的企业信誉评估体系，选择信誉良好的企业进行供应链整合，优化交易流程，压缩冗余环节，保证供应链系统的顺畅运行。

2. 加强虚拟供应链与实体供应链的融合，实现供应链的快速增值

电子商务是企业提高国际竞争力和拓展市场的有效方式，同时，电子商务与供应链管理相结合也给企业带来了革命性的变革。所有的企业都将逐渐成为技术型的企业，都能够以终端消费者喜欢的方式来满足他们的需要。实时的供应链优化方案会引入更多智能化的增值功能，使供应链成员充分看到以信用为前提的技术交流与共享能够为他们带来的收益，完成实体供应链与虚拟供应链的有效融合。

3. 树立供应链危机意识，建立完善的供应链危机应对机制

供应链成员应当以核心企业为龙头，提出不同情况下的危机应对预案，最大限度地做好防范工作。供应链成员间应秉承合作共赢理念，贯彻诚信自律原则，形成良好的信息共享氛围。要把供应链危机防范贯穿于日常供应链管理工作的始终，应作为供应链管理的一项常规任务予以重视。通过组建高层管理者领导的组织机构，针对供应链危机的产生和发展的周期性特征实施有效的措施，充分发挥供应链各成员的人才、技术、资源优势，实现供应链危机的合理防范与应对。

任务小结

通过掌握供应链及供应链管理的基本概念，了解供应链管理的作用，重点分析了电子商务对供应链管理的影响及优化。

任务二　供应链管理方法及应用

任务导入

在合作之前，沃尔玛与宝洁的沟通只停留在宝洁的销售与沃尔玛的采购上，双方都只关注自己内部的业务。沃尔玛的创始人山姆•沃尔顿与宝洁的副总裁路•普立特切特多年前在辛辛那提的小河上一起泛舟时共同提出：建立从源头到终端分析供应链，建立合作伙伴关系，双方共同建立简单而高效的由工厂至消费者的物流储运体系。由此，双方展开了深入合作。

首先，为了降低营销成本，沃尔玛和宝洁公司建立合作联盟，由两个公司不同职能部门的 12 人小组一起开发出一套复杂的电子数据交换连接系统。通过该系统，宝洁公司可以源源不断地收集沃尔玛旗下各店的产品销售数据，并据此将适量的宝洁产品及时地从工厂送到商店。

其次，宝洁大胆地取消了销售部，设立了客户生意发展部，将财务、IT、物流、市场等多个部门从后方支持部门变为一线部门，与零售战略伙伴结成多部门的合作。原先宝洁和沃尔玛只在销售环节中对接，财务、IT 等部门均隐于其后；而在信息共享之后，双方实现了全方位对接。

再次，在持续补货的基础上，宝洁和沃尔玛合力启动了 CPFR(Collaborative Planning、Forecasting and Replenishment，协同的计划、预测与补货) 流程。它让双方从共同的商业计划开始，到市场推广、销售预测、订单预测，再到最后对市场活动的评估总结，形成了全方位协同作业。

最后，通过电子产品编码，宝洁与沃尔玛开始了射频技术（RFID）标签测试。对于宝洁来说，提议使用射频技术的价值是在零售商的货架上摆有更多它的产品，同时减少劳动力和存货费用。不久之后，宝洁与沃尔玛实现了全球范围内的数据同步。

宝洁与沃尔玛合作方式的改变使两家公司的关系发生了改变，两家公司建立了长期稳定的合作伙伴关系，由非输即赢的关系变成了力促双方成本下降、收益增加的双赢关系。

项目八 电子商务背景下的供应链管理

任务分析

供应链管理把供应链上的各个供应商、制造商、分销商、客户集成起来作为一个协调发展的有机整体，供应链上的各企业承担不同的职能，从而提升整个供应链运作的效率和经济效益。宝洁和沃尔玛的成功正是科学地运用供应链管理方法降低了企业整体的运营成本。

一、快速反应（QR）

（一）QR 的含义

QR 是指在供应链中，为了实现共同的目标，至少在两个环节间进行的紧密合作。目的是减少产品供应的时间和整条供应链上的库存，最大限度地提高整条供应链的运作效率。QR 在 20 世纪 80 年代中期开始应用于美国纺织服务业和零售业。

（二）QR 的实施步骤

具体而言，实施 QR 需要经过如图 8-3 所示的 6 个步骤。

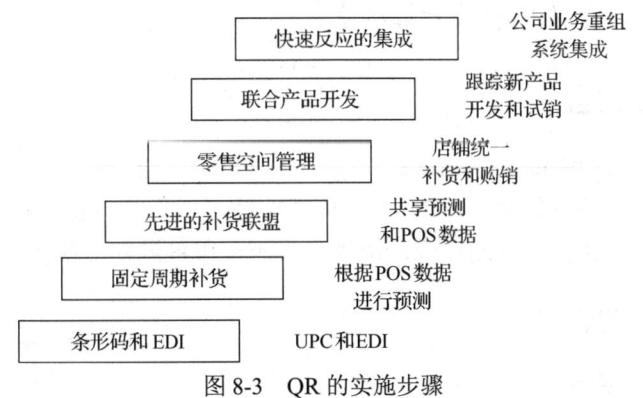

图 8-3 QR 的实施步骤

1. 条形码和 EDI

零售商必须先获取条形码（UPC 码）、销售时点信息（Point of Sale，POS）扫描和电子数据交换（Electronic Data Interchange，EDI）等技术设备，以加快 POS 机收款速度、获得更准确的销售数据并使信息沟通更加通畅。POS 扫描用于数据输入和数据采集，EDI 则是在计算机间交换的商业凭证。

2. 固定周期补货

利用历史销售数据和当前销售数据进行定期预测，同时综合考虑目前的存货情况和其他些因素，以确定订货量。固定周期补货可以避免店铺缺货，从而更好地满足消费者的多样化需求。

3. 先进的补货联盟

零售商和供应商联合起来检查销售数据，制订未来需求的计划，在保证有货或减少缺货的情况下降低库存水平。先进的补货联盟还可以进一步由供应商管理零售商的存货和补货，以加快库存周转速度，保证补货业务的顺畅，提高投资利用率。

4. 零售空间管理

零售空间管理是指根据每个店铺的需求来确定其经营商品的品种和补货业务，包括商品的品种、数量，店内陈列及培训或激励售货员等内容。

5. 联合产品开发

对于生命周期很短的商品（如服装等），厂商和零售商联合开发新产品，缩短新产品上市的时间，并可以在实体店内对新产品实时试销。

6. 快速反应的集成

这一步要求零售商和供应商围绕着消费者的需求重新设计整个组织、业绩评估系统、业务流程和信息系统，通过重新设计业务流程，将前五步的工作和公司的整体业务集成起来，以支持公司的整体战略。

二、有效客户反应（ECR）

（一）ECR 的含义

有效客户反应（Efficient Customer Response，ECR）是 1992 年从美国食品杂货业发展起来的一种供应链管理策略。ECR 指的是以满足客户要求，最大限度降低物流成本为原则，能及时做出迅速、准确的反应，使物品供应或服务流程最佳化而组成的协作系统。

（二）ECR 的特征

1. 企业间互利共赢

ECR 要求交易各方通过相互协调合作，实现以低成本向消费者提供高质量服务的目标，在此基础上平衡各方的利益，实现共赢。

2. 供应链整体协调

在传统的业务流程中各个企业以各自企业效益最大化为目标，这样容易引起企业间的利益摩擦。ECR 要求各企业消除各部门、各职能之间的壁垒，进行跨部门、跨职能和跨企业的管理和协调，使商品流和信息流在企业内和供应链内顺畅地流动。

3. 多行业密切配合

ECR 要求对供应链进行统一的管理和协调，包括零售业、批发业和制造业等相关的多个行业。为了最大限度地发挥 ECR 所具有的作用，必须对相关联的行业进行分析研究，对组成供应链的各类企业进行管理和协调，使之密切配合。

（三）ECR 系统的结构

构筑 ECR 系统的具体目标是实现低成本的流通、基础关联设施建设、消除组织间的隔阂及协调合作以满足消费者需要。作为一个供应链管理系统，ECR 需要把市场营销、物流管理、信息技术和组织革新技术有机结合起来，以实现 ECR 的目标，如图 8-4 所示。

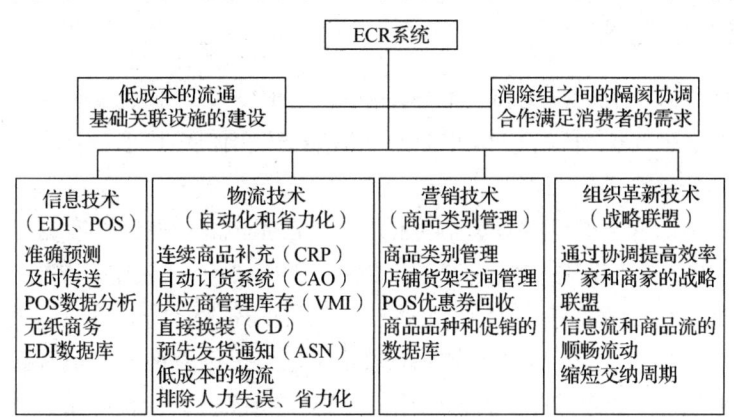

图 8-4　ECR 系统构造图

1. 信息技术

与 QR 系统相似，ECR 系统应用的主要信息技术也包括电子数据交换（EDI）和销售时点信息（POS）。ECR 系统利用 EDI 在供应链中的企业间传送订货清单和发货清单、价格变化信息、付款通知单等单据，传送交换销售时点信息、库存信息、新产品开发信息和市场预测信息等直接与经营有关的信息。整理分析销售时点信息，可以掌握消费者的购买动向，找出畅销商品和滞销商品，做好商品类别管理、库存管理、订货管理等工作。

2. 物流技术

ECR 系统要求及时配送和供应链的顺畅。实现这一要求的方法有连续补充计划、自动订货、预先发货通知（Advanced Shipping Notice，ASN）、供应商管理库存、直接换装和店铺直送等。通过这些技术可以实现小批量多频次的连续配送，简化订货和发货过程，提高库存周转率，缩短交货周期和时间。

3. 营销技术

在 ECR 系统中，商品类别管理和店铺货架空间管理同时进行、相互作用。商品类别管理是以商品类别为管理单位，确定或评价每一个类别商品的综合指标，结合库存水平和货架展示等因素，制订商品品种计划，使收益最大化。店铺货架空间管理是对店铺的空间安排、各类商品的展示比例、商品在货架上的布置等进行优化管理。

4. 组织革新技术

应用 ECR 系统不仅需要供应链中的每个企业紧密协调和合作，还需要每个企业内部各个部门的紧密协调和合作。在企业内部的组织革新方面，客户需求决定流程模式、流程

决定组织职能，企业需要把按采购、生产、物流、销售等职能划分的组织形式改变为按流程划分的组织形式，从根本上适应 ECR 系统的正常运作。

三、供应商管理库存（VMI）

（一）VMI 的含义

供应商管理库存（Vendor Managed Inventory，VMI）是一种企业和供应商之间的合作策略，双方在一个相互认同、不断修正的目标框架下采用供应商管理库存的方式，使双方都能以最低成本优化产品的可获得性。

传统供应链中的库存管理是相互独立的，制造企业与商业企业都有自己的库存和库存控制策略，但结果是供应链中的每个组织根据各自的需要独立运作，重复建立库存，因而不能实现整条供应链的成本最小化。整个供应链系统的库存会随着供应链长度的增加而增加，即所谓的"牛鞭效应"。简单地讲，牛鞭效应就是指供应链下游消费需求轻微变动而导致的上游企业生产、经营安排的剧烈变化的现象。当市场上一种商品的消费需求发生细微变动时，这种波动会沿着零售商、批发商、分销商直至制造商逆流而上，并逐级扩大，最后导致需求信息严重扭曲或失真。

为了解决这个问题，VMI 近年来被广泛应用。VMI 的主要思想就是供应商在客户的允许与支持下设立库存，确定库存水平和补给策略，客户将商品数据随时传递给供应商，供应商根据这些数据决定货物需求数量、库存水平和补给策略，拥有库存控制权。由销售数据得到消费需求信息，供应商可以更有效地对应市场变化和消费者的需求。

在 VMI 策略实施中体现了合作、互惠、目标一致和连续改进等原则，因此 VMI 可以用来降低库存量、提高库存周转率，进而降低库存成本；同时制造企业与商业企业共享重要信息，双方都可以改善需求预测、补货计划、促销管理和运输装载计划等。VMI 体现了供应链集成化管理思想，有助于打破传统企业相互独立的库存管理模式，使整个供应链的库存管理优化目标得以实现。

（二）VMI 的特征

（1）强调信任合作

在 VMI 实施过程中，企业间相互信任与信息的透明与共享是很重要的。供应商和客户都需要有较好的契约精神，才能够保持较好的合作。

（2）追求互利共赢

VMI 的关注焦点不是供应链中的某个企业的库存与成本，而是整个供应链系统的库存优化，使供求双方的成本都获得减少，实现互利共赢。

（3）鼓励持续改进

在 VMI 的实施过程中，各节点对现存问题要以积极的态度，寻求解决办法。通过持续改进，使供需双方能共享利益和避免浪费。

（4）重视框架协议

框架协议的作用是使双方都能明确各自的责任，就有关问题形成一致的意见。如货物存放点是否要管理费等问题都要达成一致并且在框架协议中体现。

（三）VMI 的业务流程

如图 8-5 所示，从 VMI 系统的主要框架来看，VMI 的作业流程主要涉及需求预测计划和补货配送计划两个模块。

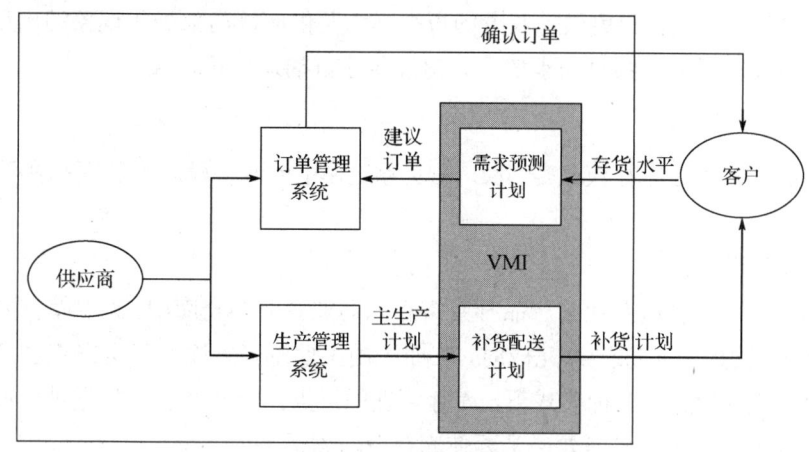

图 8-5　VMI 框架结构

1. 需求预测计划

需求预测计划是供应商使用预测理论与统计工具来预测客户需求，目的是协助供应商完成供货准备。一般预测所需的参考要素包括客户历史订货数据、各种市场营销信息等。需求预测一般依据以下程序进行：供应商收到客户最近的产品活动信息，利用 VMI 进行需求分析；然后使用统计分析方法，结合客户历史平均需求、客户需求动向、客户需求周期产生最初的预测；在完成以上运作的基础上，结合相应算法由统计工具模拟不同市场经营状态（如促销活动、市场动向、广告、价格变动等），产生调整后的预测。

2. 补货配送计划

补货配送计划指可利用成本库存平衡客户需求和产品出货能达到的成本效益。补货配送计划能提高供应商的服务质量，降低库存水平及运输成本，最主要是有效地管理库存量。

四、联合管理库存（JMI）

（一）JMI 的含义

1. JMI 的思想

为了克服 VMI 系统的局限性和规避传统库存控制中的牛鞭效应，联合库存管理

（Jointly Managed Inventory，JMI）应运而生。JMI 是一种在 VMI 的基础上发展起来的上游企业和下游企业权利责任平衡和风险共担的库存管理模式。

联合库存管理把供应链系统管理进一步集成为上游和下游两个协调管理中心，强调供应链中各个节点的同时参与，共同制订库存计划，使供应链中的每个库存管理者都从相互之间的协调性考虑，使每个库存管理者对需求的预期一致，从而消除需求变异放大现象。

另外，JMI 在供应链中实施合理的风险、成本与效益平衡机制，建立合理的库存管理风险的预防和分担机制、合理的库存成本与运输成本分担机制和相对应的利益分配机制，在进行有效激励的同时，避免供需双方的短视行为及供应链局部最优现象的出现。通过协调管理中心，使供需双方共享需求信息，提高供应链的运作稳定性。

2. JMI 的两种模式

集中库存模式和无库存模式是 JMI 在实际运作中的两种模式，其区别在于是否拥有库存。

（1）集中库存模式

即作为供应商的制造企业的产品都直接存入商业企业的仓库中。集中库存要求供应商按客户的订单组织生产。在产品完成时，立即采用小批量多频次的配送方式直接送到客户的仓库中以补充库存。在这种模式下，库存管理的重点在于商业企业根据销售的需要，保持合理的库存量，既要满足需要，又要使库存总成本最小。

（2）无库存模式

即作为供应商的制造企业和作为核心企业的商业企业都不设立库存。此时供应商直接为核心企业进行连续性小批量多频次的补充货物，并实现同步生产、同步供货，从而实现"在需要的时候把所需品类和数量的原材料送到需要的地点"的操作模式。这种准时化供货模式，由于完全取消库存，所以效率最高、成本最低。但是对供应商和核心企业的运作标准化、协作程度要求也高，而且二者的空间距离不能太远。

（二）JMI 的优点

与供应商管理库存相比，联合库存管理具有库存责任权责分担、协作紧密互动、供应商与客户联合制定采购决策、库存联合管理、供应链效率同步等优势，具体表现在以下几个方面。

- 为实现供应链的同步化运作提供基础和保证。
- 减少供应链中的需求失真现象，降低库存的不确定性，提高供应链的稳定性。
- 库存作为供需双方的信息交流和协调的纽带，可以暴露供应链管理中的缺陷，为改进供应链管理水平提供依据。
- 为实现零库存管理、准时采购及科学的供应链管理创造条件。
- 进一步体现供应链管理的资源共享和风险分担的原则。

（三）JMI 的实施策略

JMI 的实施需要依靠以下四方面的支持。

1. 建立供应链协调管理机制

JMI 要求供应链中的企业应从合作的精神出发，建立共同合作目标、联合库存的协调控制方法、有效的信息沟通的渠道以及利益的分配和激励机制，为联合库存管理提供有效的保证。

2. 综合运用生产与配送资源计划

在 JMI 模式中，供应链中的企业需要综合运用生产与配送资源计划。原材料库存协调管理中心采用生产资源计划系统 MRP Ⅱ，而在产品联合库存协调管理中心则采用资源配送计划 DRP。

3. 构建畅通的信息网络

JMI 要求供应链中的企业建立畅通的信息沟通渠道或系统，将条形码技术、扫描技术、POS 系统和 EDI 集成起来，充分利用互联网的优势，以保证需求信息在供应链中被准确传送，建立畅通的信息沟通桥梁。

4. 借助第三方物流

把库存管理的部分功能外包给第三方物流公司可以使企业把主要精力集中在自己的核心业务上。面向协调中心的第三方物流系统使供应链各方都能取消各自独立的库存，增加供应链的敏捷性和协调性，能够大大提高供应链的客户服务水平和运作效率。

五、协同规划、预测与补货（CPFR）

（一）CPFR 的含义

CPFR 的形成始于沃尔玛所推动的协同预测与补货（Collaborative Forecast and Replenishment，CFAR）。CFAR 是零售企业与生产企业通过互联网进行合作，共同做出商品预测，并在此基础上实行连续补货的系统。后来，在沃尔玛的不断推动之下，基于信息共享的 CFAR 又正在向 CPFR 发展。CPFR 提供了一整套工作流程，该流程以提高客户价值共同目标，通过供应链中企业的互相协作，共享标准化信息，制订有的放矢的计划，开展精确的市场预测，有效地管理库存，根据需求动态及时补货，以提高供应链的效益和效率。

（二）CPFR 的特征

1. 协同

协同强调供应链中的上下游企业要确立共同的目标，在共同目标下，持续沟通、信息共享，从而确立其协同性的经营战略。

2. 规划

规划强调双方的合作规划（品类、品牌、分类、关键品种等）。为了实现共同目标，双方还需要共同制订促销计划、库存政策变化计划、产品导入和中止计划以仓储分类计划。

3. 预测

预测强调双方必须做出最终的协同预测。CPFR 所推动的协同预测还有一个特点是它不仅关注供应链双方共同做出最终预测，同时也强调双方都应参与预测反馈信息的处理和预测模型的制定和修正，特别是如何处理预测数据的波动等问题，只有把数据集成、预测和问题处理等所有方面都考虑清楚，才有可能真正实现共同的目标，使协同预测落在实处。

4. 补货

补货强调企业必须利用时间序列预测和需求规划系统将销售预测转化为订单预测，并且与供应商协商确定约束条件，如订单处理周期、前置时间、订单最小量、商品单元及零售方长期形成的购买习惯等。

（三）CPFR 的基本模型

CPFR 模型强调消费者是供应链的核心，生产商和零售商协作的目的是为了满足消费者的需要，所以该模型的中心是消费者。生产商和零售商以消费者为中心，通过共享信息、协同作业实现 CPFR 的目标。CPFR 模型由四大部分、八个方面组成，如图 8-6 所示。

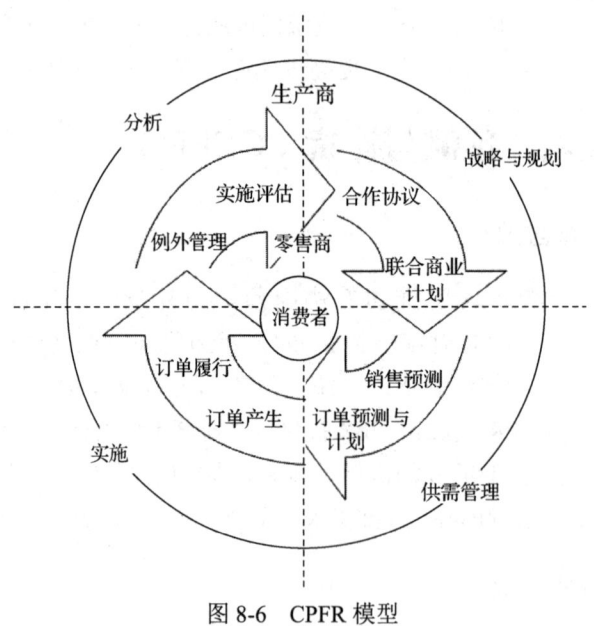

图 8-6　CPFR 模型

项目八 电子商务背景下的供应链管理

1. 战略与规划

战略与规划包括签订 CPFR 协议和创建联合商业计划。CPFR 业务协议应包括合作双方共同建立协作关系的指导方针与遵循原则、合作目标、协同范围、生产商和零售商角色和应承担的责任等;创建联合商业计划主要是通过合作方交换战略和商业计划,并结合如促销、库存政策以及产品的引进等方面因素,共同制订联合商业计划。此阶段零售商的主要任务是供应商管理和商品品类管理,生产商的主要任务是制订相应的财务计划和市场计划。

2. 供需管理

供需管理包括销售预测和订单预测与计划。销售预测是根据零售商端的 POS 数据、零售商配送中心退回和已计划事件的信息等来预测商品的销售状况;订单预测与计划是根据销售预测、库存策略、订货提前期及其他影响因素,确定未来一段时间内的产品订单和交付要求。此阶段零售商的主要任务是销售数据的预测和补货计划的制订;生产商的主要任务是销售数据的分析和需求计划的制订。

3. 实施

实施包括订单产生和订单履行。订单是根据订单的预测资料,结合零售商和生产商的系统和资源状况产生的;订单履行是指产品的生产、运输、储存和交付的过程。此阶段零售商的主要任务是进行商品订购和物流及配送工作;生产商的主要任务是制订生产和供应计划以及开展物流和配送工作。

4. 分析

分析包括例外管理和实施评估。例外管理主要是对计划和实施中的例外情况的处理;实施评估包括对目标实现情况的评估、预测发展趋势及制定可供选择的战略工作。此阶段零售商的主要任务是进行例外情况的处理和对消费者进行评估;生产商的主要任务是进行例外情况的处理和对零售商进行评估。CPFR 通过合作伙伴共享信息并共同管理业务流程,真正实现供应链中的企业资源的有效利用,提高供应链的协调性,增强供应链的竞争力。

 任务小结

通过掌握快速反应(QR)、有效客户反应(ECR)、供应商管理库存(VMI)、联合管理库存(JMI)、协同规划、预测与补货(CPFR)等供应链管理方法的含义及特点,重点分析几种方法在供应链管理中的应用。

任务三 电子商务中的供应链管理实施

深圳市联创科技集团有限公司,是一家以家电业为主,横跨商务礼品、移动通信、电子数码产品等领域的大型综合性现代化企业集团,是中国最早生产空调扇的企业和全球最大的空调扇产品研发生产基地,更是国内商务礼品行业的龙头企业。联创科技集团拥有规模庞大的分销体系,全国规模较大的经销商有近500家,而这些经销商往往也是联创科技集团的特约服务网点。由于产品、配件种类繁多,产品的更新换代导致配件有诸多版本,在订货、发货的过程中存在着严重的沟通障碍;分销环节,售后服务环节的业务协同效率比较低。为了从根本上改变这一现状,联创科技集团应用了电子商务供应链服务平台,建立了经销商门户、服务网点门户,分别处理整机订货业务和配件订货业务。

联创科技集团自运行电子商务平台3个月以来,投诉减少了50%,人员成本降低了50%,供货时间从原来的4天缩短到了1天,1个月内实现了500家经销商全面接入平台,98%的国内订单通过电子商务平台进行处理。

电子商务供应链管理的主要内容涉及采购管理、生产组织、库存管理、订单处理、运输与配送管理、客户服务、支付管理等几个方面。电子商务的应用促进了供应链管理的发展,也弥补了传统供应链管理的不足。通过建立电子商务平台,企业可以灵活地建立起多种组织的电子连接,改变供应链伙伴之间的沟通方式,使业务和信息实现集成和共享,保证供应链低成本、高效率运行。

一、电子商务背景下供应链管理的目标及原则

电子商务的高速发展促进了供应链管理的发展,并且电子商务的发展也为信息流的通畅提供了保障。利用电子信息及网络平台更好地优化供应链管理网络,使供应链的各节点、各功能更好地协调与配合,共同保证供应链管理目标的实现。

项目八　电子商务背景下的供应链管理

（一）电子商务背景下供应链管理的目标

1. 提升供应链成员间的信任关系，实现供应链节点企业的共赢

电子商务背景下供应链管理的目标是寻求提高客户服务水平和降低总的物流成本（从原材料到最终产品的费用）之间的平衡，最大限度地发挥供应链的优势，达到供应链整体效益最大化。

以信息技术为支撑的电子商务有助于企业跨越传统的组织形式，通过互联网将客户、销售商、供应商和生产商联系在一起，不断融合供应链成员之间的关系，重新整合整个供应链，使供需双方在最适当的时机得到最适用的市场信息，使供应链中的各企业利益最大化。

2. 转变供应链管理模式，实现供应链管理"横向一体化"

随着信息技术的飞速发展，经济全球化市场的形成，消费者的个性化需求不断涌现，"纵向一体化"管理显现出越来越多的问题。企业应努力朝"横向一体化"的供应链管理模式转变，利用现代信息技术改造和集成业务流程，协调供应链管理中的信息流、资金流和物流，与供应商和客户建立协同的业务伙伴联盟，利用企业外部资源快速响应市场需求。信息网络技术将企业内部及供应链上的节点企业有机地整合起来，不断提高供应链管理体系的敏捷性和灵活性。

3. 加强信息网络设施建设，实现供应链管理信息网络化

企业管理战略的一个重要内容就是建立适用于供应链运作的信息交易平台，应用信息技术改进整个供应链的信息精度和流动速度。因此，加强信息网络设施的建设，加大电子商务应用的推广力度，在企业内部建立企业内部网，在企业之间建立外部网络，使内部供应链与外部供应链形成一个整体，让供应链上的信息能够共享，成为供应链信息网络化建设的当务之急。

（二）电子商务背景下供应链管理的原则

在电子商务背景下供应链的设计与管理过程中，应该遵循一些基本原则，以保证供应链设计能保证供应链思想得以贯彻和实施，切实达到提高工作效率、降低成本的目的。

1. 简洁性原则

电子商务市场有一个重要的特征，那就是快捷，因此，必须保证供应链的每个节点都是简洁的、具有活力的、能实现业务流程的快速组合。供应商的选择应按照少而精的原则，通过与少数供应商建立战略伙伴关系，减少采购成本，推动实施准时采购和准时生产。电子商务的供应链是由供应、运输和需求组成的物料处理网络。

2. 集优化原则

电子商务背景下供应链中的各个节点企业的选择应遵循强强联合的原则,达到实现资源外用的目的。每个企业不必精通所有业务,而只需集中精力做好各自核心的业务,达到供应链整体的运行和成本最优化。

3. 协调合作原则

电子商务背景下供应链管理的思想就在于各项工作的协调与一体化,电子商务企业业绩的好坏直接取决于供应链中的合作伙伴关系是否和谐。只有运作良好的供应链系统才能发挥最佳的效能,使企业在竞争中立于不败之地。

4. 动态灵活性原则

不确定性在供应链中随处可见,而这些不确定性又有可能导致需求信息的失真,所以要尽量准确地预见各种不确定因素对供应链的影响,从而减少信息在传递过程中的失真,这就要求供应链管理系统具有动态灵活性。

5. 创新性原则

没有创新就没有人类的进步,同样,如果没有创新性思维,就不可能有创新的管理模式。在信息化供应链管理系统的设计过程中,要敢于打破各种陈旧的思维框架,用新的角度、新的视野审视原有的管理体系,并对其进行大胆的创新设计。

二、电子商务背景下的供应链管理模式

在迅猛发展的电子商务时代,供应链管理的核心任务可归纳为:动态联盟的系统化管理,生产两端的资源优化管理,不确定性需求的信息共享管理及生产的敏捷化管理。因此在这种要求下,供应链的管理必然要适应电子商务的特点,开发出集成化的供应链管理模式。

(一)价值链驱动模式(VCI)

价值链的概念是 1985 年 Michael E.Porter 在《竞争优势》中提出的。为理解成本行为与现有的和潜在的歧异性的来源,价值链将一个企业分解为战略相关的基本价值活动和辅助价值活动。1995 年,Jefferu F. Rayport 和 John J.Sviokla 提出了虚拟价值链的观点,他们认为如今的企业都在两个世界中竞争,即管理者可感知的物质世界和由信息构成的虚拟世界。两条价值链的经济原理、管理、价值增值的过程都不同。互联网的出现,使实物价值链与虚拟价值链得以并行,实物价值链上的每个环节都可与虚价值链相结合,而电子商务的出现,使得两条价值链的边界变得更为模糊。

价值链驱动模式(VCI)的最终目标是向世界各地的交易伙伴实时传递相关的动态数据流,以此来影响电子商务中的供应链。一个 VCI 中的固化软件程序可以实时地与其他

软件程序传递数据。例如,当某个用户发出的订单自动地传送到仓库管理系统时,系统不仅将记录放入仓库管理后台数据库中,还将同时触发一个物流配送系统,进行运输分配与管理,如果仓储低于库存下限,则会同时触发生制造系统,向生产线下达产品生产的指令。

(二)合作、预测与供给模式(CFAR)

合作、预测与供给模式(CFAR)是由国际著名的商业零售连锁店 Wal-Mart 及其供应商 Warner-Lambert 等 5 家公司联合成立的零售供应链工作组研究出来的,它应用一系列的处理和技术模型,提供覆盖整个供应链的技术支撑,通过共同管理业务过程和共享信息,改善零售和供应商的伙伴关系,以达到显著改善预测准确度,降低成本、库存总量和现货百分比,提高供应链效率的目的。

运用 CFAR 模式需要遵循以下三条原则:一是合作伙伴框架结构和运用过程以消费者为中心,面向供应链进行运作。二是合作伙伴共同开发单一、共享的消费者需求预测系统,用以制订供应链中的各种计划。三是合作伙伴均承诺共享预测并在消除供应过程约束方面共担风险。

CFAR 模式是一个更为具体的基于电子商务的集成供应链管理模式,它的实施能够使供应商加强对存货的管理及不断完善对企业整体的预测。通过 CFAR 模式,各方可以迅速交换一系列的书面协议、促销计划和相关预测。根据美国商业部资料表明,1997 年美零售商品供应链中的库存成本约为 1 万亿美元,如果全面运用 CFAR 模式,可以降低库存成本 15%~25%。

三、电子商务背景下的客户和供应商关系管理

(一)电子商务背景下的客户关系管理

1. 客户关系管理的含义

进入 21 世纪之后,计算机与网络技术的飞速发展,使全球进入了崭新的电子商务时代。社会生产由大批量生产转变为个性化定制,企业的经营流程也从"以产品为中心"转向为"以客户为中心"。面对竞争不断加剧的外部环境,企业要想成功并且立于不败之地,就必须要掌握客户的需求,加强与客户的联系,有效挖掘和管理客户资源。因此,以客户为中心的客户关系管理在企业中的作用就显得愈加重要。

客户关系管理(CRM)的核心理念是"以客户为中心"。CRM 系统就是按照"以客户为中心"的理念将销售和服务等各个环节的流程固化到 IT 系统之中,从而使得过去难以标准化与量化的活动,实现标准化和量化,使得"以客户为中心"的理念变为企业的具体行动。CRM 是一个搜集资料、分析资料、获取需求、不断重复、持续改善的过程,帮助企业更有效率地销售他们的产品或服务。CRM 是一种旨在改善企业与客户之间关系的新型管理机制。

2. 电子商务背景下客户关系管理的特点

在传统条件下实现客户关系管理有较大的局限性，主要表现在客户信息的分散性及企业内部各部门业务运作的独立性，基于互联网的客户关系管理是一个完整的收集、分析、开发和利用各种客户资源的系统，它具有以下特点。

- 集中了企业内部原来分散的各种客户数据，为各部门所共享。
- 客户在企业内得到的信息是一致的。
- 客户可选择电子邮件、电话、传真等多种方式与企业联系且都能得到满意的答复，因为企业内部的信息是高度集成的。
- 客户与企业往来的各种信息都能在客户数据库中得到体现，能最大限度地满足客户个性化的需求。
- 企业可以充分利用客户关系管理系统，可以准确判断客户的需求特性，以便有的放矢地开展客户服务，提高客户忠诚度。

3. 电子商务背景下客户关系管理的实施

许多企业客户关系管理的实践表明：在电子商务时代，有效实施客户关系管理是企业保持旺盛生命力的关键所在，客户关系管理的成功，才能促进电子商务的发展，也才有企业持续、快速、健康的发展。电子商务背景下客户关系管理的实施离不开以下几个方面。

客户关系管理必须要有明确的远景规划和近期目标。管理者在制定目标与规划时，既要考虑企业内部的现状和实际管理水平，也要看到外部市场对企业的要求与挑战。只有明确实施客户关系管理的目的，才能给出适合企业自身的客户关系管理远景规划和近期目标。

高层管理者的理解与支持。高层管理者对客户关系管理项目实施的支持和理解是项目成功的关键因素之一。缺乏管理者的支持和理解会对项目实施带来很大的负面影响。要得到管理者的支持与理解，管理者必须对项目有相当的参与度，进而能够对项目实施有一定理解。

让业务来驱动客户关系管理项目的实施。客户关系管理项目是为了建立一套以客户为中心的销售服务体系，因此客户关系管理项目实施应当是以业务过程来驱动的。在客户关系管理项目的实施过程中必须要把握客户关系管理软件提供的先进技术与企业目前的运作流程间的平衡点，确保客户关系管理项目的顺利实施，并最终完成业务流程的优化。

有效地控制变更。项目实施不可避免地会使业务流程发生变化，同时也会影响到人员岗位和职责的变化，甚至会引起部分组织结构的调整。如何将这些变化带来的消极影响降到最低，如何使企业内所有相关部门和人员认同并接受这一变化，是项目负责人将面临的一项挑战。

项目实施组织结构的建立。项目组成员会由企业内部成员和外部的实施伙伴共同组成。内部人员主要有企业高层领导、相关实施部门的业务骨干和 IT 技术人员等。业务骨干的挑选要十分谨慎,他们应当熟悉企业目前的运作,并对相关流程具备一定的发言权和权威性,必须全程地参与项目工作。

明确项目人员的奖惩制度。客户关系管理项目在实施过程中会发生人员流动,也会出现工作人员的效率不高、情绪不积极等情况。针对上述情况,项目组在建立项目小组时必须明确相关人员的职责,将每项任务落实到人,明确个人的考核目标,对优秀人员予以奖励,对不能完成任务的人员予以处罚。

(二)电子商务背景下的供应商关系管理

为了取得市场竞争优势,企业寻求合作的意识越来越强,在这样的前提下,传统的供应商管理已不能满足现实需求,供应链背景下的供应商关系管理(Supplier Relationship Management,SRM)正在被逐步取代。

1. 供应商关系管理的含义

供应商关系管理是用来改善企业与供应链上游供应商的关系的,它是一种企业与供应商建立和维持长久、紧密伙伴关系的管理思想和软件技术的解决方案,它是旨在改善企业与供应商之间关系的新型管理机制,作用于企业采购业务及其相关的领域,目标是通过与供应商建立长期、紧密的业务关系,并通过对双方资源的整合来共同开拓市场,扩大市场份额,降低产品前期的高额成本,最终实现双赢的企业管理模式。

2. 供应商关系管理的基本内容

(1)需求分析

准确、及时的需求分析是制定企业决策的一个前提条件,在采购方面也是如此。随着供应商队伍专业化的发展,准确及时的采购可以节省开支,取得市场上的采购优势。采购既要面对生产又要同时满足市场和客户的需求。SRM 系统能够协助企业整合内部和外部资源,开展高效能的采购活动,对自身业务关键性材料或者服务的采购需求进行重点监控,减少日常生产运作中的不确定性带来的影响。

(2)供应商的分类与选择

应该确定符合公司战略的供应商特征,对所有供应商进行评估,可以将供应商分成交易型、战略型和大额型。一般来讲,交易型供应商是指为数众多,但交易金额较小的供应商;战略型供应商是指公司战略发展所必需的少数几家供应商;大额型供应商指交易数额巨大,战略意义一般的供应商。供应商分类的目标是为了针对不同类型的供应商,制定不同的管理方法,实现有效管理。这种管理方式的转变,应该先与各利益相关方进行充分沟通,获得他们的支持。

供应商的评估与选择应该考察多个方面的因素，包括：实力（技术、渠道、竞争力等）；响应速度（对企业需求的影响速度以及对改进工作的态度等）；质量管理（产品设计以及质量保证程序等）；时间控制（交货期的长短以及交货是否准时等）；成本控制（设计费、制造费、维护费以及运输费和保管费等）。SRM 系统可以综合考察供应商各个方面的要素，帮助企业做出准确的分类与选择。

（3）与供应商建立合作关系

首先，与战略供应商和大额增长型供应商在总体目标、采购类别目标、阶段性评估、信息共享和重要举措等各方面达成共识，并记录在案。其次，与各相关部门召开共同流程改进培训会议，发现有改进潜力的领域。再次，对每位供应商进行职责定位，明确其地位与作用。最后，双方达成建立供应商关系框架协议，明确关系目标。在这一环节中企业可以做的工作包括：建立供应商的管理制度；供应商绩效管理；供应商的合同关系管理；采购流程的设计与实施。SRM 能够使采购流程透明化，并能提高效率和反应能力，降低库存周转时间，提高买卖双方的满意度。

（4）与供应商进行谈判

在达成框架协议后，企业与供应商可通过谈判商谈合作中的细节问题。SRM 能够帮助企业跟踪重要的供应商数据如供应商资金的变化等，以备谈判之用。

（5）供应商绩效评估

供应商绩效评估是整个供应商关系管理中的重要环节。它既是对某一阶段双方合作实施效果的衡量，又是下一次供应关系调整的基础。SRM 系统能够帮助企业制定供应商评估流程，定期向供应商提供反馈。供应商的绩效评估流程可以从技术、质量、响应、交货、成本和合同条款履行这几个关键方面来进行制定。

3. 电子商务背景下供应商管理策略

在电子商务背景下，供应商管理体系及其反馈机制的建立可以依靠先进的技术手段。从管理策略上应涵盖供应商的选择准入、分级管理、绩效考核和风险管理等内容，将供应商的全生命周期管理完整地通过信息技术体现出来，从而提高企业的供应商管理水平。

（1）供应商的选择准入管理

供应商在统一的信息平台上进行注册并填写产品信息，根据供应商所属性质的不同可补充填写不同的资质调查问卷，从而可获取企业所关心的供应商完整信息，便于企业对供应商的资质能力、提供产品的类别、服务的区域等进行判断，为供应商的精细化管理提供充分的信息支持。

（2）供应商的分级管理

在电子商务背景下，企业通常将供应商分为战略供应商、核心供应商和一般供应商三大类，并根据企业的组织架构情况确定总部及各级单位的供应商，从而实现供应商的分级管理。供应商的分级管理有利于区别对待能力和绩效不同的供应商，将管理重点放在对企业重要性高、合作意愿强的供应商上，提高管理效率。在实现方式上，企业可以通过设置不同的用户权限和管理对象，在统一的信息平台上做到供应商的分级管理。在共享信息的同时对不同级别的供应商实施不同的管理策略，体现出了电子商务的优越性。

(3) 供应商的分类管理

企业经营需要用到各类产品，按照产品的自然属性、使用范围、功能效用等方式将产品进行类别划分，并将供应商与类别进行关联，即为供应商的分类管理。从技术手段上，企业与供应商可以使用对接的 ERP 系统，通过 ERP 系统，企业与供应商，可以对产品库存状况、技术要求、采购需求信息及投标方案进行统一管理，实现二者的生产与采购协同。分类管理的难点与重点是要建立一套企业与供应商都认可的分类体系并维护有效的分类数据，该分类体系体现于 ERP 系统及供应商管理信息平台中，并可被供应商接受和使用。在日常经营活动中形成的业务数据要能够及时准确地反映在分类体系中，以便企业通过数据汇总对产品需求、采购状况、供应商分布等进行统计分析，从而制定不同类别供应商的管理策略。

(4) 供应商的绩效考核管理

供应商管理的重要目标之一就是不断提升供应商的绩效状况以降低企业经营成本和风险。供应商绩效评价是对过去一段时间内供应商的表现情况进行定性和定量评价，发现存在的问题并提出解决方案。经典的评价指标包括质量、成本、交货、发展潜力和管理状况，在电子商务背景下还可具体包括供应商信息化建设和应用程度、在前期新产品研发方面的投入状况、售后服务状况等内容。理想的状态是在网上建立动态考核机制，设置各项考核指标的权重，对每笔招投标业务及订单合同的执行状况进行网上评价，通过不断汇总供应商的绩效状况对供应商的级别进行调整，定期发布供应商的考核报告，强化供应商动态考核。

(5) 供应商的风险管理

电子商务背景下企业的管理流程都不同程度地进行了再造，由于交易环境和技术手段的不断变化，企业也面临着与供应商相关的诸多风险，如供应商的信用风险、履约风险、交易安全风险等。在与战略供应商的业务交往中，由于企业与战略供应商之间的合作强调持久稳定，因此战略供应商会知晓企业部分商业机密，如生产的特有技术、产品设计或者消费者信息等。这些信息的安全与保密涉及企业的切身利益，需要供应商极高的信用支持。为此，企业需要对供应商的信用风险进行特别关注。通过实施部分业务的战略联盟来消除彼此的风险。供应商的履约风险是电子商务信用最为重要的表现。由于交易双方不能面对面进行交易，对产品质量、配送状况、售后服务质量很难达成完全一致，因此交易各方应事先进行充分沟通并制定必要的服务条款，切实履行各自的承诺。

任务小结

通过掌握电子商务背景下供应链管理的目标及原则，了解电子商务背景下供应链管理模式，正确开展电子商务背景下的客户关系管理和供应商关系管理。

案例分析

上海诺基亚贝尔股份有限公司电子商务供应链管理

上海诺基亚贝尔股份有限公司是中外合资、国有控股的现代化通信信息企业，总注册资本为12050万美元，现有员工3600人。20世纪90年代以来，其主导产品的产量、销售收入始终在本行业中居于首位。公司的产品结构主要由两部分构成：（1）传统产品，指S12系列程控交换机系列；（2）新产品，相对S12产品而言，由移动、数据、接入和终端产品构成。这两部分的产值比例约为8∶2。

上海诺基亚贝尔股份有限公司内部的供应链建设状况良好。例如，有良好的内部信息基础设施、ERP系统、相关流程和职责相对清晰。但上海诺基亚贝尔股份有限公司与外部供应链资源的集成状况不佳，在很大程度上依然是传统的运作管理模式，而并没有真正面向整个系统开展供应链管理。从1999年始，全球IT产品市场需求出现爆发性增长，但基础的元器件材料无法及时供应，众多IT行业厂商纷纷争夺材料资源，同时出现设备交货延迟等现象。由于上海诺基亚贝尔股份有限公司在供应链管理方面的快速反应、柔性化调整和系统内外响应力度上有所不够，一些材料断货，而一些材料库存积压，许多产品的履约率极低，如2000年上半年普遍履约率低于70%，有的产品如ISDN终端产品履约率不超过50%。现实状况的不理想迫使公司对供应链管理进行改革。

为解决上述问题，上海诺基亚贝尔股份有限公司制定了电子商务供应链管理战略，重点包括供应商关系管理的电子信息化和库存管理战略的电子信息化。

（1）供应商关系管理的电子信息化

①供应商的遴选标准。首先，应该依据企业与供应商关系管理模型对上海诺基亚贝尔股份有限公司与候选供应商进行关系界定，如上海贝岭股份有限公司为上海诺基亚贝尔股份有限公司提供S12通信专用芯片，每年上海诺基亚贝尔股份有限公司有80%的产品销往上海贝岭股份有限公司，根据企业与供应商关系管理模型，上海诺基亚贝尔股份有限公司与上海贝岭股份有限公司之间属于平等的战略伙伴关系；其次，要明确对供应商的信息化标准要求和双方信息沟通的标准，特别要关注关键性材料资源供应商的信息化设施和平台情况。关键性材料资源供应的波动会对供应链产生较大的影响，因此，传统的供应商遴选标准+分类信息标准是电子信息化供应商关系管理的基础。

项目八 电子商务背景下的供应链管理

②供应商的遴选方式和范围。上海诺基亚贝尔股份有限公司作为 IT 厂商,其供应商散落在世界各地,因此,在遴选供应商时应充分利用电子商务技术,如运用网络平台供应商招标或商务招标,一方面,可以突破原有信息的局限,另一方面,可以实现公平竞争,企业能够以较低的价格获得良好的服务,同时,网上招标成本也相对低廉,速度快捷,可经常使用,企业和供应商之间形成的是类动态联盟的供应链管理形式。

（2）库存管理战略的电子信息化

近两年,一方面,全球性的电子元器件资源紧缺,另一方面,上海诺基亚贝尔股份有限公司的原有库存管理体系抗风险能力差,库存问题成为近两年企业的焦点问题之一。面向供应链管理的库存管理模式有多种,根据上海诺基亚贝尔股份有限公司的库存管理种类和生产制造模式,适合采用如下库存管理模式。

①材料库存和半成品库存管理。在上海诺基亚贝尔股份有限公司,材料库存和半成品库存管理基本是对应于 make to order 生产模式的,主要是大型的交换机设备,市场需求的不确定性迫使企业须备有一定的安全材料库存或半成品库存,这样就产生了材料和半成品库存的管理问题。上海诺基亚贝尔股份有限公司近两年就遇到这样的困惑,一方面,按照历史数据和市场预测,对材料库存进行控制和管理,另一方面,企业时常形成持续的材料短缺。这种库存的风险也可能偏向另外一个极端,即材料库存严重超标。对关键性材料资源,企业可以考虑采用联合库存管理策略。经供应商和上海诺基亚贝尔股份有限公司协商,双方决定联合管理库存,既考虑市场需求,平抑市场需求不确定性带来的影响,又兼顾供应商的产能状况,也使供应商及时响应市场需求,调节产出,在电子商务手段的支持下,双方实现信息、资源共享、风险共担的良性库存管理模式。

②成品库存管理。上海诺基亚贝尔股份有限公司近年来基本无严重成品库存管理问题,一方面,公司 90%以上的产品是按照订单生产,基本无产成品库存,另一方面,公司的终端产品属于准民用化产品,按照 Make to Store 方式生产,材料入库后不久便会成为终端产品,用以满足市场需求。因近期 ISDN 终端市场需求旺盛,故暂无库存积压风险,反而因市场需求波动造成的缺货压力偏大。相对而言,上海诺基亚贝尔股份有限公司终端产品的销售体系比较完善,可以采用供应商管理客户库存模式（VMI）来进行终端产品库存管理。2000 年上海诺基亚贝尔股份有限公司终端事业部已开始尝试运用总体框架协议、分批实施、动态补偿,同时实行即时的信息交换,将 VMI 库存管理的理念运用到了实践中。

 **案例思考**

1．上海诺基亚贝尔股份有限公司公司采用了哪些电子商务供应链管理策略？

2．请谈一谈电子商务对供应链管理战略的促进作用。

项目九 电子商务背景下的国际物流

【项目描述】

　　跨境电子商务物流是在跨境电子商务的背景下,通过互联网或移动客户端所进行的一切产品交易活动中的实物流动全过程。跨境电子商务物流具有快速化、集成化、规范化、电子化等特点。跨境电子商务物流发展的模式是多元化的,与传统物流相比,跨境电子商务物流具有敏捷性与柔性的特点,跨境电子商务更强调系统化、电子化、信息化、标准化。跨境电子商务物流与国际物流是相互促进、相互制约、相互依存的关系。

　　本项目共设置了两个学习任务:国际物流与跨境电子商务认知、跨境电子商务物流。通过国际物流与跨境电子商务的认知学习,让学生掌握跨境电子商务物流的含义、特征及分类,了解跨境电子商务物流发展现状及趋势,重点掌握不同类型跨境电子商务企业的选择分析。

项目九　电子商务背景下的国际物流

任务一　国际物流与跨境电子商务认知

任务导入

运营成本高、配送时间长、包裹无法全程追踪、不支持退换货，以及出现清关障碍和包裹破损甚至包裹丢失的情况，这些都是中国制造企业在最初进入跨境电子商务领域时经常遇到的难题。物流在跨境电子商务的业务中，正在扮演越来越重要的角色，将决定着制造企业的服务水平和市场竞争力。

对于物流难题，小布涂涂文化创意（大连）有限公司有过深刻的体会。这是一家集研发、设计、生产及销售为一体的跨境电子商务公司，是大连最大的跨境热烫压图文定制生产商，主要生产烫钻、刺绣等工艺的服装配饰。通过跨境电子商务平台，这家企业迅速开拓了海外 B2B、B2C 业务。当订单数量不断增长后，其负责人却为物流服务伤透了脑筋。因为服装配饰品订单小、客户数量多且分布较散，填写物流快递单往往会耗费大量的人力与时间。在全球越来越激烈的市场竞争环境中，终端客户的满意度对于企业利润的增长或减少起着决定性作用。为了优化物流流程，降低运营成本，小布涂涂与跨国物流公司 UPS 合作，将 UPS 先进的物流支持功能集成到自有系统和电子商务平台中，这样所有信息只需填写一次，订单、发票等都可以通过企业自有系统直接打印，无须再登录物流公司的系统。仅此一项，小布涂涂每个业务员平均每天可节省约 45 分钟，不仅改善了客户的物流体验，还大幅提升了业务效率，缩短了货物出口前的准备时间，同时便于企业和客户查询物流状态。小布涂涂的负责人表示，找对物流供应商后，他们的物流效率提高了 11%。从宏观的角度看，全球经济和市场瞬息万变，在中国经济新常态下，许多出口企业致力于实现从产品低质廉价到产品拥有高附加值的转型升级。在企业转型升级的过程中，物流供应链提供商扮演着战略合作伙伴的角色。

任务分析

跨境电子商务企业的迅猛发展，给国际物流业带来了新的机遇和挑战。同时，国际物流运作模式的适应性也成为制约着跨境电子商务的运营。通过对国际物流与跨境电子商务的认知，了解两者的发展趋势，明确跨境电子商务与国际物流是相互促进、相互制约、相互依存的关系。

一、国际物流认知

（一）国际物流的概念

《中华人民共和国国家标准物流术语》（GB/T 22126—2008）将国际物流（International Logistics，IL）定义为跨越不同国家或地区之间的物流活动。即组织原材料、在制品、半成品和制成品在国与国之间进行流动和转移的活动。国际物流也称为国际大流通或国际大物流，是国内物流的延伸和进一步发展。

国际物流有广义与狭义之分。广义国际物流的研究范围包括国际贸易物流、非贸易国际物流、国际物流合作、国际物流投资、国际物流交流等领域。其中国际贸易物流主要是指组织货物在国家（或地区）间的合理流动；非贸易国际物流典型的例子有国际展览与展品物流、国际邮政物流等；国际物流合作是指不同国别（或地区）的企业共同完成重大的国际经济技术项目的国际物流；国际物流投资是指不同国别（或地区）的物流企业共同投资组建国际物流企业；国际物流交流则主要是指在物流科学、技术、教育、培训和管理方面的国际交流。狭义的国际物流主要是指国际贸易物流，即组织货物在国际范围内的合理流动，也就是发生在不同国家（或地区）之间的物流。更具体地说，狭义的国际物流是指货物的提供者和需求者分别在两个或两个以上的国家（或地区）时，为了克服提供者和需求者之间的空间距离和时间距离，对货物进行物理移动的一项国际贸易或国际交流活动，从而完成国际商品交易的最终目的，即卖方交付单证、货物和收取货款，买方接受单证、支付货款和收取货物。

（二）国际物流的发展趋势

由于现代物流业对各国经济发展、国民生活提高和竞争实力增强有着重要的影响，因此，世界各国都十分重视物流业的现代化和国际化，从而使国际物流发展呈现出一系列新的趋势和特点。

1. 国际物流系统更加集成化

国际物流是将整个物流系统打造成一个高效、通畅、可控制的流通体系，以此来减少流通环节、节约流通费用，达到实现科学的物流管理、提高流通的效率和经济效益的目的，以适应在经济全球化背景下"物流无国界"的发展趋势。可以这样讲，过去单个物流企业之间的竞争，现在已经演变成一群物流企业与另一群物流企业的竞争、一个物流体系与另一个物流体系的竞争。

2. 国际物流管理更加网络化

物流信息化使国际物流可以实现跨国界、跨区域的信息共享，物流信息的传递更加方便、快捷、准确，加强了整个物流系统的信息衔接。现代国际物流就是在信息系统和标准

项目九　电子商务背景下的国际物流

化体系的共同支撑下,加之物流设施和物流系统的辅助,形成了四通八达的物流网络,国际物流覆盖面不断扩大,规模经济效益更加明显。

3. **国际物流标准更加统一化**

随着经济全球化的不断深入,世界各国都很重视本国物流与国际物流的相互衔接问题,努力使本国物流在发展的初期,就与国际物流的标准体系相一致。因此,国际物流的标准化问题不能不引起更多的重视。

4. **国际物流园区更加便利化**

为了适应国际贸易规模的急剧扩大,许多发达国家都致力于港口、机场、铁路、高速公路、立体仓库的建设,一些国际物流园区也因此应运而生。这些园区的选址一般靠近大型港口和机场,依托重要港口和机场,形成国际贸易的物流中心,并根据国际贸易的发展和要求,提供越来越多的便利的物流服务。

二、跨境电子商务认知

(一) 跨境电子商务的概念

跨境电子商务(简称跨境电商),是指发生在不同国家及不同地域之间的,通过互联网电子商务平台或者移动终端所进行的,包括 B2B、B2C、C2C、B2B2C 等类型的一切产品及服务等交易活动的全过程,即分属不同关境的交易主体,通过电子商务平台达成交易、进行支付结算,并通过跨境物流送达商品、完成交易的一种国际商业活动。跨境电商流程示意图如图 9-1 所示。

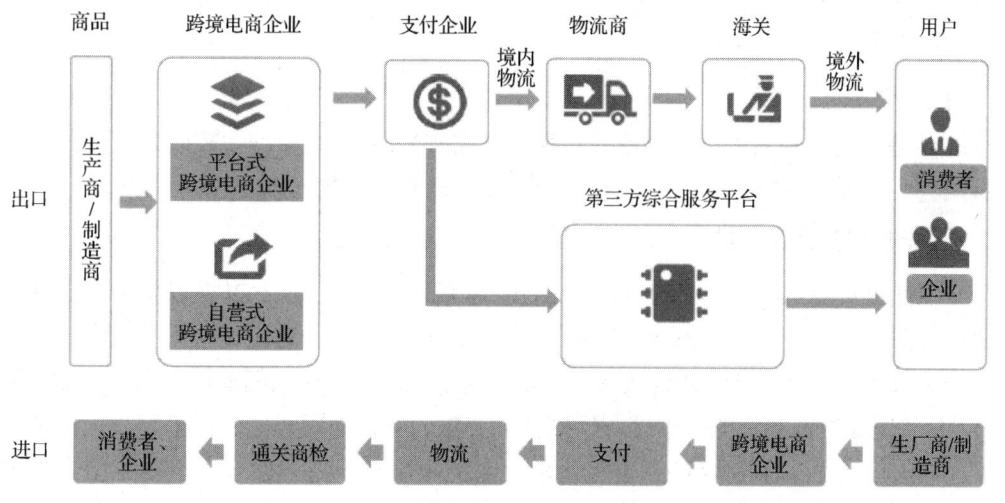

图 9-1　跨境电商流程示意图

在理解上，跨境电子商务有狭义和广义两种理解。广义来说，跨境电子商务是不同关境的交易方（销售商和消费者）借助互联网交易平台完成传统进出口贸易中的展示、洽谈、成交等各环节的工作，通过跨境物流实现产品送达，支付结算完成的一种跨境交易行为。狭义来说，跨境电子商务其实指的就是跨境零售。

（二）跨境电子商务的分类

1. 按照交易对象分类

按照交易对象的不同，跨境电商可分为 B2B、B2C、C2C、B2G 几类。

（1）B2B

B2B，即企业与企业之间的跨境电子商务，主要应用于企业之间的采购与进出口贸易等。在传统的电子商务形式中最常见的是 B2B 模式，其核心在于交易双方都是商家。B2B 可以分为三种模式：第一种是垂直模式，主要是整合某一专业领域中的上下游产业链；第二种是综合模式，网站属于一个开发性的中间平台，如阿里巴巴等。第三种是自建平台，企业自己建立平台直接销售自有或者采购的货物。

（2）B2C

B2C，即企业与消费者个人之间的跨境电子商务，主要应用于企业直接销售或消费者全球购活动。随着大量第三方在线平台的建立，跨境电商的交易门槛大幅降低，越来越多的零售商甚至消费者直接参与线上购买和销售过程，从而缩短了供应链，减少了中间环节，优势更加明显，B2C 模式的使用率显著增加。

（3）C2C

C2C，即消费者之间的跨境电子商务，主要应用于消费者之间的个人拍卖等行为。C2C 模式的特点是大众化交易，早期的 eBay 就属于 C2C 平台，而一度非常流行的海淘代购也是典型 C2C 平台。

（4）B2G

B2G 是新近出现的电子商务模式，即"商家到政府"，是企业与政府之间的跨境电子商务，主要应用于政府采购，但目前进行跨境采购要受到各国诸多法规的限制。

2. 按照交易渠道分类

按照交易渠道的不同，当前主要有 EDI、互联网两种方式。EDI 即以电子数据交换的方式进行跨境电子商务，自 20 世纪 70 年代以来，国际组织一直在推动有关数据传输标准和安全等技术的发展，已经较为成熟，主要应用于企业与企业之间的电子商务活动，但由于 EDI 对企业数据的标准化程度及软硬件的要求较高，必须租用专线进行，因而随着互联网的普及与发展，利用互联网进行跨境交易的中小企业越来越多。但在大型企业中，EDI 还广泛存在，欧盟统计局数据显示，2012 年欧盟 28 国中有 33%的企业采用 EDI 方式进行跨境交易，80%的企业采用互联网方式进行跨境交易。

3. 按照货物流通方向分类

按照货物流通方向的不同，可以分为进口跨境电子商务和出口跨境电子商务。

（1）进口跨境电商

海外卖家将商品直销给国内的买家，一般是国内消费者访问境外商家的购物网站选择商品，然后下单，由境外卖家发货，通过国际物流将商品送到国内消费者的手中。

（2）出口跨境电商

国内卖家将商品直销给境外的买家，一般是国外买家访问国内商家的网店，然后下单购买商品，并完成支付，由国内的商家通过国际物流将商品送到国外买家的手中。

4. 按照海关监管方式分类

按照海关监管方式的不同，可分为一般跨境电子商务和保税跨境电子商务。一般跨境电子商务主要用于一般进出口货物，大多是小额进出口货物，保税跨境电子商务主要是用于保税进出口货物，二者在通关手续等方面有明显不同。

（1）一般跨境电子商务基本流程

- 海外商家在接到订单后将商品运至海关。
- 通过出、入境申报清关。
- 通过物流将商品送到消费者手中。

（2）保税跨境电子商务基本流程

- 海外商家预先将商品运至跨境通自贸区保税仓库。
- 在线销售、消费者在线订购。
- 处理订单，入境申报，清关后直接从保税仓库中将商品快递给消费者。

（3）保税模式海外直邮流程

- 消费者在线订购商品。
- 海外商家从海外通过国际快递发货到自贸区保税仓库。
- 清关后，由物流公司将商品快递给国内消费者。

（三）跨境电子商务的发展趋势

1. 跨境电商数量仍将继续保持高速增长

研究显示，随着国际人均购买力不断增强、网络普及率不断提升、物流水平不断提高、支付方式愈加便捷，未来几年我国跨境电商仍将保持30%的年均复合增长率。阿里研究院预计到2020年，中国跨境电子商务交易额将达12万亿元,约占中国进出口总额的37.6%；中国跨境电商零售交易额将超过3.6万亿元，年均增幅约为37%。

2. 跨境电商服务生态圈健康发展

跨境电商服务生态圈包括跨境金融服务、跨境物流服务、外贸综合服务、跨境电商衍生服务（代运营、搜索关键词优化、人员培训咨询等）、大数据和云计算等技术与服务，将随着跨境电商的发展而发展。电商平台也将得到快速发展。

3. 跨境电商将促进互联网时代国际贸易新规则和新秩序的形成

到 2020 年，全球跨境电商消费者总数将超过 9 亿，全球跨境电商零售将成为国际贸易的重要组成部分，这代表了互联网时代全球贸易主体和贸易方式的巨大变化。因此，国际社会需要不断革新贸易体制、贸易规则，以适应全球互联网经济和跨境电商飞速发展的时代潮流。

4. 跨境电商仍以出口为主

2016 年跨境电商出口交易额在总交易额中的比重为 86.7%；2018 年，跨境电商出口交易额在总交易额中的比重为 88.4%。这表明目前跨境出口电商发展快速，预计未来出口电子商务交易额占比仍将保持在 80% 以上，在跨境电商中占据主导地位。

5. 物流行业机遇与挑战并存

随着互联网和电子商务的迅速发展，线上购物对于全球消费者已变得越来越平常，如何让消费者拥有更好地购物体验，保持销售额稳定增长，在海外市场赢得一席之地，是每个跨境电商从业者都必须思考和应对的问题。

6. 自营与平台类的融合成主流

跨境电子商务企业具有很强的竞争力，主要体现在正品、价格、物流和售后。跨境电商平台类企业产品丰富，消费者可自行选择。而自营类企业由于自身的需求，要先进行海外商品的采购，因此对企业的资金实力和选择商品的水平有更高的要求，其重点消费产品是标准化易于运输的正品。如果自营类企业能够看清市场趋势，抓住市场需求，形成自己较强的竞争力，发展是很快速的。综合来看，跨境电商的发展方向应该是两者结合，综合各自的核心竞争力，为跨境电商的发展再创佳绩。

（四）跨境电子商务的主要平台

1. 全球速卖通

阿里巴巴集团旗下的全球速卖通是面向全球市场打造的跨境电商在线交易平台，俗称"国际版淘宝"。它创建于 2009 年，2010 年 4 月免费对外开放注册，目前已成为全球大型跨境电商平台，拥有近 20 个语言分站，覆盖全球 220 多个国家和地区。海外买家流量每天超过 5000 万人次，最多时超过 1 亿人次，订单排名靠前的国家有俄罗斯、巴西、以色列、西班牙、白俄罗斯、美国、加拿大、乌克兰、法国等。全球速卖通业务覆盖 3C 配件、服装、家居、饰品等一级行业类目。它最大的特点是"价格为王"，一方面是指价格便宜；另一方面也指卖家必须具有价格优势才能脱颖而出。

2. eBay

eBay 在创立之初就将自己定位为为全球网民提供线上拍卖服务的交易平台。1999 年 eBay 开始在全球范围内扩张，2002 年吞并了 PayPal，目前业务覆盖全球 190 多个国家和地区。eBay 对卖家要求十分严格，除了交易双方在开户时必须绑定 PayPal 账户之外，还必须保证商品质量高、价格有优势，即做到真正的"物美价廉"。卖家通过两种方式在该网站上销售商品：一是拍卖，二是一口价。网站会根据这两种方式向卖家收取不同佣金，佣金基本上由两部分组成：一是版面刊登费（广告费），二是成交佣金。例如，卖家如果通过拍卖方式成交业务，每笔拍卖平台都会收取 0.25～800 美元不等的刊登费，然后再按交易额收取 7%～13%不等的成交费。

3. 亚马逊

亚马逊是美国最大的电子商务平台，在推广跨境电商时，其采取的方式是收购或自建本土化网站进入国外市场；同时，在世界各地推出全球开店业务，目标直指全球范围内的采购和销售。在全球范围内，亚马逊是对卖家要求最高的跨境电商平台。它不仅要求卖家的商品质量必须有保证，而且还必须是品牌商品才行。亚马逊对于新注册的卖家账户的要求也非常高：如果其无法提供合理的开店信息，注册就可能通不过。中国卖家要想注册成为亚马逊全球卖家，主要有两条渠道可选：一是在亚马逊美国网站上直接申请注册；二是通过亚马逊中国官方网站进行注册。为了鼓励买家自主购物，亚马逊还要求卖家必须提供非常详细、准确的商品详情和图片，把买家对平台客服的依赖降到最低。

4. Wish

Wish 是一款基于移动端 App 的商业平台，2011 年 12 月创建于美国旧金山。最初它只是向用户推送信息，并不涉及商品交易，2013 年 3 月起升级为购物平台，同年 6 月推出移动端 App，当年经营收入就超过了 1 亿美元。Wish 主要销售服装服饰，尤其是时尚类服装服饰，同时也销售美妆、配饰、3C 配件、母婴用品、家居用品等。在促销方面，Wish 会根据买家的行为偏好数据，选择相应的商品信息推送给买家，以促成交易。为了确保购物体验，它每次只推送极少量的商品，这种"物以稀为贵"更容易受到买卖双方的欢迎。

三、跨境电子商务与国际物流的关系

伴随人工智能、大数据等技术的发展与跨界融合，国际流通领域的业务延伸，跨境电商进入新时代，国际物流已成为影响跨境电商发展重要的因素之一。跨境电商与国际物流是相互影响、紧密联系的两个行业。

（一）跨境电子商务企业为国际物流带来了发展机遇

跨境电子商务的出现在很大程度上提升了购物便捷性，满足了消费者的需求。巨大的

跨境电商市场，为国际物流的发展提供了机遇。一方面，跨境电商的规模化发展，为国际物流产业提供了广阔的市场；另一方面，跨境电子商务企业为满足消费者的购物体验，对物流提出了"低成本、及时、高效"的要求，也大大推动了国际物流产业的发展。

（二）跨境电商和国际物流相互依存

对于跨境电子商务企业而言，产品是王道，物流是链条，国际物流是其运作过程中的重要保障。采购成本、人工成本、物流成本在其总成本中占据了很大的比例，物流成本的比重大概在20%～25%。如果没有多元化的国际物流体系为跨境电子商务提供支持，物流成本比重将会更大。所以，跨境电商与国际物流不仅是相互促进、相互制约的关系，两者更是相互依存的关系。

通过对国际物流、跨境电子商务的认知，掌握国际物流与跨境电子商务的含义、特征及分类，了解两者的发展趋势，同时，掌握跨境电子商务与国际物流的关系。

9月14日，菜鸟联合全球速卖通正式上线"AliExpress无忧物流"服务，通过提供跨境全链路一站式物流服务，助力中国"质"造走向全球。全球速卖通卖家开通无忧物流服务后，可将售后服务难题打包给平台处理，自己能更专注于店铺的经营与服务，提升其商品品质与服务质量。据悉，此次推出的"AliExpress无忧物流"服务是目前国内出口电商首次出现行业级一站式物流服务，没有出口业务经验的电商也能轻松操作。此项服务的推出将极大降低跨境电商从事出口业务的准入门槛。

据介绍，"AliExpress无忧物流"将揽收、配送、物流详情追踪、物流纠纷处理、售后赔付等系列服务打包整合成标准服务与优先服务两个可选项，出口卖家做出选择后，平台能迅速通过订单中的不同需求（收货国、物品重量、品类等），为其匹配最优的物流服务与相应的服务商选择。

项目九　电子商务背景下的国际物流

任务分析

　　跨境电子商务物流是在跨境电子商务的环境下,通过互联网在内的计算机网络或者移动用户终端所进行的一切产品及服务等交易活动的实物流动全过程。跨境电商的发展带动了跨境电子商务物流的发展,跨境电子商务物流正在逐步适应跨境电商的发展速度和方式,物流公司不仅需要完好的送达货物,而且还负担着跨境电商平台的售后服务,服务效率及消费者满意度也会影响到跨境电商平台的运营,两者是相互影响、相互制约的关系。

一、跨境电子商务物流概述

（一）跨境电子商务物流的概念

　　跨境电子商务物流是伴随着跨境电商的发展而产生的。随着跨境电商的发展,跨境电子商务物流迅速成长。跨境电商的发展需要跨境电子商务物流的支撑。跨境电子商务物流是指位于不同国家或地区的交易主体通过电商平台达成交易并进行支付清算后,通过跨境物流送达商品进而完成交易的一种商务活动。在电子商务背景下人们的交易主要依靠网络进行,此时作为线下主要活动的物流配送就显得十分重要,它直接关系到电子商务交易能否顺利完成,还直接影响消费者的购物体验。

　　无论是跨境电子商务物流还是传统物流,都是在一定成本的基础上物品的空间移动流动过程,这是两者的共同点。但是跨境电子商务对物流的具体要求又不同于传统物流,两者的差异性体现在以下几方面。

　　（1）运营模式对物流的敏捷性和柔性的要求不同

　　跨境电子商务"多品种、小批量、多批次、周期短"的运营模式对物流的敏捷性和柔性提出了更高的要求,跨境电子商务物流信息的更新要求库存商品快速分拣与配送,而多元化的物流渠道的选择也符合了跨境电子商务对国际物流的柔性需求。传统的商业模式"少品种、大批量、少批次、长周期"的运营模式决定了传统物流的固化性和单一性。

　　（2）物流功能性的附加价值不同

　　对于跨境电子商务商家来说,国际物流存在的意义并不仅仅只在于它的运输的功能,消费者的产品体验也包括了国际物流的时效体验,甚至国际物流的成本决定了产品在价格方面是否具有竞争优势,而传统物流除了运输的功能以外,附加价值并不明显。

　　（3）服务的主动性不同

　　跨境电子商务物流是主动服务,传统物流是被动服务。前者是产品物流、信息流、资金流的统一,商家在接到订单后安排发货,并时时监控物流过程直到完成投递。后者只是完成货物的运输,信息流往往在货物送达目的地以后才产生。

在传统物流业中,运输、仓储、配送等物流各环节彼此独立,互不越界,受人为因素和时间影响大。而跨境电子商务物流更加重视 IT 系统化、信息智能化,如各大国际物流企业致力于开发物流 ERP 系统,目的在于为客户提供更全面、更简单的物流信息系统,以实现跨境电子商务物流的智能化。

(二) 跨境电子商务物流的特征

随着跨境电商的高速发展,适应跨境电商不同需求的国际物流服务也随之衍生出来。根据物流功能的不同,我们可以把国际物流划分为很多种类型。其中商业快递、邮政快递、国际物流专线、海外仓物流等是跨境电子商务企业选择较多的国际物流类型。跨境电子商务物流的特征有以下几点。

1. 物流响应速度快

跨境电商要求国际物流供应链上下游对物流配送需求的响应速度要非常迅速,因此整个跨境电子商务物流前置时间和配送时间间隔越来越短,商品周转和物流配送也越来越快。

2. 物流功能的集成化

跨境电商将国际物流与供应链中的其他环节进行集成,包括物流渠道与产品渠道的集成、各种类型的物流渠道之间的集成、物流环节与物流功能的集成等。

3. 物流作业的规范化

跨境电商国际物流强调作业流程的标准化,包括物流订单处理模板的选择、物流渠道的管理标准的制定等,使复杂的物流作业流程变成简单的、可量化的、可考核的物流操作方式。

4. 物流信息的电子化

跨境电商国际物流强调订单处理、信息处理的系统化和电子化,用 ERP 系统完成标准化的物流订单处理和物流仓储管理。通过 ERP 系统对物流渠道的成本、时效性、安全性进行考核,以及对物流仓储管理过程中的库存积压产品延迟到货、物流配送不及时等进行有效的风险控制。

(三) 跨境电子商务物流的商业模式

1. 阿里巴巴跨境电子商务物流商业模式:凭借互联网、大数据分析、云计算等技术,整合物流优势资源

阿里巴巴集团投资成立菜鸟网络科技有限公司,利用先进的互联网技术,建立大数据应用平台;运用云计算技术,为电子商务企业、物流企业、仓储企业、供应链服务商等各类企业提供服务,支持物流行业向高附加值方向发展。其物流体系构建属于轻资产模式,优点是占用资金少,拥有大数据资源,具有很强的预测能力;缺点是其整合的物流公司服务水平良莠不齐,尤其是在"双 11"期间会出现大量压单,造成买家体验不良。

近几年阿里巴巴集团注资圆通、百世汇通等物流企业,在全国建有7处物流配送中心,提高了其对物流的控制能力。根据国内电子商务物流体系构建的经验,阿里巴巴集团在跨境电子商务物流体系构建方面,继续发挥整合能力,全球速卖通与新加坡邮政、澳大利亚邮政和巴西邮政等建立了战略合作关系。阿里巴巴集团通过对新加坡邮政的投资,共享万国邮政联盟的资源。2015年开始建立九大海外仓,阿里巴巴依靠其大数据、云计算技术、网仓自有核心资源,整合其他资源的模式,构建起了跨境电子商务物流体系。

2. 亚马逊跨境电子商务物流商业模式:以遍布全球的FBA仓优势资源,提供集仓储、库存、配送一体的多样化跨境电子商务物流解决方案

亚马逊系统是半开放式商业生态系统,允许卖家在其平台上开店,但却拥有完备的自营物流体系。亚马逊在全球65个国家中拥有109个运营中心和覆盖全球的物流配送体系,能将产品配送到185个国家和地区。亚马逊最成功的案例是建立FBA仓,其存储方式为随机存储,依靠先进的信息系统,采用货找人的分拣方式进行拣货作业。FBA仓的特点是只要把订单交给亚马逊,其他的事情诸如库存管理、包装、配送等均由亚马逊完成。

亚马逊的配送业务委托给国际快递或当地邮政,海运业务委托给国际海运公司。2015年亚马逊推出"亚马逊全球货运"项目,解决出口跨境物流难题,全面打通欧洲配送网络,旨在凭借多样化的全球跨境物流解决方案抢占跨境电商市场份额。

3. 京东跨境电子商务物流商业模式:以完善的国内电子商务物流体系,采用整合资源+自营物流体系的方式进行跨境电子商务物流体系建设

京东物流系统是封闭式商业生态系统,其最大的特点是运用自营物流体系的重资产模式。截至2018年12月31日,京东在全国拥有超过550个大型仓库,总面积约1200万平方米,共有超过21万个签约商家,超过17.8万名正式员工,建立了渗透三四级市场的电子商务物流体系。在跨境电子商务物流体系构建方面,京东采取"跨境直采"的方式,从进口方向上打开局面,充分运用国内的自营物流体系,同时尝试在韩国自建海外仓,与澳大利亚邮政、俄罗斯邮政、DHL等公司达成战略合作。从京东的跨境电子商务物流体系搭建的方式上可以看出,京东一改国内自营物流的做法,运用自建海外仓和整合资源并重的模式发展跨境电商。

4. 递四方速递跨境电子商务物流商业模式:以成熟的海外仓运营模式,灵活植入大型商业生态系统

从递四方速递的商业模式可以看出,第一,递四方速递凭借成熟的海外仓资源优势,成功植入eBay、全球速卖通等大型商业生态系统,成为这些大型商业生态系统中不可缺少的一部分。递四方速递充分利用共享平台中的资源发展增值服务。第二,递四方速递具有灵活整合资源的能力,如递四方速递可充分整合亚马逊的优质干线运输资源。

5. 跨境电子商务物流联盟商业模式：借鉴万国邮政联盟对跨境电子商务物流的垄断，以民营快递结成联盟的方式建立跨境电子商务物流体系

联盟本质上是一种新型的商业生态圈，我国跨境电子商务物流出口业务的 60%-70% 是通过邮政系统完成的，其中 50% 的业务是通过中国邮政完成的，其根本的原因是中国邮政是万国邮政联盟成员之一，万国邮政联盟拥有共享的信息系统接口、便捷支付通道、优先配送权限、强大的通关能力。目前全国排名靠前的民营快递都加入到了跨境电子商务物流业务拓展中，民营快递要拓展海外市场，最好的方法就是成立联盟，如顺丰速运与俄罗斯邮政合作，圆通发起"全球包裹联盟"。民营快递一方面建设国内物流联盟，如顺丰、中通、圆通、普洛斯建立丰巢，打造社区智能储物柜，抢占社区最后一公里，并将智能储物柜向所有的电子商务企业开放；另一方面与境外邮政或国际快递建立联盟，较快实现跨境业务的拓展。

二、跨境电子商务物流的方式

目前我国跨境电商发展迅速，但与之相匹配的国际物流发展还较为缓慢，与跨境电商的物流需求存在一定差距。随着跨境电商的发展，跨境电子商务物流也将随之出现变革，物流产品在设计中会考虑时效、成本、安全、售后服务等要素，甚至还会出现定制化的物流服务等。目前我国跨境电子商务物流的方式主要有以下几种。

1. 邮政小包

邮政小包主要是通过万国邮政联盟来邮寄包裹的。它以个人邮包的形式来发送。邮政小包最大的特点是价格便宜，覆盖面广，清关方便。万国邮政联盟成员国之间的清关手续要简便很多，这也是很多人选择邮政小包的主要原因。但现在邮政小包的价格折扣几乎已经没有了，并且各个国家出于对安全的考虑考虑纷纷禁运带电、粉末、液体等物品，这就使得一部分产品不能通过邮政小包来递送。同时邮政小包还存在丢包率高、时效不能保证的缺点。邮政小包的递送周期通常是 15～30 日，但是通常 80% 以上的邮政小包的快递周期都会超过这个时间，要是在旺季或者高峰期延迟两三个月也有可能。但是邮政小包本身所具有的便捷性仍然是目前跨境电商所看中的优势，在未来的一段时间里邮政小包也仍然会是跨境电子商务物流的主流方式。

2. 国际快递

国际快递公司有大家熟知的 DHL、UPS、FedEx、TNT 等，他们通过自有货机团队、本地化配送服务，为买家和卖家提供良好的服务，它们的特点是时效高、专业性强、丢包率低，但是随之而来的是高昂的物流成本。然而，如果有一天国际快递在保持这些优质特性的同时，其价格也有所降低，势必会对邮政小包造成较大冲击。

项目九 电子商务背景下的国际物流

3. 专线物流

专线物流服务主要依托于发件国与收件国的业务量规模，在此前提下，市面上最普遍的专线物流产品是美国专线、西班牙专线、澳洲专线、俄罗斯专线、中东专线、南美专线、南非专线等。针对体量大的收件国，卖家可能会有多种专线物流服务可供选择，例如，俄罗斯人是目前全球速卖通平台上最大的购买群体，在后台的线上发货系统中就有多种物流专线服务可供卖家选择。巴西虽然也是全球速卖通上主要的访客来源，但受限于当地海关对境外商品有各种原因的扣关行为以及当地配送效率低，可供卖家选择的物流专线就不如发往俄罗斯的物流专线多。专线物流的优势就是性价比较高。通常专线物流的时效通常在7～14天或14～21天。

4. 国际海外仓

国际海外仓是结合跨境电商的特点，在专线的基础上进行了延伸，同时还能为跨境电商提供海外的仓储服务、快递专业渠道、库存管理、销售策略，以提升买家的消费体验和满意度。随着国外对中国出口物品监管的加强，同时最后一公里的难题通过国际海外仓得到解决，因此国际海外仓是未来跨境电子商务物流配送的首选。随着国际海外仓市场竞争的日趋激烈及跨境电子商务物流需求的不断增长，国际海外仓目前也得到了很大的发展。中国电子商务企业在俄罗斯的首个大型海外仓已经签约，国际海外仓可以为卖家提供后续运输、清关、入库质检等所有物流环节的操作，可以有效地解决卖家对海外仓管控难、沟通难、库存积压等问题。中俄大型海外仓一经使用，中俄跨境电子商务物流时效可从目前的20～30天缩短至2～7天。国际海外仓的优势在于海外本土化运作和本土化销售，能大大提高客户体验，同时因为规模足够大也会降低物流成本。但是如果产品一旦滞销，将会产生巨大的仓储成本，这也是国际海外仓亟待解决的一个问题。

任务小结

通过对跨境电子商务物流的认知，让学生掌握跨境电子商务物流的含义、特征及分类，了解跨境电子商务物流发展现状及趋势，重点掌握不同类型跨境电子商务的选择分析。

案例分析

eBay 缓解跨境电商的物流之痛

eBay 是一个可让全球网民在线上拍卖及购物的网站。eBay 与 PayPal 合作，拥有全球最佳的跨境结汇支持，在支付方式上领先于同行业中的其他公司，但不做自营电商的 eBay，却不像亚马逊那样，拥有覆盖全球的物流仓储配送体系。eBay 通过与中国邮政、DL 等国内外物流快递巨头合作，推出的"国际 E 邮宝"等物流方案，一定程度上能满足绝大多数卖家的物流服务供应。但是"国际 E 邮宝"或类似国际小包快递的缺点也非常明显，

如费用贵（成本均摊到单价中拉低卖家价格竞争优势）、物流周期长、退换麻烦、各种海关查扣、快递拒收等。客户体验非常糟糕，长此以往还会限制卖家扩充商品品类。

为此，eBay和万邑通等第三物流公司合作，开发海外仓物流配送体系，这不仅解决了以往小包时代成本高昂、配送周期漫长的问题，还能让卖家在线远程管理海外仓储，保持海外仓储货物实时更新，使海外仓严格按照卖家指令对货物进行存储、分拣、包装、配送，且在发货完成后系统会及时更新、以显示库存状况。这彻底将卖家与物流配送的关系，从卖家被动等待物流公司配送，转变为卖家远程操控货物仓储物流配送的全过程。买家购买的货物从本地发货，更容易提升海外买家的信任度，这有利于促进购买率的提升，无形中让国内卖家同当地卖家站在同一起跑线上。加之eBay利用大数据服务，最大限度帮助卖家分析每个品类商品资金捆绑时间，计算出相对合理的库存指数。在海外仓这种仓储物流配送体系下，eBay能利用自身平台的力量，替卖家把价格压低，从而进一步降低卖家的成本。

 案例思考

1．eBay是如何降低跨境电子商务物流成本的？
2．结合案例，分析跨境电子商务物流与跨境电子商务有何关联？

参考文献

[1] 胡燕灵．电子商务物流管理[M]．第2版．北京：清华大学出版社，2016．
[2] 魏修建．电子商务物流管理[M]．第3版．重庆：重庆大学出版社，2015．
[3] 张军玲．电子商务物流管理[M]．北京：电子工业出版社，2017．
[4] 马宁．电子商务物流管理[M]．第2版．北京：人民邮电出版社，2017．
[5] 朱孟高，米娜．仓储与配送管理[M]．北京：中国水利水电出版社，2015．
[6] 王瑞军．采购与供应管理[M]．北京：中国水利水电出版社，2015．
[7] 袁艳红．运输管理[M]．北京：电子工业出版社，2016．
[8] 何庆斌．仓储与配送管理[M]．上海：复旦大学出版社，2015．
[9] 朱长征．电子商务物流[M]．北京：北京理工大学出版社，2015．
[10] 张淑琴．电子商务概论[M]．北京：机械工业出版社，2018．
[11] 石宝林．大数据时代的智慧物流[M]．北京：人民交通出版社，2018．
[12] 张宇．智慧物流与供应链[M]．北京：电子工业出版社，2016．
[13] 张夏恒．跨境电子商务物流模式创新与发展趋势[J]．中国流通经济，2015．
[14] 张晓芹．基于大数据的电子商务物流服务创新[J]．中国流通经济，2018．
[15] 郭玮．我国电子商务物流发展存在的问题研究[J]．经贸实践，2018．
[16] 王煜洲，吴刚．"一带一路"背景下我国电子商务发展路径探究——基于国际贸易理论视角[J]．商业经济研究，2018．